汪精衛與現代中國系列叢書 11

何孟恆

回憶錄
增訂本

時代

書評讚譽

我很享受閱讀何孟恆回憶錄，
它的文筆出色且富啟發性。
書中多數人物更是我所熟悉的，
讓我能更進一步地欣賞這部著作。

加州大學聖巴巴拉分校語言學榮譽教授 李訥
The Bitter Sea: Coming of Age in a China before Mao，
The Turbulent Sea: Passage to a New World 作者

《雲煙散憶》是何孟恆自述生平之作，
他用細膩的文筆，豐富的情感，敏銳的觀察描述
自己跌宕起伏傳奇一生。
本書何孟恆亦展露了其植物學家的專業及繪畫天賦。
最重要的是，何孟恆以家人角色，近距離察知汪精衛
抗日中期投日之主要原因，解開近代史重要謎團；
事件完整，針針見血，至為精彩。

歷史學者　潘邦正

非歷史學家左湊右湊的「證據」，它是一手資料，
研究近代史的人都要看這套書不可！

《春秋》雜誌撰稿人、歷史學者　李龍鑣

汪精衛與現代中國系列叢書 11

何孟恆

雲煙散憶 回憶錄 增訂本

汪精衛女婿回顧動盪時代

八荒圖書
EIGHT
CORNERS
BOOKS

汪精衛與現代中國系列叢書 11

何孟恆

雲煙散憶 回憶錄 增訂本
汪精衛女婿回顧動盪時代

國家圖書館出版品預行編目（CIP）資料

何孟恆雲煙散憶回憶錄：汪精衛女婿回顧動盪時代 =
Cloud, smoke, scattered memories: the memoir
of Ho Mang Hang / 何孟恆作. -- 初版. -- 新北市：
華漢電腦排版有限公司，2024.04
　　面；　　公分. -- （汪精衛與現代中國系列叢書；
11）
ISBN 978-626-97742-7-2（平裝）
1.CST: 何孟恆 2.CST: 傳記

782.887　　　　　　　　　113002682

Cloud, Smoke, Scattered Memories — the Memoir of Ho Mang Hang
Expanded Edition

作　　　者 — 何孟恆

執 行 主 編 — 何重嘉

編　　　輯 — 朱安培

設 計 製 作 — 八荒製作 EIGHT CORNERS PRODUCTIONS, LLC

台 灣 出 版 — 華漢電腦排版有限公司

地　　　址 — 新北市板橋區明德街一巷12號二樓

電　　　話 — 02-29656730

傳　　　真 — 02-29656776

電 子 信 箱 — huahan.huahan@msa.hinet.net

出版年月：2024年4月

ISBN： 978-626-97742-7-2

定價：NT$1200

本著作台灣地區繁體中文版，由八荒圖書授權華漢電腦排版有限公司獨家出版。

代理經銷：白象文化事業有限公司

地址：401 台中市東區和平街228巷44號

電話：04-22208589

汪精衛紀念託管會獻給何孟恆與汪文惺

目錄

雲煙散憶

雲煙雜錄

附錄

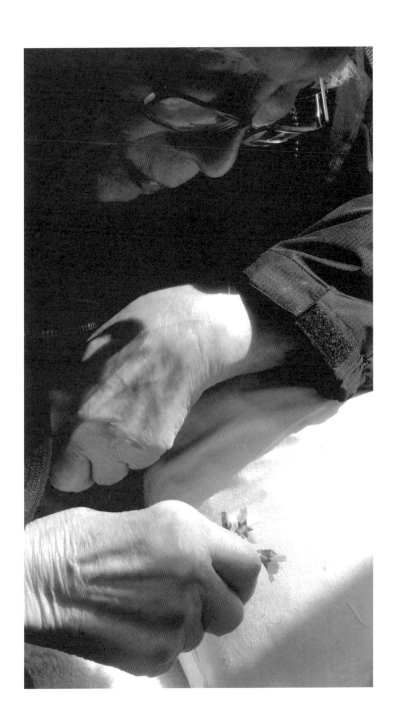

前言

為了尋繹這一段人生的軌迹，
所以我才不厭其詳地提起一些先世的舊事。
因為，凡事都有前因後果，
一個人日後的遭遇多多少少
都會跟以前的經過有關。

何孟恆

序｜梁基永

中國近代的歷史，糾纏着太多的是非曲直，恐怕是世界史上從未有過的時代。不同的人物，在不同的語境中，表現出的是非忠奸，往往被簡單標籤化，帶着強烈的感情色彩。

自從偶然的機會，認識了汪精衛紀念託管會的何重嘉女士，她帶給我看其父親何孟恆（1916-2016）的回憶錄《雲煙散憶》，便給我以很深的思考。近年來，我研究廣東歷史人物，通常都會從其家族的文化背景作為重要參考。小欖何氏家族是廣東明清歷史上著名的望族之一，從明代末年，就人才輩出，包括著名的抗清英烈何吾騶（1581-1651）。何孟恆的祖父何長清（1843-1909）是清末著名將領。在這樣的環境下，何孟恆從小受到良好的教育，我們可以看到他與清末民初很多讀書人一樣，對於文學、藝術、生活細節，都非常講究，了解這個背景，對於本書的價值頗為重要。

何孟恆的夫人汪文惺（1914-2015），是近代史上風雲人物汪精衛（1883-1944）的長女。汪精衛的生平，我們固然不需要多加介紹，然而我們考索汪氏家族的歷史，不難發現汪氏家族的文化背景非常深厚，何孟恆作為汪精衛女婿，並且參與了汪氏生平的很多重要事件，深得汪精衛信任，其回憶的價值，是不言而喻的。

有關汪精衛的各種史料和回憶，坊間有不少版本，有的是親歷者的見證。不同的人物，出於各自的立場，固然有他自己的說法，《雲煙散憶》之中，關於汪精衛的回憶很多，很真切，很多細節足補歷史的空缺。用今日的話語來

說，就是「畫面感」強烈。何孟恆記憶驚人，許多細節、對話，都歷歷如繪。我發現很多往日出版的回憶錄中，作者都不是廣州本地人，因此書中汪精衞的語言，多少有點不真實。

然而何氏與汪氏同是廣州人，又是最親近的家人，他筆下的粵語對白，平添了場景的真實感。與往日很多回憶錄不同，何孟恆不是汪氏政權中的高官，他的回憶之中，容或有家族的個人色彩，但是其敍述中的可信度，讀者自能感受。

作為一個歷史研究者，我更感興趣的是書中所描寫的整個歷史進程畫卷。如前所述，何氏生於民國初年，他在一個世紀的漫長人生中，所見所憶，不啻是整個當代歷史的一角。從民國初年廣州風景，到求學北京的童年趣事；從汪精衞遭遇黨部暗殺，河內暗殺，到名古屋汪氏去世，他都一直跟隨在側，細記見聞；從汪氏去世後他移居香港，到晚年的生活點滴，在他流暢的文字之下，這些場景歷歷如繪，如同親見，即使不是研究歷史的專家，也可當紀實回憶來閱讀。值得我們注意的，是書中不厭其煩地提到的一些生活細節，例如家居裝點、生活場景，乃至於侍衞在出逃時所帶的小鐘錶這些細節，雖然看似與歷史大事無關，卻是組成了歷史不可或缺的元素。

何重嘉女士珍護着家族的這些史料，並且深知這些文獻的重要性，不辭辛苦地出錢出力，全球各處奔走，謀求出版，這種熱忱令我非常感動，在參與校對本書書稿時，何女士不止一次說，「如果爸爸在世就好了，你可以和他談很多廣州的回憶。」每次重讀這本回憶錄，這種恨不見古人的感慨也隨時滋生。作者曾經說：

> 自辯也好，歷史實錄也好，結果只管你說你的，他說他的，又有多少人講過的話，寫過的文章真正為人重視呢？歷史的正確性，究竟又有多少人關心呢？

　　若以當代史學觀分析，歷史本無所謂正確與否，只是在於讀者的解讀而已。這冊回憶錄的價值，自有讀者論斷在，至於評判歷史人物，還是留待歷史學者去完成吧。

●

梁基永，生於廣東廣州，文獻學博士，文獻學者與廣東文化研究者。著有多種歷史人物研究專著，曾任台灣中央研究院史語所，法蘭西學院漢學所等機構訪問學者。

序｜潘邦正

《雲煙散憶》—— 汪精衛研究的重要補白

2023年9月初我應長子邀請，赴澳洲黃金海岸靜享父親節的家庭聚會（9月第一個星期日）。當日，突然接到汪精衛外孫女何重嘉女士來自紐約的電郵，邀請我為她的父親何孟恆先生大作《雲煙散憶》乙書寫一篇序文。基於歷史研究應該超越黨派，跳脫情仇，正反並陳，百家砌磋的原則；我欣然同意為《雲煙散憶》乙書的文學與歷史價值，寫一篇我的讀後感言。

長期以來，民國史學者受到政治壓力、史料匱乏或閱覽限制，對於汪精衛的研究成果始終無法公正客觀，觸及核心及全面完整。其中主要原因為缺乏大歷史視野的觀察與充滿偏狹民族主義固執，尤其世界強國與中國的關係及對中國政治發展的影響，並未成為中國近代史歷史研究主流；多數兩岸學者研究還是侷限在國民黨內派系傾軋，或糾結國共的意識形態鬥爭。另一方面，若干內情人士（Insider）對歷史關鍵時刻之記載，由於政治立場相左，或地位低落，亦未受到重視。換言之，中國未解之歷史問題必須在世界歷史發展中找到答案。分析中國與世界列強的各種微妙關係是歷史研究「見林」之重要方法，細究政治人物周邊內情人士親身經歷是歷史研究「見樹」之關鍵工作；兩者不可或缺。

何孟恆是汪精衛的女婿，他在個人生活，政治共事上，與汪精衛朝夕相處，公私緊密，是道道地地的「內情人士」；他的親身經歷及現場觀察，無疑可成為研究中國近現代史第一手珍貴史料。《雲煙散憶》是何孟恆自述生平之作，他用細膩文筆，豐富情感，敏銳洞察描述自己跌宕起伏的傳奇一生。本書何孟恆展露了

其植物學家的專業，文學素養，攝影技能及繪畫天賦。最重要的是，何孟恆以家人角色，近距離察知1937-1944年汪精衛的重要言行及親歷重要事件之前後；他的文章提供更為廣闊的時空要事思考，解開近現代史若干歷史轉折點的複雜謎團。

〈黨部的狙擊〉與〈星沉〉兩章，何孟恆具體描述汪精衛被暗殺事件及多次治療的經過，説明汪精衛療傷過程中心理變化及產生之種種疑慮，埋下日後「去國」的伏筆。1935年11月1日中國國民黨第四屆中央執行委員會第六次全體會議在南京開幕，汪精致開幕詞後，在會場外攝影，遭遇暗殺，身中三槍，分別在左眼角，背部脊椎第三、四、五節，及左臂。汪精衛在中國歷經名醫劉瑞恆，牛惠生（許多文章誤記為牛惠霖）等人多次治療，手術都無法完成，致元氣大傷；同時心生疑心，認為暗殺事件及手術失敗疑點甚多，似有無形之手背後操控，國內任職並不安全，且政治理想無從發揮。汪精衛背部脊椎卡住之子彈碎片，八年後在南京日軍第一陸軍醫院由日本軍醫「桃山中將」（桃井直幹，支那派遣軍軍醫部長）及院長後藤醫生在一小時內取出，隨及背部長期鉛毒，造成腫瘤引發多發性骨髓瘤，其後後藤鐐枝建議汪精衛赴日割治，惜癌症難癒；汪精衛痛苦奮鬥254日，最終拋下未竟事業，病逝異國。何孟恆目睹全部過程，更正了汪精衛背部子彈是在日本名古屋帝國大學醫院取出子彈的錯誤記史。同時也粉碎以往「日本謀殺」及「軍統毒殺」的論述。很特別的，文章亦談及陳璧君及汪文惺在最後關節，割肉引藥，愚救夫君／父親；伉儷情深，父女連心；深刻反應戰時中國人民面臨各種苦難之無奈與無助，即使尊貴汪家，也難免束手無策。

〈去國〉乙章，何孟恆詳細描述1938年汪精衛離開重慶，途經雲南，再赴河內的主要原因，驚險過程及心理狀態。當時日軍切斷中國所有對外通路，昆明是唯一對外交通孔道。這段敍述解釋了抗戰時期為避戰火，許多富貴人士及失意官員急於外走避災，當時昆明是唯一通道；故汪精衛選擇其時（1938年12月），其地（昆明）帶領家屬出國是不得已的情況，未必已經決定「串聯龍雲」

及「投日建國」。當時背景是：1937年8月到11月國軍在上海與日軍進行近三個月慘烈而膠著的戰爭，接著南京淪陷，12月日軍展開慘無人道大屠殺。鑑於武漢面臨兵危，1938年1月國立長沙臨時大學決議搬遷至昆明，改為國立西南聯合大學；全校師生日夜兼程，長途跋涉，各事證明其時戰事萬分吃緊，國家已臨生死存亡關鍵時刻。1938年可說是抗日戰爭初期，中國軍民最苦難的一年。鑑此，國民政府中一些黨、政、軍、學精英反對鼓吹抗戰，評估中國當時的人才、物力、組織、物資、科技都居劣勢，認為戰爭必導致亡國亡黨。如主張和平運動或可減少人民傷亡，拯救人民於水火。和平運動是一種尋求實現利益，結束特定類型戰爭，在特定場所或特定類型的情形中將戰爭暴力降至最低。

事實上，中日關係自清以來就是影響國運的關鍵因素之一。1937-1938年國民黨在香港設立許多機構，如「藝文研究會」、「國際問題研究所」、「蔚藍書店」、「日本問題研究會」等，早已探尋中日合議一途，汪精衛只是「主和」成員之一。1939年3月27日汪精衛發表〈舉一個例〉文章，公布國防最高會議第五十四次常務委員會會議記錄。該次會議由汪精衛擔任主席。會議記錄：1937年12月6日國防最高會議在漢口開會，由外交部次長徐謨報告德國駐華大使陶德曼的調停情況，其中談到12月2日徐謨與蔣中正、顧祝同、白崇禧、唐生智、徐永昌會商日方所提和平條件。白崇禧、蔣中正、顧祝同都感謝德國，認為可以將各項條件作為談判之基礎及範圍。基此，汪精衛認為與日議和是國防最高會議共同主張，他只是贊同者之一。未料，汪精衛公開國家戰略最高機密，遭受各方攻擊，亦是造成日後自訣於黨國之困境。

〈去國〉是汪精衛認為政府「抗戰」政策已定，他的黨國身分無法提出「議和」主張；只有犧牲自己，離職中央，以「在野之身」才有機會提倡「議和」。此段真相也清楚說明國民政府是主張抗戰，並無「曲線救國」方略，以及可以判斷汪精衛當時有「主和」想法，尚無「主和」行動。其實汪精衛忽視了：

「西安事件」後，蘇聯與國共已經達成共同抗日協議，史達林成為中國抗日幕後指戰員。中國抗日是「不得不實行的國際戰略策畫」。中國在1931年被日本侵略，為何遲至1941年12月9日國民政府主席林森才正式發佈〈中華民國政府對日宣戰佈告〉？充分顯示了中華民國前期抗戰的猶豫不決，等待國際情勢變化的微妙手段。理論上，每一個國家為求生存與發展，都有「戰和兩手策略」，無可非議。1940年法國向德國投降後，菲利普・貝當（Philippe Pétain）成立「維琪法國」傀儡政權；除英國之外，二戰同盟國都承認維琪政府為代表法國的政府是為明例。汪精衛當時並未想到，日本會以美國為敵，造成美日大戰，世界局勢的巨變。

　　「凶殺」是本書之重點中的重點。何孟恆點出汪精衛到達河內後，有多次不尋常事件發生。1939年3月20日在三桃旅途中，法國警察向他們示警，表示有人將對汪不利。當晚軍統特情人員陳邦國、張逢義、王魯翹、陳恭澍即展開刺汪行動，顯見法國政府已知「刺汪計畫」，為何法國政府知情，又袖手旁觀，這代表何意呢？再次呈現國際關係決定中國政治發展及政治人物的命運。依時間程序，1938年12月29日汪精衛發表〈艷電〉，是以在野之身，提議國民政府「防共和日」。1939年1月1日國民黨中常會開除汪精衛黨籍及撤銷其所有職務。1月17日〈艷電〉代發者林柏生在香港遇刺受傷。2月谷正鼎赴越南交給汪精衛出國護照，汪表願意出國。3月20日「河內暗殺事件」發生，事後汪精衛開始考慮投日，以求建立政府，自保濟民。另者，當時汪精衛身邊沒有任何部屬、幕僚、追隨者及建立黨政組織，足以證明汪精衛去國，一為避免劫難，二為提倡議和。未料，「河內暗殺事件」刺激汪精衛將「議和提倡」，轉變為「議和建國」，造化弄人。值得聚焦的事，軍統刺汪行動失敗，誤殺汪精衛秘書曾仲鳴。曾仲鳴是曾醒之弟，其妻方君璧為方聲洞之妹，他不僅是汪精衛的重要幕僚／家人；更是汪精衛的兄弟／至友。曾仲鳴的犧牲，我認為使汪精衛的思維轉變有下列幾點：

一、他認為凶手國外行凶，表示即使出國亦不能避免政治追殺。

二、他的家人、親信亦受其政治牽連，甚至死傷，不能容忍。

三、沒有政府組織，外國政府也無力保護個人及家人安全。

四、唯有組織政府，才能「自保」，實踐「拯救人民」之目標。汪精衛的此一重大轉變，衝擊他的一生，改變中華民國歷史發展的方向。

客觀而言，中日議和非汪精衛一人可主導。中日議和始末有兩個關鍵點至今尚未解開。其一是國際因素：依據周佛海日記，中日議和有三次國際勢力介入。

一、1937年10月英、美兩國曾經計畫在比利時〈九國公約會議〉協調中日議和，後遭日本拒絕參加。

二、1937年12月德國駐華大使陶德曼的調停中日議和，唯蘇聯及國內意見分歧反對而中止。近衛內閣因而發表聲明「永不以國民政府為交涉對象」，種下日後日本對華擇人談判變數。

三、1938年冬義大利出面調停，日本表示中國有適當人選可以接受。汪精衛在重慶表示「有條件接受」，蔣中正認為「中日議和中間人輪不到義大利出面」；此案造成各方尷尬而作罷。

世界各國為何介入中日議和？利益何在？無論如何，上述事實明確表示中日議和是國際大事，各家角力，非常複雜。

其二是國內因素：1938年周佛海、董道寧、高宗武長期分別在香港、日本、上海等地與影佐禎昭、西義顯、松本重治、伊藤芳南等會晤、討論、協調中日議和條件，周佛海、董道寧、高宗武這些秘談者是代表國民政府？國民黨？還

是代表某位領袖？總之，上面國際及國內事件來去如能清楚釐清，則中日議和是國家政策？還是汪精衛個人主張？答案自可迎刃而解。

除了上述，《雲煙散憶》還有幾個亮點值得細讀：文中提及「海外預備學校」，鮮為人知。「海外預備學校」是吳稚暉籌辦，為培育高官富家子弟赴海外深造之先修學校，規模很小，以國文、英文、數學為基礎教育。1925年8月何孟恆自廣州乘船，經上海，到達北京，在東城南小街受業於吳稚暉、吳芙及吳薔。同學有李筱梅（李濟琛女兒）、鄒越（鄒魯兒子）、汪嬰（汪精衛長子）、朱始（朱執信長女）等人，蔣經國原也要入班，後未入學；不久經李大釗引介，留學蘇聯。1925年適逢孫文去逝，北洋大亂，直奉戰爭延災北京，「海外預備學校」被迫南遷上海。「海外預備學校」是何孟恆人生巨大轉折點，他因此結緣汪精衛子女，並娶汪文惺為妻。他亦結識國共兩黨要員，最後追隨汪精衛；抗日戰爭結束後，因政治牽連，分別於蘇州獅子口監獄及南京老虎橋監獄坐牢2年6個月。

《雲煙散憶》可視為何孟恆的血淚回憶錄，及汪精衛的理想自白書。全文論述細膩完整，針針見血，至為精彩。《雲煙散憶》亦提供了何氏家譜，將汪、陳、何、李家族關係，表列簡潔清楚，有助歷史研究。對喜愛及研究近現代史的人士，此書當值再三回閱。我欣見近現代史新論出爐，深信日久史真；除推薦何孟恆新作外，並為之序，以鼓勵朝堂野人讀史、研史及思史，以救中國。

潘邦正於紐西蘭奧克蘭
2023年9月13日

●

潘邦正，紐西蘭奧克蘭大學政治研究所（國際關係學）博士，曾任美國史丹佛大學胡佛研究所客座研究員，近著有《新戰國時代：近代中國33面旗幟與政權》等。

編輯前言

當本書作者何孟恆將回憶錄的手稿交給女兒何重嘉時,她問父親為何將回憶錄命名為「雲煙散憶」,他答道:

因為,凡事都有前因後果,一個人日後的遭遇多多少少都會跟以前的經過有關。可是我生平不曾寫日記,既往的就過眼雲煙。及後思想起來,也只追尋到一些斷章零簡。不過愈費思量也愈覺得回憶的珍貴。

何重嘉說:

記得父親故世前幾年,人雖暮年,話說的越來越少,但他始終隨身攜帶着一本筆記本,常常寫什麼的。父親在世的最後幾年間,給我看了祖父母留下來的遺物,有書法與文件,都是我父母積年累月小心收藏保管的。多年來,父親以整理、分析、抄寫的方法,將相關親友那裏所收藏的史料保存下來,以便日後提供給學者們參考,也為讓世人終能通過汪精衛「自己的話」而重新認識汪精衛而努力。年過九十歲的父親也在那些年裏,將所有能回憶起來的內容滴水不漏地記錄下來,不厭其煩地為我解釋每一份文件、每一件文物,並且不遺餘力地鑒定了許多書法和遺物,所以,今日我們才不會無跡可尋。

何孟恆的回憶錄囊括了他的畫作、繪圖、攝影、入獄時與妻子往來書信(他命名為「一片冰心在玉壺」,見本書〈樊籠〉),以及歷史相片等珍貴資料。

本書二十二個章節俱由作者組織鋪排,基本上以時間先後排序,即從幼時對廣州的回憶,到北上求學、烽煙四起、西遷至重慶,直到戰後定居香港生活

的記敍，此中種種，作者皆一一手書在原稿紙上，成為是次出版文字之根據。而「雲煙雜錄」這一部份，則收集了幾篇零散、完成程度不一之回憶，例如童年放紙鷂及後來汪精衛壽辰的回憶，多為生活中拾光碎影，經編者稍加組織與整理，並遵文意增設題目後，在本書緊湊的格局之外平添一絲生活意趣。讀者讀來，也會對那個年代人物的閒趣等多一份了解。

出於對歷史的尊重，何孟恆總是謙稱自身不足以言史，並說：

愚七十而後始讀汪氏文章，然以多年親炙，自謂頗能窺見其為人，為斯而已。

他作為汪精衛身邊的親人、歷史旁觀者與記錄者，其經驗無疑有着重要價值，能夠幫助世人理解汪氏作出的歷史決策之原因與動機，拓寬世人看待歷史的視野。書末特設「附錄」，以「問答」形式，整理何孟恆留存下來的文獻，當中包括歷來與研究汪氏學者往來之書信、2002年吳章銓、褟福煇、夏沛然的採訪，讓讀者得以直觀作者之見解；附錄又有何氏閱讀《陳璧君傳記》後之筆記，糾正歷來舛誤；最末為何氏建樹，由編輯羅列其不同領域的成果。

以下說明全書編輯凡例：

一、本書作者出生於民國初年，故文中有些詞語使用為舊廣東話或舊式方言，為保留作品的原汁原味，編輯並未更改為現代通用詞語，而是以註解方式標明，如有未能辨識的字，皆以□標示。

二、部份章節設有資訊欄，讓讀者能更了解作者筆下的生活經驗及時代背景。

三、本書所提及的人名繁多，除以註腳簡介人物生平外，書末還設有人物索引，方便讀者查閱。

四、本書收錄諸多相關歷史圖片，並附圖片來源。

本頁兩張圖為何孟恆寫作時的手稿，其記憶清晰如昨，並時有修改，以求無漏，幾番心血，我們才能隨他筆觸瞭解其眼中的民國。

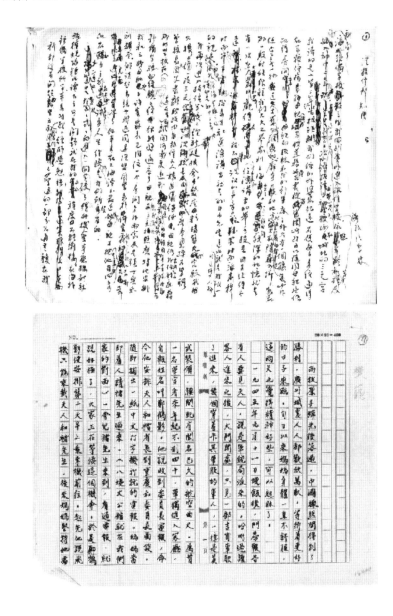

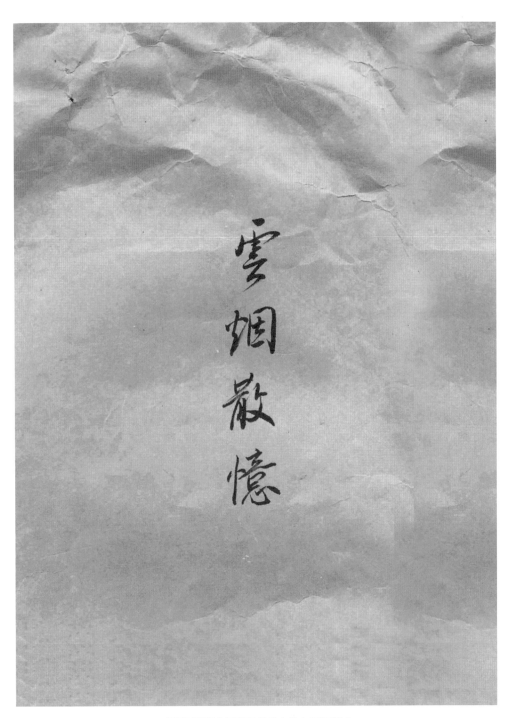

雲煙散憶

何孟恆於載有回憶錄的公文袋上親書題目

何氏家譜

本家譜按何孟恆書中提及的親屬，分為婚前與婚後兩部份。何文傑是何孟恆的原名，
改名以後，鮮少再用文傑。

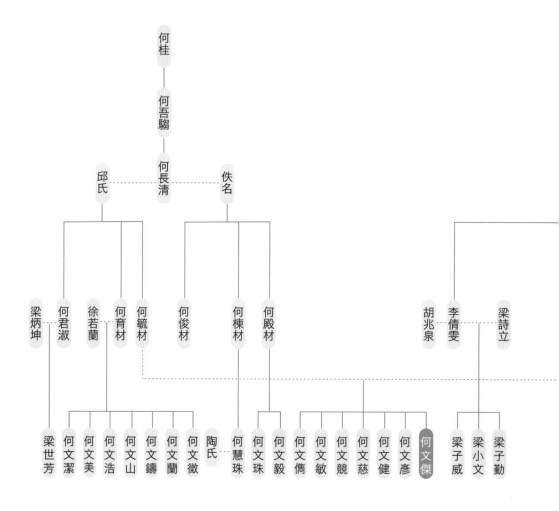

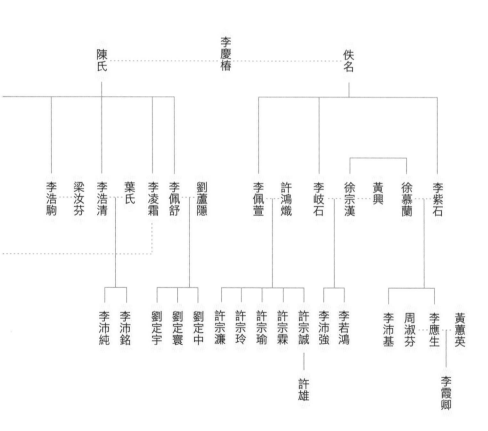

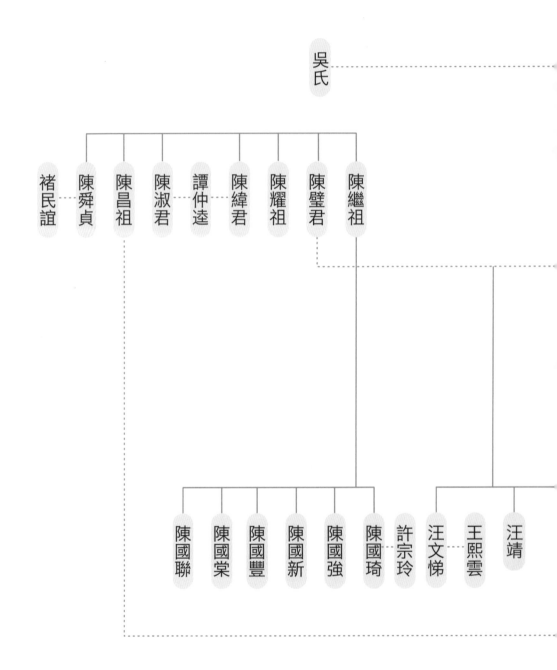

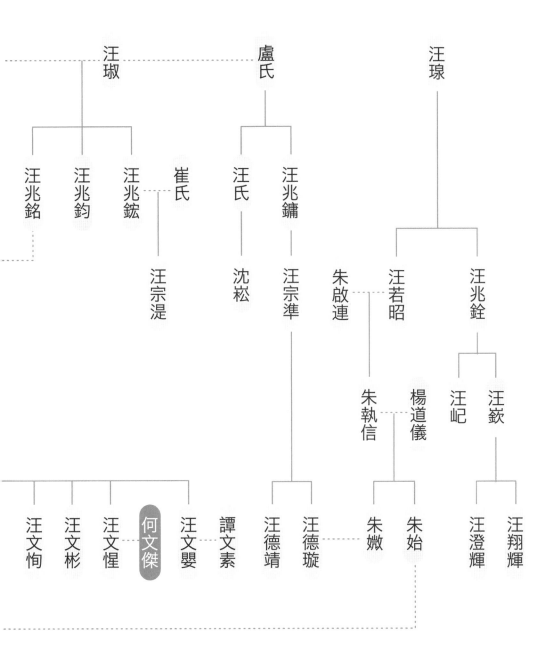

第一章：探源

　　父親[1]花了許多功夫才搜集到一套何氏族譜，那是祖父在光緒年間重修的。我也曾翻閱過，好不容易才把我們這一宗支簡略地列出一個世系表。我們廣東人的族譜大都是一開始就說祖先從中原經由南雄珠璣巷[2]來的，始祖何桂為了躲避元兵的追殺，在宋朝末年，也經由同樣的路線，逃到這蠻荒之地來定居[3]。年代久遠的祖宗名號都難以讓我留下太深刻的印象，族譜裏讀到的不外是某某一位祖先是當代名人，某某一位是當朝名臣，如此而已[4]。真正令我感到親切的還是從祖父開始。可惜我生較晚，沒趕得上一見我的祖父，除了肖像和後人為他寫的行狀之外，所知的一切都是來自祖母、父親和叔父、姑母的口述罷了。

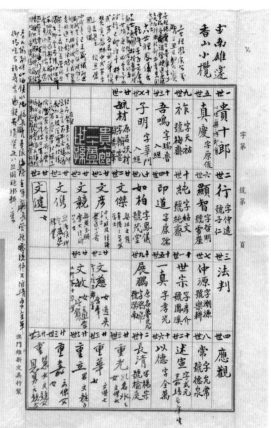

何氏族譜

何孟恆祖父何長清和祖母邱氏肖像，曾經筆者父親修飾

　　祖父名長清，字楊宗，號榆庭，廣東香山（後改中山）小欖鄉何族第二十世孫，前清武舉人，曾入雲南參加對抗法國之役，做過廣東水師提督，駐守來往省港必經的虎門砲台[5]，後調遷湖北鄖陽[6]總兵官。退職後居鄉，倡實業，辦團練，並研究地方自治，頗替鄉里做了點事。家裏藏着他的肖像是一幅炭粉的寫真，父親曾經參以自己的記憶，修飾一過，使得更加接近祖父晚年的神情。畫像顯見他是一位精神矍鑠的老人，五綹白鬚長可及腹，長而白的劍眉底下，雙眼閃着懾人的光芒，顯示出武人的威嚴。不過，據說他生平博聞強記，雅好文藝。從他遺留下來的字跡所見，蒼勁韻致，卻又透露出兼具文秀的內涵。他閒來還會寄情絲竹，有時也替祖母描繪花樣。有陣子還湊趣親手替孩子們紮作精巧的風箏。他平時治家極嚴，家中大小沒有一個不怕他，只有九姑姊有時還敢對他撒撒嬌。九姑姊是他最小的女兒，大概愛憐幼女是男子漢老來慣有的現象罷，父親晚年也有這個脾氣。

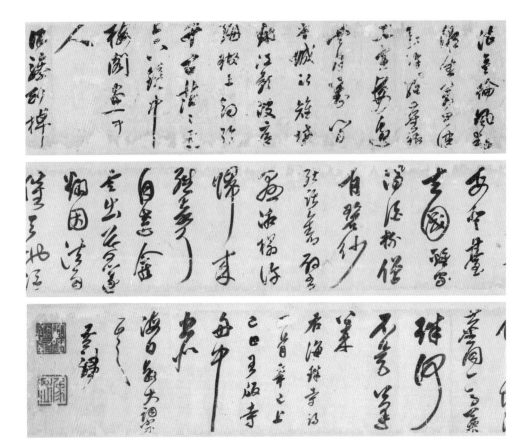

筆者明末清初祖先何吾騶詩作草書

　　祖母姓邱，香山翠微鄉7人，是祖父的第三位太太，為人慈祥和藹，與世無爭，對後輩呵護備至。膝下生有三子一女，長子六伯父早殤，未有名號，只是在祖父的神主旁邊添註一行，記上排行、性別和生卒年月日而已。他雖然來去匆匆，祖母說，父親幼時每逢拜祭祖先，總不忘說一聲「六哥，請用茶」的。父親行七，名毓材，字翰靈，更字鍾靈，號秀峰，晚號念劬、印廬，千印樓和冰盦都是他常用的別號，一八九五年祖父鎮守郿陽時出世，他在嶺南人中，身軀算得上是高大的。對下的一位是八叔父，名育材，字英甫，號松谿。他生得面目俊朗，卻比較瘦小。兄弟二人都遺傳到一對威嚴的劍眉，都喜歡騎馬，在功課之餘，不

管天氣好壞，總愛在較場上往來馳騁。大概這是武人子弟的正常玩意，祖父自然不加禁止，只是祖母不免埋怨他們把衣服弄髒，把馬糞踹進屋裏而已。九姑姊名君淑，生得一雙大眼睛，膚色稍黑，聲線低沉，幼時祖父喜歡把她扮成男孩子，雖未按部就班地入學，卻也能夠閱讀和書寫。他們三個同母所出，往後相處的時間較多，我對八叔和九姑姊的印象也比較深。

　　另外兩位祖母中的第二位似乎也見過一兩次，可是已經記憶不清了。我只知道她們一共生了兩位姑媽和三位伯父。大姑媽和二姑媽都未見過。三伯父名殿材，字翰墀，號伯侶，只記得他身高臉長，年紀比邱氏祖母還要大，其他就不清楚了。四伯父名棟材，字翰鈞，號鑑濤，鼻樑上架一副厚厚的近視眼鏡，看起報紙還不免連鼻尖兒都磨黑。四伯娘身體肥胖，嗓門很大。我還記得她一邊說笑，一邊抹牌的神氣。四伯父早歲就跟從父執習幕，學做衙門師爺，據說胸中頗有點「文墨」，可是到頭來還是潦倒一生。六十年代間夫婦困居澳門，父親設法

何長清書法（上）及大璽，由方國綺刻於光緒丁酉

照片為何孟恆替父母所攝

把他們接到香港，送進了一所安老院，後來相繼逝世，前後都是父親一手料理的。五伯父名俊材，字翰良，號小榆，身軀短小，卻能寫擘窠大字，祖父在世時，人家求寫大字，有時也由他代筆。可惜他沉迷鴉片，就在煙霧瀰漫中度過了幾十年。這就是何氏先世這一宗支的輪廓。

　　至於我們第二十二世孫當中，三伯父有文毅和文珠兩位堂兄。四伯父有慧珠堂姊，和一位姓陶的結婚，住在台灣。五伯父沒有兒女。父母親膝下七人：文傑、文彥、文健（女）、文慈（女）、文競、文敏（女）、文儁。文健早喪[8]，其餘散處港、美、澳等地，時一聚首。八叔娶叔母徐若蘭，生文徵、文蘭（女）、文鑄（小字阿蘆）、文山、文浩、文美（女）和文潔（女）。文徵居香港，見過幾次面。九姑姊和梁炳坤姑丈有一位女兒世芳，幼時常在我家，大家很合得來，至今往來不輟。上述除少數之外，其餘不常見面，恐怕遇上面也不認得了。所以探源之餘，也略尋流派，也就為了萬一聽到熟悉的鄉音，問及來從何處，也可以知所應對罷了。

　　我的外祖父姓李名芝，字慶椿，粵東海豐縣[9]人。從外祖母口中知道他早歲曾在香港惹過官非，在監獄中羈留過一段時間。他在那裏認識了一位外國神父，學會了英語。出獄後便開始和到廣州經商的外國人交往。那時候能夠「辦洋

務」[10]是難得的人才，因此他的生活實在比退職的祖父舒適得多，據説當年曾經有過一本名為《廿載繁華夢》[11]的書，把外祖父的少年遊蹤都採錄了。可惜後來雖然見到這書，卻是不完整的一套，三冊之中缺了一冊，而且我也在行色匆匆之中，只是略一翻閱，不及細按，這一段也只好讓它空白了。

我也沒有見過外祖父，只是從照片上看見他頭戴瓜皮小帽，鼻架近視眼鏡，臉上帶着幽默的微笑。他很喜歡拍照留念，我上中學的時候還在外婆家一方八仙桌[12]底下見到一大疊的玻璃底片，依然保存得很完整。當時不知珍惜，沒有把這些寶貝帶走！我見過一張照片，外祖父身披簑衣，手提釣竿，臉上依然是幽默的微笑；三表哥捲起袴管，握着一把鐮刀；十舅父[13]牽了一頭水牛；四姨母[14]在翻閱一卷書；又特地弄來一台小型的織布機，讓母親坐在那裏織布，在漁、樵、耕、讀之外再加上一個「織」以安置他和兒孫們的閒適。可惜到現在，除十舅父一人之外，其餘的都不復在世，拍照的地點——畜牧公司，甚至照片本身都空餘記憶而已。

十舅父李浩駒
攝於1934年

外祖母姓陳，是繼室夫人。她為人沉默寡言，對任何事情都只是笑笑而已。她雖然掌握着全家的經濟大權，實際上卻並不執行任務。她的第一個孩子是四姨母佩舒，字潔瑜，個性開朗，好讀書，習英文文學，戴着極深度的近視眼鏡，喜愛逗弄孩子，嫁劉蘆隱[15]。母親排行第五，名佩貞，後改名漪，字凌霜[16]。對下來就是七舅父浩清，娶舅母葉氏，前幾年病逝香港。

劉蘆隱

十舅父浩駒，娶舅母梁汝芬。最後一位是十一姨倩雯，嫁梁詩立姨丈，詩立病逝，改適胡兆泉姨丈。十一姨也是近年在香港病逝的。至於第六、第八和第九位舅父都是童年早殤的。

徐宗漢

黃克強

李沛基

陳炯明

除了母親的生母陳氏外祖母之外，我還有好幾位外祖母，不過我見過的只有第五和第六兩位。五婆姓劉，為人十分能幹。她沒有進過學校，卻能夠讀押韻的木魚書[17]。她會看秤，懂記賬，所以家中買柴糴米都由她經管。後來孩子們給她加上「博士」的榮銜，就是因為她懂得的事情實在太多。六婆姓氏不詳，只記得她有一個紅鼻子，幼時曾有一次笑她紅鼻子，因而受到呵責的一回事。其他幾位外婆既未見面，也不大聽見有人提及，想來都早已去世了。正室外婆所出有大舅李紫石，娶舅母徐慕蘭[18]。二舅父岐石，娶舅母徐宗漢[19]，二舅父病逝，徐宗漢改適黃克強[20]。三姨母佩萱，嫁許鴻熾。大舅父和二舅父在我出生之前便已去世。初見大舅母時她正在香港南洋煙草公司[21]做事。她身段不高，容顏和藹，好像曾纏過足，後來又解放了的，早年參加革命，辦過一間刺繡學校，作為女同志們的掩護。晚年篤信佛法，把自己的花園小屋都捐贈出來作尼姑庵。我見徐宗漢舅母時，她住在上海，黃克強已經去世了。三姨母是母親的姊妹中最矜持、最斯文的一個，她臉龐略長，雙眉描得很細，頭髻梳得十分整潔，纏過小腳，是十足的一位舊家少奶奶，嫁過去的許家是世代在海關辦事的。以上便是我母系李氏先世宗支的輪廓。

下一代的表親有大舅父的長子名拯，字應生，他在輩份上是母親的姪兒，不過年紀卻比母親大。次子早殤。三子名援，字沛基。二舅父生女若鴻，子沛強。三姨母生子許宗誠、宗霖，女宗瑜、宗玲和幼子宗濂。四姨母生劉定中、定寰和定宇。七舅父生沛銘和沛純。十一姨生梁子勤、小文（女）和子威。諸位表親當中，除李沛強之外我都見過。應生、沛基兄弟和其母親徐慕蘭、姑姑李佩舒、叔母徐宗漢一同參加革命，李沛基就是炸斃清

將軍鳳山的那一位革命青年。對這件事他本人一直都不願提及。民國成立後，他得到官費留學美國麻省理工學院，專攻船舶製造。學成返國，卻無法展其所長，結果屈就上海南洋煙草公司工程師，可說是學非所用。更因為密友忤離，未婚妻病逝，感情上一再受挫，於是日漸趨於頹廢，鬱鬱以終。至於應生，聞說曾替陳炯明[22]代管一筆革命黨人的公款，陳炯明後來叛黨，這筆款也失了着落。他到過法國讀書，卻未聽見他學的是什麼，倒是說得一口法國話，後來在上海法租界頗吃得開。二舅父的女兒若鴻表姊，幼時和母親很談得來，也時常見面，適吳涵真，其後也逐漸失去了聯絡。

　　三姨母的幾位兒女當中，宗霖曾和我在執信學校同學，宗玲和我妻的表兄陳國琦[23]結婚。宗誠在逃難到香港時，也曾攜同兒子許雄來我家住過。四姨母的三位表弟只在成都見過一面。當時我正在讀大學的最後一年，中日戰事正亟，四姨母已經去世，劉蘆隱因事[24]羈留獄中，難為三個十五歲以下的孩子聞說我的學校搬到成都，特地來打個招呼。七舅父的沛銘和沛純，幼齡時正當我在廣州讀中學，住在外婆家，所以見面比較多。沛銘一向喜歡無線電，聞說他在這一方面頗有點成就。他久居內地，最近兒子也成家了。沛純夫婦都是建築工程方面的工作者，現居香港，膝下兩個女兒亦已長成。十一姨的長子梁子勤幾乎和我七弟文儁一同長大，熬過衛城里[25]的擠迫，爭取時間和空間來完成學校的功課，直至他畢業中學，進讀師範，以至考進香港大學為止。現在他留居加拿大，是一位知名的教育家。小文表妹習看護，在加國服務多年，比起子勤，我們相處的時間較短，不過相見之下，仍是盛意拳拳的招待。子威曾任教職，近居香港，音問較疏。十一姨和胡兆泉姨丈還生了幾個女兒，因為接觸較少，連名字都說不上了。

　　為了尋繹這一段人生的軌跡，所以我才不厭其詳地提起一些先世的舊事。因為，凡事都有前因後果，一個人日後的遭遇多多少少都會跟以前的經過有關。可是我生平不曾寫日記，既往的就像過眼雲煙。及後思想起來，也只追尋到

一些斷章零簡。不過愈費思量也愈覺得回憶的珍貴。可惜許多片斷始終都無法連貫起來：即如何李兩家當初怎樣相識？一個是兩袖清風的解甲武官，一個是生活富裕的商家，如何結成姻親？只知道兩家兒女訂親之後，李五小姐便聽到別人帶着調笑的口吻說跟隨父親來探訪的「胖小子」便是她的未來夫婿，心裏覺得不好受，不免向外祖父抱怨。外祖父卻認為擇婿要看家世和品性；將門之子，加以秉性純厚，身體壯健，都是優良的條件。而且一言既出，也絕無反悔之理。母親於是要求像她姪兒那樣出外留學，拖延婚事。外祖父很疼愛這一個女兒，拗不過也就答應了讓母親到日本去學音樂。她在日本的時間很短，外祖父不久逝世，母親就趕着回家。這時祖父也已經去世，父親因為是庶子，生活大不如前，便向岳家提出退婚，以免把一向環境優裕的母親拖累了。這樣一來，反令到母親感到對方的情意，轉過來一口答應成親。聽說好日子的那一天，父親騎着一匹白馬，從河北（廣州城）乘船渡江到河南來迎親。我也曾央求老人家細說當時情狀，可是得到的總是笑而不答，我的敍述也只好到此為止。

李沛基炸鳳山

1911年4月27日，廣州黃花崗起義後，同盟會領袖黃興欲刺殺鎮壓起義的水師提督李准，乃組織東方暗殺團，並派人於廣州南關倉前直街開設洋貨店，伺機行事，黃氏妻子徐宗漢亦為此奔走辦事，其胞姊徐慕蘭更率其二子李應生及李沛基參與其中，後聞清廷調派鳳山來粵任廣州將軍，遂改而謀炸鳳山。

鳳山將軍

10月25日，暗殺團將炸彈置於屋簷下的斜板上，繫以長繩，並留李沛基守候，正當鳳山及其衛隊乘肩輿路過店前，李氏立馬割斷繩子，炸彈落下，鳳山即場被炸斃，李沛基則從瓦礫堆中走出，旁人見其年幼羸弱，只以為是鄰舍避難小兒，遂從容離去。

事後黃興為此事作〈蝶戀花〉贈予李沛基，詞云：「華舸天風吹客去，一段新秋，不誦新詞句。聞道高樓人獨往，感懷定有登臨賦。　　昨夜晚涼添幾許，夢枕驚回，猶自思君語。不道珠江行役苦，袛憂博浪椎難鑄。」

曾以炸藥刺殺清將軍鳳山的李沛基，亦擅長詩詞創作，
筆者父親何秀峰特意寫下其簡介，並謄錄其詩詞成集以作保存

1　何秀峰（1898–1970），廣東中山人，篆刻家與印章收藏家，三十歲許始學篆刻，初無師承，後偶遇王福厂、易大厂等名家，乃漸有所悟，他歷年搜購名家印章凡千數百印，因而命名其所居為「千印樓」，後因戰亂，所藏散失過半，戰後居香港，晚年再奏刀刻印成《冰盦劫餘印存》。仰慕汪精衛，曾替汪氏打理「民信印務」，1930年出版汪精衛著、曾仲鳴等謄錄校勘的《雙照樓詩詞藁》。

2　南雄珠璣巷，原名敬宗巷，位於廣東省南雄市北九公里，自唐朝丞相張九齡開鑿梅關驛道之後，成為商業重鎮。

3　香山小欖何家始祖又名何貴十郎，乃北宋名臣何栗（1089–1127）之孫，其祖父是政和五年進士第一，官至尚書右僕射兼中書侍郎。咸淳十年（1274），因元將伯顏（1236–1295）大舉入侵，乃避居至廣東。

4　根據何氏家譜，能稱名臣的包括明末清初政治人物何吾騶（1581–1651），字龍友，號象岡，初字瑞虎，晚號閒足道人，崇禎六年，官至禮部尚書，任大學士兼代理首輔。

5　虎門炮台位於廣東省境內的珠江入海口，為鴉片戰爭時期的抗英遺址。

6　鄖陽府，中國明朝、清朝時的行政區劃一府，明朝至清初屬湖廣，湖廣分為湖北、湖南之後屬湖北。

7　即今廣東省珠海市。

8　見本書章節〈三妹病逝〉。

9　廣東省汕尾市下轄的一個縣，位於廣東省東南海濱，處在惠州市惠東縣和汕尾市陸豐市之間。

10　清後期至清末時，清廷洋務派官員以「師夷長技以制夷」為發展基礎，在全國展開了洋務運動。洋務即指以外國人為對象的服務行業。

11　《廿載繁華夢》（又名《粵東繁華夢》）1905年在香港《時事畫報》連載，1907年出版單行本。作者為歐陽鉅源、黃世仲。書以廣東海關庫書周庸佑（即周東生）從發跡到敗逃的二十年為題材，是一部描寫真人真事之作。

12　八仙桌，傳統家具之一。為桌面四邊長度相等、桌面較寬的方桌。共四邊，每邊可坐二人，四邊圍坐八人，故民間雅稱八仙桌。

13　即李浩駒，曾任馬尼拉領事、鐵道部總務司長、汪精衛南京政府中國國民黨第六屆中執會候補執行委員、棉業統制委員會委員與郵政總局上海辦事處主任等職。

14　即李佩舒，曾與徐慕蘭、徐宗漢及李應生、李沛基一起從事革命運動，與陳璧君相識。作者父母何秀峰與李凌霜透過李佩舒結識了汪精衛與陳璧君。

15　劉蘆隱（1894–1969），本名慎德，江西永豐人。1912年，加入同盟會。1915年加入中華革命黨。曾任國民黨中央執行委員、宣傳部副部長、部長。

16　即李凌霜（1896–1969），乃筆者母親，善書數，曾任執信學校會計。汪精衛南京政府成立後，出任廣東省財政廳金庫長，並為廣東省婦女會理事。

17　木魚書是木魚歌的唱本。木魚是一種廣東曲藝，屬於彈詞系統，為唐代佛教的俗講、變文及寶卷傳唱至粵，與地方民歌民謠逐漸融合演變，於明朝晚期出現於廣州及珠江三角洲地區，於民間廣泛流傳，多為即興表演，或根據記憶演唱。

18 徐慕蘭（？–1929），原名佩蘭，上海招商輪船總局買辦徐潤之姪女，女革命家徐宗漢之胞姐。徐氏舉家革命，於廣州炸擊清將軍鳳山一役，率兩子李應生、李沛基首當其衝，英名傳誦一時。廣東光復後，她擔任廣東女子北伐隊隊長，率隊參加對張勳作戰，1929年6月20日於上海病逝。

19 徐宗漢（1876–1944），原名佩萱。廣東香山縣（今中山市）人，上海招商輪船總局買辦徐潤之姪女，十八歲時嫁給李晉一為妻。1907年丈夫去世，同年徐宗漢加入同盟會。1911年，徐宗漢在黃花崗起義前夕奉派到香港運輸鎗械彈藥，並曾先後在香港擺花街、廣州溪峽設置機關製造炸彈，黃花崗起義失敗後結識了起義指揮者黃興，後二人結為夫妻，1928年接辦南京貧民教養院，1944年3月8日於重慶病逝。

20 黃興（1874–1916），字克強，湖南人。1903年在湖南成立華興會，起義失敗後亡命日本，結識孫中山，1905年參與組織同盟會，1911年任廣州起義副總指揮，與孫中山並稱中華民國建國兩大功臣。1913年二次革命失敗後拒絕支持孫中山之中華革命黨，另組歐事研究會，1916年10月31日於上海病逝。

21 1905年由廣東南海人簡照南和簡玉階兄弟在香港創立，當時為「南洋兄弟煙草公司」，最初生產「白鶴」牌香煙，銷路一直上升，但不久被英美煙草公司打擊下倒閉。1909年復業，改名為「廣東南洋兄弟煙草公司」，生產「紅雙喜」香煙，1916年在上海設廠。1918年改組為南洋兄弟煙草股份有限公司，總部改在上海。

22 陳炯明（1878–1933），字競存，廣東人。粵軍創建者及領導人，1920年主持駐閩、粵軍奪回廣東，任廣東省長，主張「聯省自治」，反對孫中山北伐，1922年粵軍驅孫中山離粵，次年被滇、桂聯軍趕出廣州，退守東江一帶。1925年被國共合作的東征軍擊敗，退居香港。

23 陳國琦為陳璧君兄長陳繼祖的兒子。1939年河內暗殺事件中，陳國琦亦在場並受輕傷，曾仲鳴去世前將身前所處理的事務都交付與陳國琦。南京政府時期任汪精衛隨從秘書。1990年代病逝南洋。

24 1937年時任中央委員的劉蘆隱因涉嫌教唆行刺湖北省政府主席楊永泰一案被捕。最終被判處有期徒刑十年。

25 位於今香港半山區，建築已不存。

第二章：打石巷

　　生平第一個家就是廣州城小市街打石巷[1]的半間老屋，門牌號數已經記不清了。打石巷是高第街[2]裏面的一條橫街，現在自然不存在了。我們佔住進門左側的一邊，從門廳的一道小門踏入我們自己的小客廳，倒過來一間是父母親的睡房，客廳右手邊是一道冷巷[3]，經過祖母、九姑姊和我的房間、天井、八叔的房間，然後直達位於最後的廚房。我自出世開始到三四歲都是在這裏渡過的。

筆者自出生以來的第一張相片

那時父親遠在汕頭附近的碣石[4]當一名小職員，只在年終或者節日回家幾天。當時我對父親並沒有很深的印象，只記得有一次着涼了，不肯喝苦茶，父親要捏着我的鼻子硬灌。我掙脫了，躲進牀底下不出來。結果虧得祖母打圓場，才逃避過這一場災難。還有就是不時收到封在當中有一柱紅鼻樑信封裏的信，母親指點着一個個毛筆字教我：省城，小市街，打石巷，X號，何榆蔭堂收，碣石，何付。

於是我開始知道這就是書信，是父親寄回來的信，也知道我的祖父叫榆庭，何榆蔭堂是我的家。早在我識字之前，母親就教了我好幾首五言唐詩：「牀前明月光」、「白日依山盡」、「紅豆生南國」等，都能夠琅琅上口。母親還會曼聲諷頌，高興的時候便抑揚頓挫的念幾句詩、古文、詞，歐陽修的〈瀧岡阡表〉[5]讀到「非敢緩也，蓋有待也」每每為之低徊不已。她曾就讀河南潔芳女子學校[6]，在那裏，國文是相當注重的。

後來母親到了香港，由任職南洋煙草公司包煙部長的大舅母徐慕蘭介紹，到那裏當了一名小職員，也就只能偶然從香港回家一次，於是我完全由祖母負責照料了。父母親的收入都並不豐裕，不過母親每次從香港回來，總帶給我許多吃的東西和玩具，以我們當時的環境來說，已是非常的享受。在我的記憶中有一匹可以搖擺的木馬和一條木製的、外面髹繪得很像真的魚，打開腹部，裏面裝着很好吃的糖果，對這兩樣東西，我記憶猶新。

祖母一心一意照顧我的起居飲食，事事躬親，真是無微不至。白天哄着我玩耍，夜裏帶着我睡覺，冷了為我添衣，熱了為我拭汗。晚上躺在牀上，還不停地說故事，直至我入睡為止。從「熊人婆」[7]以至「二十四孝」的故事都是這時候聽來的，而最令我感興趣的還是發生在家中的往事。

自從祖父去世，鄉間祖屋已經不易立足，祖母就帶着兩子一女來到打石巷居住。那時候剛推翻滿清，局勢仍然混亂，散兵游勇，很多淪為盜賊。當年祖父在世，還算得薄有名氣。外面以為他做了多年的官，宦囊必然豐潤了，怎知道這幾個孤兒寡婦會這般拮据呢？有一批人打聽到祖母帶着兒女來了省城，有一天晚上竟然來行劫。幸而祖母機警，把僅有的一包細軟丟入灶裏，讓爐灰蓋住，才逃過劫難，保住了日後的衣食。

另一樁發生在我出世一個多月之後。那時正值龍濟光之亂[8]，廣州兵匪難分，殺人越貨隨時都可能發生，於是就打算回到鄉間暫避，以免遭受犧牲。當時到小欖[9]的路程，坐一段渡船之後還要走一段路的。正在匆匆上路的時候，前面來了一批人，身穿黑膠綢[10]衫袴，腰間押着駁殼鎗[11]，指名要請何軍門的兩位少爺。話說得客氣，可是不問而知是擄人勒贖的勾當。於是父親和八叔就只好跟他們走，剩下祖母、母親兩人輪流背着我走，九姑姊在後面跟着。老天爺一點也不放鬆，還來一場滂沱大雨，把眾人淋

龍濟光

19

得濕透。母親掀開裹着我的斗篷察看，只見小人兒臉青唇白，只怕保不住性命。誰知七十多年之後，還留下來作這一段回憶，真是出乎意料之外了。

這時路上傳聞前途已被亂兵阻隔，正在進退兩難，母親提出外婆家在河南，與省城有一水之隔，暫時還算安定，何不投奔外婆，一面設法營救被擄的父親和叔父呢？那時候除此之外更無別路，於是又千辛萬苦的折回河南。

李福林

知道女婿兄弟二人被擄，外婆一時急得不知所措，還是五婆比較鎮定。想起河南第一位響噹噹的人物李福林[12]，外祖父在世時也和他打過交道，自己也見過他一面。於是親自求見，在說明來意之後，李福林深念舊交，一拍桌子，跟着爆出一句三字經：

「這夥兔崽子竟敢犯到我老朋友的親眷麼？」

於是一面吩咐手下去處理，一面安慰五婆，請她安心在家等候，不出十日一定有好消息。果然時限未到，父親和八叔已安然回家。聽說囚禁中食用還挺不錯，有魚有肉，晚上還有紅豆沙宵夜。只是露宿山頭，時見燐光閃爍，人影幢幢，遠處山狗長嗥，聳人毛骨，難以入睡罷了。一場驚險，就此化解。當然少不免送禮和賞茶錢，不過比起要籌贖金就好得多了。

以上都是發生在打石巷時代的大事，是我從祖母口中聽到的。

除祖母之外，同住的親人還有八叔和九姑姊。八叔十分疼愛我，卻對我管教很嚴，大概這是祖父的影響吧。我只要有什麼頑皮的舉動，他便劍眉緊皺，俊朗的臉龐立刻蒙上秋霜，我只好垂手肅立，靜候教訓。他也到此為止，從來不出惡聲，我對他是十分敬畏的。他閒時便找來一冊新編小學國文課本，教我認字，我就跟着他「人，手，足，刀，尺。山，水，田。狗，牛，羊……」地讀

起來。又買「上大人，孔乙己……」[13]來教我描紅。八叔寫得一手好字，父親自認不及，認為只有八叔才學到祖父的幾成。平日我喜歡用鉛筆在紙上描畫，魚兒鳥兒畫厭了。我想畫馬，可是馬太難畫，就央求八叔給我示範。我已經記不起八叔的馬畫得怎樣，不過他說過：「獅子頭，雞公尾，才是一匹好馬。」這句話我不會忘記。五十年代和八叔談起這一段舊事，我還在摺扇上摹寫郎世寧[14]的〈照夜白〉送他作紀念。

九姑姊喜歡繡花和縫衣服，她的手工很好，時時得到人家的稱讚，她卻說：「你們還未見到母親繡的翩飛蝴蝶哩！」

可惜那時候祖母已覺目力不濟，只是縫製衣服，不再拈起繡花針。

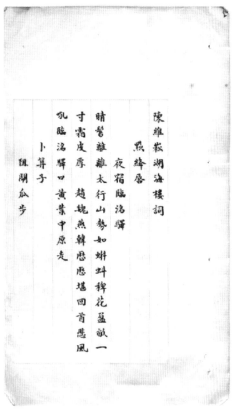

何英父（甫）手抄〈陳維崧湖海樓詞〉

九姑姊有時也陪着祖母吸幾口水煙袋[15]。水煙袋和街上挑夫們吸的竹製水煙筒不同，是用銅製造的，式樣精巧，裏面一半裝着水，煙斗管子通到水面底下，煙氣先通過水的過濾才吸進嘴裏。煙斗管子是活動的，可以提起，高出水面之上，以便從煙管吹氣，把吸過的「煙屎」吹掉而不致把裏面的水噴出。點火用的是一根「紙條」，閒時用草紙裁成長短闊窄合度的條子，然後捲起來搓成寬緊得當、筷子般粗細的紙條備用。紙條點火後，先把火吹熄，僅留餘燼，以防燒盡。用時把紙條夾在食中兩指之間，然後抽出插在煙袋一旁的煙絲夾，從附在煙袋另一邊的煙絲匣裏夾出適量煙絲，在煙斗上面裝好。把紙條對着嘴唇邊，技巧地把餘燼吹着，移到煙絲上頭，然後向煙管輕輕啜吸。只聽「呼嚕呼嚕」幾聲，

一口煙已是吸完。接着吹熄紙條，一提煙斗管子，「噗」地一聲把煙屎一口吹出，完成了吸一口煙的整個程序。我用「技巧」兩字來形容吹紙條，一點也沒有誇張。一個不知其中竅妙的人，包管沒有辦法把它吹着。秘訣就是用力吹氣，同時撮起嘴唇，跟着把舌尖吐出，馬上把撮細了的嘴堵住。使吹出的一口氣既有力，但又十分短促，然後才有成功的希望。就算一吸一吐，力度都要十分適中，否則把煙袋水噴出來，或者吸進口裏，都不是好玩的。上面所述，並不是三四歲的我所能夠理解的。打石巷時代只不過是我對水煙袋的啟蒙期罷了，為了解釋清楚，我加上了以後十多年來住在外婆家中得來的學問。不過，慚愧得很，實習方面，我僅限於搓紙條和搶着替五婆吹紙條而已。

九姑姊會唱小曲，她的聲線雖然比較低沉，但唱起來卻十分圓潤。我還記得她唱的《打掃街》：「鐵馬響叮噹……月影照來牆……珠淚濕羅裳……淒涼斷肝腸……」說起來也是稀奇，如果我是在打石巷聽來的歌詞，本來不大可能會記得清楚，而腦海中明明是那時候的印象，再也想不出別的場合了。

家裏還有一位老婆婆，年紀比祖母還大。祖母教我稱呼她做姑婆，自己卻叫她阿亨（該是阿杏的鄉音）。有一次我也學着這樣叫，祖母責備說那不是我該叫的，原來她是隨着祖母嫁入何家的侍婢，祖母的幾個孩子都是她帶大的，現在又輪到帶我了。

我們日常坐立的地方就是廚房和天井之間不足方丈的小天地。祖母和九姑姊在那裏坐在矮櫈上做針黹，我就蹲在天井餵姑婆買給我的三隻黃毛小鴨，這樣一來就打發了好半天的時光。一天早上起來，照例先到天井探視我的小寶貝，卻見到其中一隻小鴨血淋淋地躺在地上，整個頭都讓老鼠咬掉了。這是我第一次體會到死亡的殘酷。

珠江上有一沙面島，鴉片戰爭失敗後被英方簽訂為租界，
圖中橋為英租界橋，大約攝於1920年間。

　　客廳我們是不常去的，更不用說外面的正廳了。有時頂多跟着姑婆走出
門官廳，隔着腳門聽聽唱龍舟[16]而已。有一回過年，正廳裏居然也插了一枝吊鐘
花[17]，同屋的幾個小朋友想出了好主意，摘下一朵一朵的吊鐘，把門官前頭油燈
裏的油滴進花冠裏，燈草分成小段，點起好幾盞吊鐘燈，每人拿着一盞，團團轉
地走着玩。本來我從未和他們一起玩過，這一次也被邀參加。哪知我一不小心，
竟把燒燙了的油潑在臉上。幸而分量不多，差點不曾殃及眼睛。於是這麼有意思
的玩藝馬上遭受禁止，和鄰家兒童的接觸也受到限制。沒有小朋友的生活是相當
孤寂的，許多時間我都要想辦法自尋消遣。記得一位姨婆從市橋帶來了許多相思
子，一顆顆紅豆般大小，顏色像火一樣的紅再加上漆黑的臍點，十分可愛。這東
西只供賞玩，不能食用。閒來我就把它倒出來點數，也不知數過多少次了。裝得
滿滿的一個酒瓶，當然我不會數得清楚，不過相思子卻給我留下深刻的印象。[18]

　　有時在家實在悶得慌了，在苦苦央求之下，祖母也會讓我跟從姑婆到街市買菜，回家的時候順便再買些「牛乳」。那是在牛奶裏面加少許醋，讓它凝結，再用模子壓成銀元大小的薄片，然後醃在鹽水裏，是最宜送白粥的一種副食品。離開廣州之後，久矣不嘗此味了。街市附近有一處類似公園的地方，那裏有一個九曜池[19]，我喜歡到那裏看池裏的烏龜，一獃就是一兩個鐘頭，直至姑婆要回家燒飯才催我走。我那時候的日子就是這樣過的。

何孟恆多年之後繪畫的相思子

作者註：

通常廣州的住家屋有三重門：最外面的一重是叫「腳門」，一般四摺，只有半截高，上部鏤通花。第二重是「檔櫳」，用徑約二三寸的圓木製成橫柵，可以檔拉開關。最裏面是兩扇厚木大門。白天裏大門打開，全憑「檔櫳」防衛。屋裏的人可以從腳門上部窺視，辨明來客身份，然後開門。

一般住家進門便是門官廳，佔地不多，安設門官神位，內進才是正廳。富裕之家備有自用轎子，就在門官廳和正廳之間加設轎廳來放置它。打石巷故居窄小，沒有轎廳，詳見〈躍龍里〉一章所述。

龍舟是一種歌謠，歌詞由通俗故事編成，歌調具獨特風格，歌者多是老年人，帶着一根手杖，上面裝飾着一艘小型的龍舟，手持一鑼一鼓。當着端午節近，龍舟鼓響，便到人門口歌唱，博取幾個賞錢，最能吸引兒童，可惜兒童都不是付得出賞錢，難怪龍舟已經隨着粵謳漸趨湮沒。不過因為它的聲調獨特，依然不時被粵曲採用，是以前塵已渺，猶有餘音。

1　在大新街以南有小市街，今不存。位置在今廣州一德路與大新路之間。

2　位於廣州市越秀區，為著名的古老商業街之一。

3　冷巷為嶺南傳統建築特點之一，是建築排列組合形成的比較窄的巷道，或者是在建築的一側留出的一條小廊道，具有自然通風的作用。

4　碣石為位於廣東省陸豐市東南部碣石灣畔的一個鎮。

5　〈瀧岡阡表〉是歐陽修在其父下葬六十年之後所寫的一篇追悼文章。

6　創立於1908年，為彼時廣州頗有名的女校之一。1924年廣州淪陷後，遷校澳門。

7　流傳於兩廣一帶的民間故事，類似於西方童話故事《小紅帽》。

8　龍濟光（1867–1925），生於雲南省，曾任廣西提督。中華民國成立後，被任命為綏靖處副經略。1916年4月6日，袁世凱宣佈取消帝制後，龍濟光發表廣東獨立宣言。4月12日，龍濟光在廣州海珠島水上警署邀請各界代表，召開廣東獨立善後問題會議，會議中，當談及軍隊改編問題時，發生嚴重爭執，龍的警衛軍統領顏啟漢突然開鎗，將護國軍代表湯覺頓、譚學夔等當場擊斃。是為「海珠慘案」。

9　小欖為廣東省中山市下轄的一個鎮。

10　廣東特產布料，也叫香雲紗，黑色的多稱黑膠綢。黑膠綢是一種塗有薯莨汁液的平紋絲織品，二十世紀初流行於嶺南一帶。

11　即毛瑟（Mauser）C96手鎗，是一種由德國鎗械製造商毛瑟在1896年推出的半自動手鎗。因為是裝在盒子內的鎗，而盒子的英語發音是Box，中國便開始叫它駁殼鎗。此鎗在二十世紀初期大量流入中國。

12　李福林（1874–1952），字登同，廣東人。曾參與鎮南關起義，護法運動中率軍擁護孫中山，1926年任國民革命軍第五軍軍長，1927年協助張發奎平定中共廣州公社起義，後解職隱居香港。1938年協助國軍擊潰進攻廣州的日軍。

13　《上大人》，是自唐朝就有的字帖。從唐朝到清朝，古中國童子描紅習字，常寫一種只有二十幾字的的字帖，名為《上大人》，文句大約為：「上大人（上大夫），孔（丘）乙己。化三千，七十士。爾小生，八九子。佳作仁，可知禮也。」

14　郎世寧，（1688–1766），原名朱塞佩·伽斯底里奧內（Giuseppe Castiglione），意大利傳教士，康熙五十四年（1715）前往中國，被康熙以藝術家的身份召進宮中，成為宮廷畫家，素擅畫馬，歷經康熙、雍正、乾隆三朝，代表作品有〈八駿圖〉、〈百駿圖〉等。

15　廣東習俗，用白銅作吸水煙之煙斗，多為富貴人家使用，貧民所用為下文所說竹製水煙筒，俗稱「大碌竹」。

16　指廣東民間龍舟說唱歌。

17　吊鐘花，別稱鈴兒花、倒掛金鐘及燈籠花等。因其花開時，花梗柔軟下垂，花朵如吊燈狀，所以得名。吊鐘的花朵通常在農曆新年前後開花，在清代中葉開始已有吊鐘作為年花的習俗，取其「金鐘一響，黃金萬兩」的吉兆。

18　筆者對紅豆之研究，請參看本書「雲煙雜錄」〈紅豆〉一章。

19　廣州城中名勝之一，在今日教育路，相傳為南漢時期皇宮花園一部份。

第三章：躍龍里

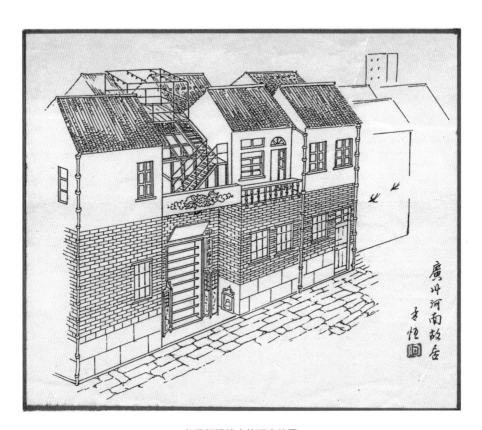

何孟恆記憶中的河南故居

　　我在廣州打石巷出生，而從小長大的地方就是隔着珠江的河南躍龍里[1]。好不容易從記憶中把那裏的老屋描繪出來，再經過不知多少午夜夢回的追索，終於把老屋的結構拼湊成功。其間每一個角落都是那麼親切，只要看一眼就立刻會帶領我去重溫童年的往事。

　　躍龍里是外婆家，第一個記憶就是去參加外婆一個侍婢的婚禮。當年廣東舊家庭還有婢女；把年輕的小女孩買回來供主人使喚，等到長大，出嫁的時候就會把她當作主人的誼女看待，盡量把婚禮辦得周到。那一次我被邀作外婆一位誼女的送嫁「舅仔」[2]，我起先不肯，後來聽到做舅仔什麼都不用費心，就有新的長衫馬褂和紅頂小帽穿戴，有轎子坐，有人奉茶和「夾餸」[3]，最後還送一雙「舅仔鞋」，我禁不住多方勸誘，終於首肯。結果，除了上述的權益之外，我還從新娘的花轎上摘取了一片翡翠的羽毛。花轎和新娘的鳳冠上頭飾滿了美麗的羽毛，我想只取一片是不會有什麼損害的。新娘就是後來弟妹們稱呼她「景隣」的一位。她的丈夫姓鍾，我叫他「滴答鐘」；他是廣西人，因此我也叫他「冇有怕」[4]，其他就記不起來了。那時候外婆家對我還是相當陌生的地方，年中不過探訪兩三次。其後父母親都在外地工作，不便攜家同往，就把我留在外婆家寄居；一來給老人家作伴，也好得到點照顧。

　　躍龍里是河南環珠橋附近的一條巷，路面用大約三尺長八寸闊的石板鋪成，寬二丈許，比起外面的大街也相差不遠，在未修築馬路之前這種氣派是少有的了。躍龍里東西走，大約有十來戶人家，然後向南屈折，轉向西走，再過幾戶人家便是盡頭。通過一道廢棄的木欄柵便西通大基頭的市廛。躍龍里的住宅都比較整潔，外婆家面北斜對着就是「黃地」（粵語意即黃宅），主人便是在南洋發跡的黃陸佑（後改姓陸）[5]，也就是捐建香港大學陸佑堂（本來叫香港大學大禮堂）[6]的那一位。我因放紙鳶[7]而認識他家的「樂仔」，進過他們的大宅子。黃宅正對着

黃陸佑（後改姓陸）

的一家姓王，是外婆家的左鄰，王慎謙是十舅公李浩駒的朋友。巷尾一間私塾「葉館」，由葉晉銘老師講授古文。有一年的暑假父親送我去上過學，記得聽講

一篇《左傳・鄭伯克段於鄢》。外婆家左鄰的一家，表兄黃顯耀租住過那裏的後院。轉個彎以後就沒有什麼印象，只是路過而已。

躍龍里門牌十一號是外祖父一手經營的「李五福堂」，坐南望北一連四棟屋，廣東人稱為「四便過」。每棟寬約十五尺，深達六七十尺。外面牆腳砌有三尺多高經過細工磨琢的白麻石，上面是水磨東莞大青磚，砌至下層的樓頂，然後白色批灰，直到金字屋頂，上面蓋着灰色的瓦片。大門開在右首第二棟，門內左側供着土地公公，門口第一道照例是半截鏤通花的腳門，門分四扇，可以摺疊開關；內裏一道「檔櫳」，用徑約三寸的硬木造成的橫柵，不必拉開就可以外望；最後是晚上方才關閉的厚木大門。進門之後就是門官廳，向外供着一位庇祐家宅的門官。門官廳只有四五尺深，東向一道門通第一棟屋的一間和門官廳一般大小的房間，裏面有一口廢井，平日只是用來堆放木柴，沒有別的用處，也沒有其他的通路。門官廳西通第三棟屋的冷巷[8]，這裏也有一口井，水質很好，食用和洗濯都從這裏汲取，冷巷西通位於第四棟屋的廚房，這裏有通向外面的橫門。廚房的後半截上面直通天窗，藉此疏散廚煙和透露陽光。門官廳進入去是一方小小的天井，上有玻璃架遮蓋着。再進便是轎廳，這是比較寬裕人家特設，在此上落和放置專用轎子的地方。外祖父過世之後，轎子就一直空置不用了。轎廳東向一扇門通第一棟的廳仔，西向的門進入第三棟的「食飯廳」。轎廳內進是一列木屏門，平日只打開靠西的兩扇以供進出。跨過高高的門限內進就是神廳，西北角一道門通「食飯廳」，東南角另一道門通第一棟屋的「花廳」。神廳陳設簡單，兩旁一般相間排着四把扶手椅子和三張茶几。廳堂盡處靠壁當中有張八仙桌，兩旁各有一把較大的扶手椅，前面多放一張踏腳櫈。頂上通天，可以仰瞻供在二樓神樓上的祖先靈位。舊日廣東的傢具都喜歡用酸枝木料[9]，取其堅固耐潮，黑黝黝的正適合這種莊嚴肅穆的地方。神廳東西牆壁光溜溜的沒有一點裝飾，只是和食飯廳相通的門上掛着吳石儔[10]的兩幅山水冊頁，上面畫的是水墨雨景，更添加幾分陰暗。

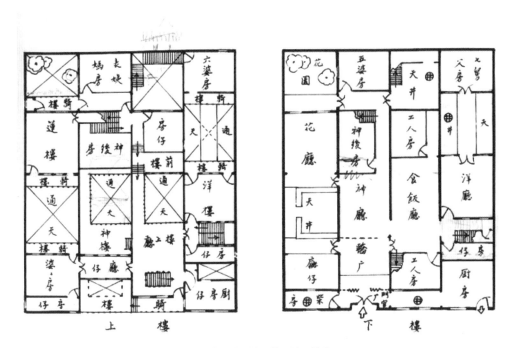

筆者根據回憶手繪躍龍里故居的佈局

平日沒有人在這裏停留，只把它用作穿堂過路而已。一旦有什麼喜慶大事，過年過節，這裏就大派用場了。首先木屏門全部移去，中門大開，所有桌椅都鋪上紅緞繡花的枱帷和椅墊，桌上供着果品，插上瓶花。兩壁張掛起先人的真像，男的穿上朝服，女的穿上裙褂，個個畫得面目如生，神情肅穆。晚上點上打氣的煤油燈（粵稱「大光燈」），照得到處通明。有時還請來盲公盲妹（瞽師瞽姬）[11]唱曲助慶，神廳盡量發揮作用，稱為一家首要的地點，鬧烘烘地一洗平時的低調。等到喜慶過後，經過一番收拾，然後再回復到平時的寧靜。

　　神廳盡處，西側是一條直通後進的冷巷，有一扇門進入神廳後面的「神後房」，是傭人的居室。因為太陰暗，除非不得已，否則沒有人願意住進去。房後面是樓梯間，再進就是深有七八尺的五婆的廳仔。南面靠牆放着兩把椅子和一張茶几，北面一張窄窄的炕牀。五婆房就在第二棟最後的一間。房間不大，向東一扇窗開向「花園」，西面一扇窗高高的開向第三棟的天井。五婆的房間看不到什

31

筆者於孩提時代在影樓所攝相片

麼陳設，讓我留有印象的就是一牀竹蓆而已。竹蓆是由一根一根竹片拼湊串牢而成的，只可捲起，不能夠摺的那一種。用久了，變成通體茶褐色，光滑如鏡。大熱天得此牀氷簟，臥看牛女，領略天階夜色，等到已涼天氣，蓋上一條薄毯子，閒聽秋雨，才真正是一種享受哩。

五婆房東面是第一棟屋最後的一進，這裏只有圍牆沒有房舍的一塊地，這就是外婆家的花園。東南角種有一棵番石榴，樹齡太老，結的果子不多，而且又青又硬，難得稍有黃熟的幾顆；鳥雀啄食之餘，已是我們眼中的珍品了。舅父教我在竹竿上縛橫枝，可以扭折果枝。閒來經過樹底，不免打量一番，希望有點收穫。番石榴旁邊有一棵米仔蘭[12]，在陽光照射之下不時散發陣陣幽香。記得樹底下有過一個蜂窩，五婆叫人點把火把黃蜂燻走，撕開蜂窩，裏面不少又白又肥的幼蟲。五婆逐一拋進口裏，就像吃花生米似的。邊吃邊說：「好甜！你們也嚐嚐。」我雖然嘴饞也鼓不起這份勇氣。五婆在鄉間長大，有許多見識我聽都不曾聽見過。花園西面靠五婆房窗前種了一棵吊燈花[13]，開起花來像一個個小燈籠，花蕊下垂，就像燈籠的穗。小時候最愛採來玩，當時把它叫做西藏紅花，其實是叫錯了。花園當中一座石台，雜放着一些不知名的花草；園子之北三四尺有覆蓋，上面就是第一棟屋樓上朝南的騎樓。樓底下有一排鴿籠，我們在那裏養過幾對鴿子。五婆房之西是一個天井，這是第三棟屋最後的一進，天井東面靠牆有一道樓梯，上通第四棟樓上最後一進，那就是六婆房。天井裏有一口井，這是洗衣服的地方。樓底下是傭人們的廁所。五婆廳仔是天井和花園之間唯一的通道，也就是這一角最聚腳的地方。這一地段以五婆為

中心；她在這裏梳頭，吸水煙袋，唱木魚書，吩咐傭人操作，記賬，以至和六婆據坐炕牀，一面喝茶一面閒話家常……總不離這一個角落。除開吃飯在食飯廳大家見面之外，六婆也會到五婆廳仔，卻很少到別的地方，也不歡迎別人到她的房間，甚至五婆也不清楚她房間究竟是怎樣的光景。記得小時候頑皮，午飯時故意衝上她的樓梯，叫喊：「六婆食飯！」她準定及時在半樓梯攔着説：「來了，來了！」

　　轎廳東面一扇門通第一棟屋，首先是一間小客廳「廳仔」，地面用雲石方塊鋪砌，和其他地方用的紅色方階磚不同，北面緊靠柴房，一個八角窗開得很高，只具裝飾之用，窗下一張炕牀，可容二人「橫牀直竹，吞雲吐霧」[14]的一種。它的真正功用早已不存在，但作為臥牀，我卻享用過不少時間。廳中央一張酸枝鑲雲石圓桌，配上鼓形的橙子。兩旁各有一張靠椅，坐下來背往後靠，前面就會升起來讓你承腳。設計巧妙，已經曉得機械連動了。此外兩旁各有一張茶几，一個花架，這是缺少不了的佈置。走出廳外回望來處，就可以看到門邊掛着剖竹製成的一副對聯：「室雅何須大，花香不在多。」以這兩句來形容這小客廳是十分適切的。

　　廳外走廊吊着一對倒鐘形的玻璃燈，上有罩蓋，下有透氣孔，質料晶瑩，製作巧妙，可惜我就未見它點亮過。和玻璃燈吊在一道的有幾籠鳥，較大的一隻是鴝[15]，粵語叫「豬屎喳」，頭背黑色，胸腹白色，黑白分明，看起來很容易辨認。鴝鳥好鬥，舉動粗豪，鳴聲嘹亮，不擇飲食。粵人給牠起了一個惡名，實在是不公道的。牠唱起來，悠揚婉轉，變化多端，廁身於一群鳴禽隊伍中，儼然像個領班。人們把嬌小玲瓏的綉眼[16]（粵稱相思）掛在一道，就會學到牠的腔調，唱起來就更加動聽。相思的體型不及豬屎喳的一半，通體灰綠色，胸部微黃，腹足灰色。最特出的是一雙眼眶鑲着銀白色的一線。牠的鳴聲清脆圓潤，體態輕盈，毛色美麗，很惹人喜愛，如果再學上豬屎喳的花腔就更加可貴了。

　　當年相思的身價一般值得十元上下，好一點的就得加倍。原來籠鳥都要從孵化不久的小鳥連巢一併取下，由人工飼養長大，方才能夠見人不驚；等到長大了才用網摘取的稱為「大網」，見到人就驚撲不定，難以調教，是不值錢的貨色。相思之中又以竹樹相思為上品，築巢在竹樹叢中；和一般相思不同的就是喙和腳爪的顏色較淺，鳴聲更為動人。當你選中了稱心的鳥兒之後，就要為牠配個鳥籠。一般的鳥籠都用竹製。豬屎喳的籠圓柱形，直徑大約一尺多，高約二尺，前面一道可以上下開關的柵門，兩支筆桿粗細的柱子隔住籠口，這種裝置是特別為豬屎喳或者畫眉這一類鬥鳥而設的。原來養鳥除了愛聽鳴聲之外還可以像蟋蟀一樣的搏鬥；賭鬥的時候，兩籠對靠，拉開柵門，鳥兒就可以在支柱的間隙相撲啄，不必過籠就可以分出勝負。相思的籠子有粵式和滬式的區分：粵式籠子圓柱形，式樣和豬屎喳籠相似，籠口沒有兩根支柱，尺寸自然小得多，製作就更精細了。上海籠方形，較小，籠子下面裝有一塊活動的底板，不必脫開籠底就可以抽出清洗。各式鳥籠當中通常都有三根橫樑，這叫「山」，是鳥兒跳跺棲息的地方。籠內的配件就有兩對「雀食」，一對盛水，一對盛鳥糧，相思要一盅綠豆糕粉和一盅酒餅蟲（陳舊的酒糟長出來的蟲，曬乾），豬屎喳只吃葷，所以兩盅清水之外加上一個蜢籠。雀食之中，精緻的細瓷之上，青花或者廣彩精繪[17]，不一而足。外婆家的鳥兒是父親和舅父養的。他們只是在休閒的時候調弄一下，平日只是過着沒人欣賞的日子。每當太陽射到照壁，屋裏空無一人，這幾隻鳥兒唱得更加起勁；豬屎喳總是帶頭，相思在後跟着，漸漸也學到一些新腔調，據說歌聲美妙的相思都是經過豬屎喳調教的。養一隻鳥兒說來也並不簡單，要天天添水添食，保持食具和鳥籠的清潔。天氣煖了，隔天就要放一盤水進籠讓鳥兒洗澡，再用噴水壺給牠噴洗，晚上要罩上帳子防蚊蟲，早上收起帳子讓牠吸新鮮空氣。餵食炸蜢的時候，小蜢只須放進蜢籠，鳥兒便會自己啄食，遇有大蜢「禾蝦」或者「獅頭」（蜢名），還得用剪刀從蜢背剪開翻轉，用竹籤別在籠邊餵牠。父親和舅父週日要上班，鳥兒日常的照料自然又落到我頭上了。那時我已經十一二歲，

也該做點事了。不過養鳥並非出於自己愛好，所以做起來也不上心。有一次竟然忘記了日常的操作，沒有給鳥兒添足食水，一隻相思因此飢渴致死，我受到了一番嚴厲的訓斥，從此也明白了凡事都要恪守承諾的道理。

　　廳仔對開就是一個天井，地面麻石鋪砌，仰望通天，屋簷之下殘留着破爛的木架，據說以前是一個葡萄架，天井三面圍上朱紅色的木欄，靠東留着通到「花廳」的過道，也由此進入天井。天井的主體是架在一張石桌上面的一口大油缸，那是用來養金魚的，缸的中心還砌了一座長滿苔蘚的假石山。靠着天井的照壁又是另一座石桌，雜放着一些盆栽，壁上掛着一瓶粵萬年青[18]，綠油油的葉子經年不變。此外便是一些花几和廣彩瓷鼓。這地方久矣沒人打理，留存下來的植物不外棕竹[19]和萬年青而已。萬年青沒什麼好玩，棕竹倒供給我不少可供舞弄的「兵器」，截下來一段握在手中就是好一桿「璧玉鞭」！紅木欄的南北兩端，各有一對黃蠟石[20]用粗大的木架支起，當作凳子使用。大熱天在這裏坐上一會，感覺一陣清涼，比起坐瓷鼓薹又是另一番滋味。花廳和廳仔相對，是宴客的地方，兩旁各有一個高低兩層的酸枝雲石架，可作茶几也可放置擺設。架後一張靠椅和廳仔的製作不同，一靠椅背，承腳板也一樣的自動升起。最突出的還是當中一盞水晶燈，全用三稜玻璃和玻璃球穿綴的纓絡製成，直徑足有四尺。有了這一盞燈，我早在學校做光學實驗之前就玩過彩虹的玩意了。

　　花廳的盡處開着兩扇窗，可以望到後面的花園。從廳仔至花廳平日寂靜無人，卻正好適合我在此奔走跳跟；我提着心愛的「璧玉鞭」在紅木欄上面往來奔跑，想像着身為俠客，木欄開口處一跨而過，多麼威風；簡直是飛簷走壁的身手！後來長大了重訪故居，心中充滿了興奮的情懷，首先探望一番我的舊遊勝地，原來那天井僅僅及得上目前我的臥室一般大小，紅木欄開口處不過三尺，不禁令我嗒然若失。

黃鼎萍繪畫扇面贈筆者父親何秀峰

　　舅父和父親月中也有幾次在這裏會朋友，有時也玩玩麻雀牌（麻將），時間總是週末的晚上，經常參加的有黃顯耀表兄、易石公[21]老師、黃鼎萍[22]畫家和李寶韶等，這些人物過去了幾十年在我心目中仍然留有深刻的印象，趁此稍為介紹一下：黃顯耀是外婆姪女的兒子，早歲喪父，隨同母親——我稱呼為表姨媽的一位——在外婆家寄居，得到外祖父的長孫李應生（拯）[23]的幫助，去了法國念書，回來後在街尾的葉館補習中文，然後在沙面一間法資洋行任事。他年齡和十舅父李浩駒相近，因此大家時常玩在一起。記得他從法國回來時，母親帶着我陪同表姨媽到香港接他。表兄不單一句中國話也說不來，連面貌也十足的洋氣。他的一位任職海員的堂兄弟在酒樓為他接風，全部陪客都是「行船仔」[24]。我們到酒樓會他，給我留下一個很有趣的記憶：就是一桌子坐滿十二人，踏在地上的腿數一數也是十二之數。原來海員習慣把一條腿蹲在櫈上的。我這位初來貴地的表兄也生硬地入鄉隨俗了。易石公是河南一間私塾的老師，寄情詩酒，寫得一手好隸書。我也曾一度是他的及門弟子。他和黃鼎萍畫伯都是父親在書畫展覽會上認識的。黃鼎萍畫的是中國畫，卻並不墨守成規，他繪製過一冊《廣告大全》，用中國的筆墨繪就一些廣告宣傳畫。當着提倡國貨，堵塞漏卮的時代，黃氏盡過不小努力。他後來專長花草鳥獸，尤其以猿猴最為生動，值得留存。可惜家中舊藏都

已散失淨盡了。另一位是李寶韶，十舅父在香港皇仁書院[25]的先後同學，「番書仔」出身卻有很好的中文底子，一手趙字寫得十分漂亮。在「軍政時期」中他也穿起軍服，位至少將秘書官。他香煙不離手，右手中指和食指得發黃。此外四姨丈劉蘆隱、「大頭歐」歐樹融[26]、「豆皮」汪叔度等，也都是躍龍里後期的常客。

　　客人聚集月中總有兩三次，時間必在週末。第二天不用上學，我因此也就委派了一份工作，就是替父親打扇驅蚊。當時雖有電力，卻等閒不用電風扇，而河南未闢馬路，地方卑濕多蚊，飯後幾圈麻雀牌如果沒有人驅蚊是不安於座的。於是觸類旁通，我十一二歲便學通牌理。年假中偶然還會讓外婆拉着湊腳，可是我對此從來不感興趣，一生從未真正打過一次牌。

　　第三棟屋除了和門官廳相同的冷巷之外，其他交通樞紐全靠轎廳和神廳的兩扇門，進入去便是食飯廳，這裏的東北角是通到樓上的主要樓梯。梯底下是傭人房間，飯廳之南也是傭人居住的房間，再後面便是天井，要經五婆廳仔才可以走到，和第三棟屋其他地方是不相通的。食飯廳之西有門可通第四棟屋，門對着樓梯間，北面是一間房仔，地方狹窄，通常都是用來貯藏雜物。樓梯之南是一個廳堂，謂之「洋廳」，外祖父當年「辦洋務」，頗結識了一些國外朋友，就在這裏設宴招待。廳中一切西化，雖然餐具和洋酒都已經不復存在，玻璃櫥和酒櫃還保存得很好。廳的中央放着一張餐枱，我利用它作為球桌，不時和小朋友們玩乒乓球。雖然桌子是圓角的，不太合適，但總比較沒有好。當日的球友有黃文翰、文浩、李盤根、灌根等幾位，他們都是外婆的親戚，後來成為十一姨丈的梁詩立公餘也偶有參加。洋廳之南是另一個天井，當中走道上蓋篷頂，通達第四棟屋南端最後的一個房間。那裏曾經是表兄黃顯耀婚後的新房，後來七舅父浩清夫婦入住，表弟李沛銘、沛純都是在那裏出生的。現在四棟屋的樓下都已走完，讓我們到樓上去看看罷。

　　登上李五福堂樓上的主要通道是第三棟屋的樓梯，就是前面說過連接着飯廳的一道。每當放學回家，我總是由此首先上到樓上叫一聲「婆婆！」如果外婆不是攜着「功夫籮」（盛載針黹的籮筐）在樓上廳堂縫衣服，我就會進入第二棟的樓上廳仔，再向東行，進入位於第一棟樓上的外婆的房間。在這裏會看見她坐在矮櫈上擦她的寶貝銅牀。這牀黃銅造成，金光閃閃，玲瓏剔透，也着實令人喜愛，不過別人只能遠觀讚歎，不許觸摸；拂拭整潔，都是外婆親自動手。她定期操作，一擦就是好半天，是她生活中的一個大節目。除此之外，櫃頭還有一座彩瓷細繪的自鳴鐘。這來自西洋的玩意，每刻鐘報時，鐘聲沉雄悅耳，每星期上一次發條，外婆是不會忘記的，靠近騎樓的牆壁上掛着兩幅小條幅，是三表哥李援（沛基）的畫，其一是蘭花，題着「王者之香」，另一幅是一隻天牛沿着枯枝往上爬，題為「看我上雲梯」，都是用銀色繪在靛青紙上的，畫筆近嶺南派。因為畫筆和顏色都很特別，所以記得很清楚。

　　外婆的寶貝真多，即如面向天井的那幾扇套色玻璃窗，有紅有綠也有藍，每一片都是西洋來料，中國手工精製，蝕刻着花鳥圖形或者名家法書，現今想要找一片也不容易了。外婆喜歡吃甜的東西，有人到香港就會託他買些甄沾記[27]椰子糖，而且聲明要硬的一種。她知道我放學，就會給我掐碎兩片梳打餅乾，放在一碗白糖水裏，泡得軟軟的，這是她心目中上好的點心。她也喜歡小飲一點酒，自己在後面小房間裏有一個闊口玻璃瓶，裏面是糯米酒泡着一些洋檸檬，加入冰糖。等到酒飲盡了，要清洗酒瓶的時候，我會分到幾片浸過酒的檸檬，這在我看來是比銅牀更加寶貴的。還有不少好吃的東西，都放在外婆廳仔的食櫃裏，而廳仔也在吃食方面發揮了最大的作用。除了一日兩餐之外，其他點心宵夜等小食多在這裏進行。

　　廳仔的位置在樓下轎廳的上面，一架玻璃窗覆蓋着轎廳前的天井，廳仔面南開着上下拉檔的玻璃窗，和較低兩級的神樓隔開。神樓就是神廳的樓上，因為

有一個通天，所以只是北面靠樓上廳仔有着大約三分之一的樓面。這裏是安放外婆勝家衣車[28]的地方，還放了一張圓桌子，上面供有時常替換的鮮花，此外便是靠東一道走廊，通到南端的神台。這裏供着李門堂上歷代祖先，這裏的香燈都是外婆親自供奉，從不假手他人的。神樓和第二棟屋後座不相通，一定要從第三棟走。第三棟樓上廳之南也是一個通天，下面就是食飯廳，靠東留有一條過道，走落幾級台階就是「前樓」，那裏有一鋪工人的牀位，同時也是貯藏雜物的地方，再朝南前走，落下幾級便是一個小小的房間，那就是我中學時代的臥室。

筆者成長中的廣州街道

走到這裏，前面就是一個窗口，外面是天井，對面望見登上六婆房間的樓梯。通過左向一道門便進入第二棟屋的後座，這是五婆房的樓上。一個廳仔和一間房是表姨媽——婆婆的姪女——以前住過的。東向一扇門外出便是下臨花園的騎樓[29]。倒過來廳仔之北是第二棟屋的樓梯間，登上幾級便上通第一棟樓上後座的「蓮樓」，這裏和婆婆房遙遙相對，當中隔着天井，就是上面曾經有過葡萄架的一個。這裏表哥李應生和妻子黃蕙英曾經住過，蕙英表嫂生前一幅很大的半身照掛在壁上，據說她的眼睛永遠會跟着你走，這張相片直至我們入住方才除下的。起先我們全家都擠在這裏，後來全表哥結婚，表姨媽一家遷出，父母親住進表姨

媽住過的房間，祖母就領着我和弟妹們留居蓮樓，等到我升學高中，自己住入前樓的小房間，這裏就只有祖母和弟妹了。

　　最後要說的是第四棟屋的樓上：這裏經由樓上廳通過去，朝北前面第一間是樓上廚房仔，也就是樓下廚房的樓上。因為空出一個通天，所以只有一半大小。通天之南，隔牆是一間狹窄的小房間，多年以來都是貯物室或者用作盥洗間，後來梁詩立姨丈婚前在這裏寄居過一段日子。小房間之南是第四棟屋上落樓梯，這裏開着一扇通向樓上廳的一扇門。南面就是洋廳樓上的房間，稱為洋樓，十舅父浩駒婚後就住在這裏。洋樓朝南騎樓外面是天井，對面就是不為人知的六婆房。那裏是怎樣的光景就無可奉告了。倒是那一間小房間卻有過一段故事。這裏靠西面的牆壁上開着小小的一個窗戶，因為要高出緊貼隔壁王宅的瓦面，所以窗戶要高出人頭，只得尺許大小，不能夠憑高望遠，只是用來透透空氣而已。一天早上舅父起來見到他的一雙皮馬靴竟然高高地擱在那小窗的窗框上，靴上面還戴上舅父的軍帽，窗下牆壁上印了幾隻黑色大腳印，顯然晚上有小偷在這裏進出過了。因為習慣了凡有門的地方，晚上必定閂上，檢視之下，知道來人並未出過門口，房內也沒有丟失什麼東西，大概因為撿不到什麼好的，順手拿走靴帽也算不虛此行。最後不知為什麼又把東西留下，令人百思不得其解。而這一件事就給予家人警告，果然相隔不久，又發生了另一件事。

　　一天早上天還未亮，就聽到廚房裏煮飯女傭的驚叫聲，住在洋樓的十舅父被驚醒過來，立刻衝到樓下看個究竟。這時候女傭的驚叫已改為怒罵：「哪兩個天殺的把我的廚房弄成這個樣子！」驟然看來，廚房並沒有什麼異樣，再走近兩步就迎面衝來一股臭氣，令人作嘔。原來當門地上整整齊齊的堆了三墩大糞，再一看，廚房對外的一扇後門打開了，無疑是讓小偷光顧了。於是大家全屋點查：發覺花廳擺設的一個霽紅花瓶不見了，傭人房間的錢丟了，黃顯耀表兄新婚，親友送來不少銀器禮品一大箱暫時放在洋廳，正愁沒處安置，也給搬走了。其他的

地方似乎還不曾邀得「好漢」或者「君子」的垂青，他們顯然也不曾上到樓上。於是大家都埋怨在廚房工作的女傭沒把後門關好。可是她卻指天誓日的說，她清清楚楚的飯後關門，已是多年來的習慣，沒奈何唯有大家互相警惕，更加小心而已。對這類事故，孩子們最感刺激，我自然也不例外。大家散了之後，我還纏着女傭追問那三墩大糞的位置。那知無意中一抬頭，卻被我發覺到進出廚房的冷巷臨街一扇窗戶上的鐵枝有些異樣，上前用手搖搖，隨手脫落，原來是一根塗黑了的竹枝。這時候大家才知道錯怪了女傭，也警覺到小偷還有重來的企圖，膽子真正不小！可是父親、十舅父和表兄卻生氣了，認為以後防衛的弱點在屋頂，比起樓下臨街的一面更為重要。有時候深夜還會聽到屋頂上有人行走，還會有踏碎屋瓦的聲音。我雖然有時候覺到看偵探故事似的刺激，卻也不免有些害怕。有時午夜醒過來就會豎起耳朵細聽，不能入睡。那時候父親他們三個都有自衛手鎗，大家約好早些睡覺，到午夜之前，兩人一班，輪流值班到屋頂上潛伏窺伺。結果卻還是徒勞無功。

大家氣頭過了，不再到屋頂守夜，小偷也始終沒有再露臉。

走過洋樓的房仔之後就是樓上廚房了。外婆家有兩處廚房；第四棟屋樓下的一間是大廚房，樓上的一間規模較小，不過也都是水缸、爐灶俱全，燒水沖茶，點心宵夜都可以就近料理。樓上小廚房後面可以和下面大廚房互相呼應，十分方便。

到此，四棟屋內上下兩層都已經交代清楚，現在該說說屋前的騎樓了。從第三棟屋的大門外出就是臨街的騎樓，那就是通往廚房那條冷巷的上層，靠外的一邊有一條木花几，活像店鋪裏的櫃枱，底下用綠色竹節形的瓦筒作支柱，東面走上幾級就連接上第二棟轎廳的上層，除了婆婆廳仔所佔面積和前面小小一塊有玻璃棚蓋着的通天之外，都是露空了的地方，裏面有一道裝有鐵扶手的樓梯，可以上通「曬棚」（或稱「天棚」），就是天台的意思。這並不是屋頂平台，而

是在金字頂之間設置一個木架，上鋪木板，僅及方丈，以供衣服曬晾而已。不過外婆家的天棚倒也頗為結實，四面鐵枝作欄，上面並有鐵枝作架，以支撐曬衣服的竹竿。這在我卻有特殊的功用：就是可以在此放紙鷂。30

　　從前廣州省城為了防範盜竊，組有更練，「打更佬」31不只在街上巡邏，還要登上屋頂，他們挑着小燈籠和一面小鼓，一面小銅鑼，斷續地敲打，不時還高叫一聲「提防火燭」。人們從鼓鑼聲中就可以知道時刻，也會提起小心門戶的警覺。我聽過更鼓，不過屋上巡邏就早已撤銷了。不過屋頂上還留有磚墩，每一個相距尺許，想不到卻被樑上君子用上了。其實有沒有夜行人企圖行竊還未能證明，這樣的設施卻方便了我放紙鷂的活動；放紙鷂是我最難忘懷的玩好，應該好好敍述一下。還有的就是若干聲音的回憶：閉起眼睛腦海裏就會響起種種聲音：夏天開始就會聽到「賣綢嚟，雲紗熟綢……」，還有一早就會聽到賣花仔的呼喚「白玉蘭花洋玫瑰，夜香鷹爪茉莉花……」，還有各種吃食的呼喚：「爽滑豬腸粉……」、「清甜紅豆沙……」來自上午。「糯米麥粥」、「熱辣豆腐花」、「鐸得得得」（小販敲板聲），只有柝聲，不用呼喊的就是雲吞麵。這些都是點心時間的供應，等到叫「熱辣桂花腸」32已是接近吃晚飯的時間了。「桂花腸」大概是用腐竹蘸點肉糜，捲成一條，明火炸脆，用料實在微不足道，可是甘香鬆脆，可以下酒，可以佐膳，是舅父最喜愛的小吃；聽到叫賣，總少不了買些大家分享。粵人夜飯吃得較早，通常下午六時便已吃完，所以許多人都有吃宵夜的習慣，挑擔過街的小販從入夜以後便絡繹不絕，雲吞麵這時候再次出現，還有沙河粉、魚生粥、武夷茶、西冷茶到來，夜已漸深，我也要睡了。

　　以上都是一些經常的叫賣聲，其他如水果中的「甜爽嘅白核甜桃嚟……」，就知道春盡夏來，「胭脂腳桑麻柚……」33，就知中秋節近，一年又過了三分之二了。

　　自從應邀充當舅仔開始，我才三四歲就住在外婆家。其間雖然香港、上海等地多次來往，還有海外預備學校[34]就讀的一段時間離開躍龍里，不過總像生了根似的，來來回回，直至到「九一八」事變，我中學畢業，北上就讀，過了幾年才有機會一訪故居。那時河南已開始修築馬路，外婆家前面一堵牆全部拆去，讓出許多尺來築路，暫時用木板築起。舊日的東莞大青磚牆和石庫門都不再存在了，裏面住的人有的移居香港，有的遠赴上海，只有六婆一人，已經雙目失明，還摸索着上落她位於屋後方的樓房。聞說其後時常迷失道路，終於一次外出，不知所終。

　　躍龍里老屋似乎從此再沒有人去過，到現在留存下來的恐怕只有我這些殘缺不全的記憶而已。

1　在河南岸的花洲古道邊，有躍龍直街、躍龍東街等。

2　一般由新娘的兄弟擔任，稱「舅仔」。

3　「餸」為廣東話方言，廣東人用「飯」特指米飯，「餸」指另外的菜餚。

4　廣西方言，意思為「不要怕」。

5　陸佑（1846-1917），著名華僑實業家、金融家。本姓黃，後改姓陸。字弼臣，號衍良，廣東江門鶴山雅瑤鎮黃洞村人，在南洋創業，成為馬來亞有名的企業家。

6　位於香港大學本部大樓，曾是市民欣賞表演的場所。孫中山曾於1923年在此發表過公開演說。1956年易名為「陸佑堂」。

7　即風箏，又名紙鷂，「鷂」及「鳶」都是鷹類猛禽。作者關於紙鷂的研究，請參看本書章節〈紙鷂〉。

8　冷巷為嶺南建築的特色，具有自然通風的作用。

9　酸枝木主要分佈於熱帶與亞熱帶地區，主要產地為東南亞，是紅木家具的主要原料。

10　吳石僊（1845-1916），名慶雲，字石仙。中國近代海派畫家，擅山水畫。

11　演唱「地水南音」的藝人，多為盲人。男稱瞽師，女稱瞽姬或師娘。唱者通常左手打拍板，右手彈箏，也有用椰胡或揚琴伴奏。「地水南音」為南音的一種。南音是香港和珠江三角洲一種以廣州話表演的傳統說唱音樂，始於清末。

12　米仔蘭是一種屬於楝科樹蘭屬的常綠灌木，多見於廣東、廣西一帶，一種常見的芬芳類觀賞植物。

13　吊燈花是屬於錦葵科木槿屬的常綠灌木，又名吊燈扶桑，這種花既像吊燈，也像燈籠、風鈴。

14　即形容清末始流行吸食鴉片的景象。因煙梘一般採用湘斑方竹，故而名「橫梘直竹」。

15　鶲科，為雀形目一種，筆者所述「豬屎渣」的學名為鵲鴝，形似喜鵲，分佈於中國南部及南亞、東南亞國家，曾分屬雀形目鶲科，後來列為鶲科。

16　綉眼，為雀形目一些體型小的鳥類，眼圈為白，性情活躍，清代以來江浙滬一帶廣為飼養。

17　廣彩為廣州地區釉上彩瓷藝術的簡稱，始於清康熙年間，以構圖緊密、色彩濃艷為特色。

18　粵萬年青，又名廣東萬年青，為天南星科粵萬年青屬的植物。葉片寬闊光亮，四季常青。

19　棕竹，又名觀音竹，為棕櫚科棕竹屬下的一個種。耐寒，莖幹可用作手杖和傘柄。

20　黃蠟石，又名龍王玉，因石表層內膩狀質感而得名，呈田黃色。據記載，嶺南一帶自明清時，便開始賞玩收藏黃蠟石。

21　易石公，鶴山詩人，梅社創社社員，其詩嘗為張之洞、易順鼎等所賞識，曾任廣州河南私塾老師。

22　黃鼎萍（1890-1976），廣東省順德人。自幼隨父學習國畫，曾先後在廣州市振興陶瓷廠、育才中學、聖心中學等擔任美術教師。其所作國畫，以獸類為多，尤擅猿猴，多用沒骨法，且注意透視，筆法有勢，栩栩如生。在〈藝術的邊緣〉一章中，作者提到曾跟從黃鼎萍學畫。

23　李應生，又名李拯，徐慕蘭之子，與母親一起加入革命事業，為同盟會成員。曾與弟沛基加入黃興組織的暗殺團，後來到法國讀書，並在上海法租界做生意，曾任民新影片公司監理。

24　以前對海員的稱謂。

25　皇仁書院為香港著名官立中學，位於銅鑼灣高士威道，前身為中央書院，創立於1862年，著名校友包括孫中山、何東、廖仲愷等。

26　歐樹融，荔枝園人，曾任鐵道部專員、科長、隴海鐵路管理局辦事。

27　香港老牌椰糖店，創建於1915年，雖曾一度停業，但迄今依舊存在。

28　即美國Singer縫紉機。

29　騎樓是廣州一帶特有的建築形式，類似於露台。是一種外廊式建築設計。建築物一樓臨近街道的部份建成行人走廊，走廊上方則為二樓的樓層，猶如二樓「騎」在一樓之上，故稱為「騎樓」。

30　關於放紙鷂的記敍，參見本書章節〈紙鷂〉。

31　廣東話對「更夫」的稱呼，即夜晚負責巡街及報時工作的人。

32　桂花腸是一道色香味俱全的地方名菜，屬粵菜系。色澤金黃，軟嫩甘鮮，燒酒香味，冷熱可食。將豬肉洗乾淨後剁碎，加入白糖、白酒、鹽、醬油等，攪拌均勻成餡待用。再將腸衣收拾乾淨，灌入加工好的肉餡，用竹針將腸周圍紮透，再用熱水洗乾淨，然後將腸掛在鐵釬上爐烤熟即成。

33　一種柚子，產地為廣東梅州，因果肉淺紅如胭脂色而得名。

34　海外預備學校為吳稚暉主持辦理的，專門為將來想出洋留學的孩子們補習中國文化、外語與數理的先修班。作者就讀於海外預備學校的經歷，參見本書章節〈海外預備學校〉。

第四章：一河兩岸

橫過廣州市的一段珠江把省城分為南北兩部，這就是我們慣稱的河南和河北。中心區在河北，河南多半都是住宅和田野。我就是在這一河兩岸度過大部份童年時光。

廣州市的人不少都在河南居住，河北工作，每日早出晚歸。那時候珠江鐵橋[1]還未興建，兩岸交通全靠擺渡。往來載客的船隻就有「橫水渡」和「沙艇」。顧名思義，「橫水渡」是專作橫渡江水之用的，有固定的航線和停泊的地點；「沙艇」沿江來往，沒有一定的航線和渡頭。橫水渡艇身比較寬闊，可容十人左右，頭尾俱平，船頭內進三數尺，低下一級便是船艙，艙內兩旁支起一條木板就

廣州傍水而居的人家，照片時間約1919至1920年間

1924年男孩於廣州河上以船櫓駕駛橫水渡

是客人的座位。船艙有篷，左右覆蓋，兩端開敞。艙後是艇家作息的地方，和船頭等高，橫架着一條木板，艇家就站在上面搖櫓。他一前一後地踏步，把一支櫓一推一挽，艇身也就一左一右地搖擺前進，這是橫水渡特有的姿態。搖到江心的時候，如果除了一人搖櫓之外還有人手的話，他就會到船頭坐下來，面對着船尾

反身打槳。不過很多時都是一個人唱獨腳戲，直到靠近碼頭，還得一手搖櫓，另一手提起竹篙，一撐一拉的靠岸。他們不論男女都已經熟練到撐篙搖櫓就像支使手足，水上駕船就如人行陸上了。沙艇的用途不同於橫水渡，形狀也不一樣。它的體積比較纖小，至多搭載三四位乘客。頭尾略尖，艇頭就像覆蓋着一把半張的傘子似的，尖尖的小篷就是艇家自己的地方。接着便是船艙，艙上有篷，兩旁露空，一對槳左右伸出，艇家站在艙裏推搖。往後再上一級便是艇尾，乘客由此上落。大致看來，沙艇和橫水渡恰巧就像頭尾倒置了。沙艇較小，行動比較快捷，宜於輕儎長程，在水面划行，令我想起所謂「蚱蜢舟」大概就是這個樣子。

至於靠泊的渡頭，只是在岸邊水淺的地方把幾塊大木板簡單地釘在一起，加上幾根打進淺灘的木樁。有些索性把跳板架在矮櫈上，跟隨潮水漲落，增減跳板和矮櫈便算數。好在水鄉的居民對此早已習慣，都能夠履險如夷。年來只有一次出過岔子，說起來還覺得好笑。一位趕着搭艇的客人在橫水渡已經載滿了客，正要撐離的時候，還想越過前面在等候的人擠到艇上去。一時大意，跳板一晃動便站不穩腳。他本能地伸手向最近身邊的人一把抓過去。誰知只抓住人家的口袋，一件簇新的黑膠綢上衣立時被抓裂，口袋裏的銀幣散落水中，一時間叮咚……撲通……連聲響起，抓人的終於不免變作落湯雞，被抓的以事出倉卒，一時也呆若木雞，在場的人不禁嘩然。本來以別人的尷尬來笑是不應該的，不過這實在有點滑稽，教人忍俊不禁罷了，至於結果如何，大家都趕時間，也就不暇細看了。

當年橫水渡過海（我們對渡江的誇稱）每位收費一仙，假如真的連一分錢都成問題的話，還可以說一聲「搭艇」，意思就是要求附載，如被接納，不必收費。不過只是每一渡船以一人為限。如果艇家說「已經有一個啦」，那你就只好止步，等候另一渡；進退之間，多少有點不是味兒，這都是當年自己親自嚐過的。通常到滿十位然後開船，如果趕時間，你可以補足十人的船費，說

聲「包艇」便可以即時開船，不必等候。照當時生活計算，大概來回一趟就夠一個人吃一頓飯。不過說來輕鬆，幹起來就不知禁受多少風吹雨打，流盡多少汗水了。至於沙艇的收費就視路程遠近而定。在颶風季節，有時風急水長，橫水渡不敢行駛，沙艇更不用說，早就停擺了。遇到這樣的情形，不少人都有家歸不得，只好在江頭佇立，希望遇到載貨的巨艇及時出動，那時船費就只好隨艇家叫價了。有一次我放學回家，遇上天氣突變，也只有掏出口袋裏僅有的一元，冒險渡江。那時江水雲漲，風急雲低，平日柔順的波紋也變成滔滔白浪。貨艇驅離碼頭便迅速地掉頭，略一傾側，在大家還來不及驚呼之前已經橫過中流。江水稍稍減緩，船已靠泊彼岸。那種去如激矢的急遽又與汽船的迅捷不同，也是一個印象深刻的經驗。

　　除了交通和搬運的船隻之外，還有一種名為紫洞艇[2]，專供人們休閒憩息。艇身較大，一踏上船頭就是一個寬敞的船艙，兩旁擺設几椅，客人可以在這裏開雀局，或者延請瞽師歌姬來彈唱。到晚飯的時候，可以擺上兩三桌筵席，後艙就有廚房用具，一應俱全。也有專營酒席的船隻靠泊過來兜生意，葷素魚鮮，悉隨尊便。紫洞艇本身是不會行動的；客人要到省河附近甚麼地方，可以像下鄉的渡船一樣由小火輪拖行，到指定地點停泊。愛熱鬧的多靠城南一帶，那裏燈火萬千，笙歌不絕。愛清靜的就離開市區，靠近荔浦漁汀，享受清風明月，各得其趣。我雖然出生得遲，昔日繁華，已不再得見，卻也有幸追隨長輩之後，稍稍領略此中樂趣。當時駐守廣州河南的第五軍軍長李福林的弟弟李芳，家鄉是近郊的大塘[3]，大塘荔枝是當地名產。每年荔枝熟的時候他總邀請朋友到家園賞荔，也必定僱乘紫洞艇，來往省河，盡興一天的。當時父親在第五軍任職文員，受到邀請，就把我也帶上了。記得當時的行程是由河南過海到天字碼頭[4]，那裏停泊着一排一排的船艇，船頭搭着木板，把一排的船連綴成為一條浮動的街道。我們在木板上小心行走，到達定好的兩艘，一看已經到了不少的客人。等到約定的時間，

我們兩艘便脫離那浮動的街道，由一艘小火
輪拖帶，慢慢地離開市區。這時候大約下午
五點多，太陽剛正偏西，江風一陣吹拂，不
覺煩熱頓減。一會兒已經隱約聽到兩岸蟬
聲，馬上令人想起荔子紅熟。主人想得更周
到，艇上早已備好一籃筐的新荔讓客人隨意
品嚐。若不是父親的吩咐，恐怕我晚上一頓
飯都沒有裝載的餘地了。不多久客人們或組
雀局，或下象棋，我就東張張，西望望，或
者往連接一起的鄰艇走走，更多時間出神地
望向遠方。平日不是在課堂就是在臥室，對
着滔滔江水已經是大解放了。轉眼七、八十
年過去了，留下來只是這淡淡的回味。卻還
有一樣記在心頭，究竟「紫洞艇」從何得
名，始終未曾得到答案。

筆者晚年繪畫多次以荔枝為題材

靠船為生的人世代居住水上，自古以來稱為蜑蠻[5]，粵俗叫蜑家（蛋
家）。他們雖然早已和外界頻密交往，消除隔閡，而我們故鄉仍然有這些居住水
上、專業艇家的遺民存在着。他們身體結實、刻苦耐勞。不論男女都喜歡穿着黑
色的衣袴，女子愛戴金屬飾物。為了金價昂貴，銀器最多，例如銀製的手鈪
（鐲）、髻壓（簪）和耳環等等，孩子們除了手鈪之外還有腳鈪、頸圈等等，上
面還有小銀鈴，母親聽到鈴聲便知道孩子的去向。另外孩子們背上還每每吊着一
個大葫蘆，取其浮水，萬一失足落水，可以當作浮泡。他們雖然收入低微，平時
很節儉，但有一些積蓄便到金飾鋪購買金飾，既可隨身攜帶，又可保值。所以渡

頭附近每每有一兩間金鋪做水上人家的生意。漸漸別的店鋪也陸續開設，於是渡頭一帶就成為繁榮的出發點。

　　從前市面發展十分緩慢，因此舊日事物仍然遺留下來。不過這一河兩岸局處南天一隅，就算是名勝也不過流傳當地而已，嶺南以外就沒有多少人會留心到了，即如河南的海幢寺[6]，早在唐時興建，許多高僧都曾經在那裏駐錫[7]，不少詩人墨客留下過品題。可是到如今就不會有人再提起這個地方。至於我，慚愧得很，記得的只是寺裏的一口大鐘，鐘旁一座木籠，裏面飼養着一隻長了白毛的齙牙豬而已。昔日風流都已煙消雲散，再過幾時恐怕連寺名也將湮沒了。

粵劇名伶千里駒

離開海幢寺不遠就有一處渡頭，那是我時常經過的地方，附近一間河南戲院，雖然地點比較偏僻，但是它的確可與其他幾間市中心的戲院如「海珠」[8]、「南關」[9]等分庭抗禮。當時所有的戲院都上演粵劇，到日後電影崛興才紛紛改映電影，只有河南戲院[10]堅持不變，專演粵劇。因為我少時跟從外婆去「打戲釘」，所以印象頗深。「打戲釘」是一種經濟實惠的辦法：在開場時先由一兩個人購票入座，預佔座位，等到戲碼過了一半以上，然後大隊人馬才進場。這時每位只酌付原票價的一部份。以低廉的價錢欣賞煞尾的精采演出，相當於京劇的折子戲[11]，這是十分化算的。戲院方面也樂得不讓座位空着。不過後來對號入座，這辦法就行不通了。那時候我還不用買票，跟着大人們就可以隨便進出。平日聽到街上叫賣專門報導戲班消息的「真欄」，我也會跟着叫：「真欄又真欄，新埋番有十幾班，兩儀軒嘅石印版……」[12]興沖沖向外婆要兩個銅板，替她到街上買一份。見聞多了，我也知道一些當時名伶千里駒[13]、白駒榮[14]等等大名。記得一次人家問我知不知道我家十舅父[15]的名字，我竟然脫口而出，以千里駒對，一時傳為笑話。

省河北岸，和河南戲院遙遙相對的有海珠戲院，電影流行之後不久便停業，另外開了一間明珠影戲院[16]專演電影。默片時代一部份經典之作如《酋長之子》[17]、《黑奴籲天錄》[18]、《賓虛》[19]等都是在明珠看到的。那時候還未有中文字幕，為了方便觀眾，電影院每每設有「解畫員」，依着畫中情節從旁加以解說。「解畫」除了熟悉劇情之外，還得口齒靈便，隨時變更語氣，加重情感，才能夠吸引觀眾。明珠的「解畫員」一向頗有名氣。有一回卻説溜了口，幾乎闖大禍。事情經過是這樣的：當日放映的戲是著名的「千面人」郎‧陳利[20]主演的《駝俠鐘聲》，由囂俄的名著改編[21]。劇中一名亂民領袖受了重傷，臨命前振臂高呼，鼓勵眾人努力不懈，繼續推翻專制皇室的使命。「解畫員」説到這裏，順口喊一聲大家都熟悉的口號：「革命尚未成功，同志仍須努力！」於是未及終場便被人帶走問話。據説有人指證他以亂民比擬革命政府，犯了大不敬罪。幸好事情讓上級知道了，明白他只是説溜了口，不是有意詆毀，只略加儆戒，即便放人。提起這一椿舊事，彷彿身邊還聽到那嘹亮的，特有的聲調：「是日開演此畫，名叫做《駝俠鐘聲》……」

程璧光銅像碑文由汪精衞撰

比起河南，河北就進步得多了。那時候長堤[22]已經開闢馬路，明珠戲院就在馬路的北面，對面的海珠，本來是和江岸隔離的一個小島，後來把狹窄的水道填塞起來，海珠闢作公園。不錯，這樣做法，比較以前來往方便，可是再也沒有從前的風味了。這裏似乎除了程璧光[23]銅像之外就沒有甚麼可看。由此東行至永漢路南端便是天字碼頭，那是足以

廣州永漢路

停泊江行小輪船的碼頭，官家來往，多經這個地方。隔江南望，偏東一點就是著
名的「士敏土廠」[24]。當年用兵之際，曾經多次在這裏設置軍司令部，是憑河據
守的重點。我並沒有到過，只是從遠處觀望而已。附近地方已是郊區，人煙稀
少，再望東行便是嶺南大學[25]所在的康樂。附近一處名漱珠崗[26]，父親和幾位朋友
在那裏借了點地方，作為暇日休憩的地方。有一次父親借來幾匹馬，約了易石公
塾師、黃鼎萍畫伯、李浩駒舅父和黃顯耀表兄同遊，他們策馬，我年紀還小，只
好跟從母親乘轎隨行。一路上經過的都是河南典型的石板街巷，然後漸漸遠離人
家，眼前豁然開朗，已是身在郊外。一道石橋帶領我們渡過一條小涌的彼岸，踏
上一條平整的小徑。兩旁生長着挺秀的水松，排列整齊，風景清秀，地名叫小
港。過了這地方，人就要在田基上行走。田基左右時而稻田，時而菜畦，令到終
日汲汲於城市生活的人接觸到一點清新的感覺。不知經過多少曲曲折折，終於到
達目的地。迎面一塊巨石新刻上「梅社」[27]兩個大字，正是易老師的手筆。梅社
社友加盟，規定至少栽植梅花十株。於是磐石和老榕的旁邊加上了百十株梅花，
這荒涼的角落居然也裝點得有多少園林之勝了。

　　我不知漱珠崗從何得名，想來大概和海珠之珠總脫不了關係。河南還有一道橋也名叫漱珠橋[28]，每每為人道及，小曲裏也有「二更明月桂香飄，記得買花同過漱珠橋」[29]之句。前代風華不復存在，而橋名依舊，令人不禁為之神往。事實上漱珠橋量起來最多不過二三丈，一座小石橋並無特異之處，倒是附近一座成珠茶樓[30]卻頗有名氣。起先只是在涌邊架設棚廠，臨水賣茶，漸漸生意做到省城無人不知。它所創製的「小鳳餅」又稱「雞仔餅」尤其膾炙人口。舊日我每天上學必經此地；遇到潮水低落，發覺棚廠底下，木椿之間堆積着許多完好的碟子，數量多得出奇，而且全無破損。原來茶居找數（結賬）是按桌上用過的碟子計算的。於是便有人把用過的空碟子從疏闊的棚廠地板縫滑下水裏去，日子久了，遇着潮退便現出碟子在棚底下堆積如山。這個漏洞直到成珠自建新廈方才堵住。

　　漱珠橋西里許更有一道也是以珠命名的「環珠橋」[31]。這橋的規模更小，往來的人並不擠迫，兩位理髮匠就在那裏蓋搭涼棚做生意。他們佔用橋的一側，弄來兩把舊藤椅，撐起一面「環珠理髮」的幌子。因為住得近，我也是經常的顧客。最難忘的一次就是父親偶然興到，弄來一把理髮剪，打算學學這一門手藝。初次祭剪，不用說就拿我的頭顱試新。要知道那時候的剪子並非電動，運用功夫全在人手的一夾一放之間，剪子的推動必須和夾放的動作適當配合。如果未剪斷的頭髮給夾住了，推動剪子，自然痛不可當。我就在這情形之下，殺豬似的叫起來。父親給我嚷得手忙腳亂，無法竟其全功，只好掏出兩毛錢，對我一揮手，「去環珠橋吧。」我還記得理髮匠一見我腦後頭髮參差不齊，臉上似笑非笑，喃喃地說道：

　　「兩毛錢都捨不得，我們這口飯可不用吃了！」

　　離開這裏不遠，位於海幢寺之西，另有一處渡頭名叫「金花廟」[32]。那是從臨水的一間供奉金花娘娘的廟宇而得名。據說金花娘娘最肯保護水上人家，也最愛護兒童。有些人難得有個孩子，怕不易養大，就到廟裏把孩子給娘娘上

廣州河南環珠橋，作者躍龍里外婆家即位於此，由 Lai Afong（譯作賴阿芳或黎阿芳）所攝

契[33]，求娘娘額外庇護，所以一向香火甚盛。海幢寺和金花廟兩處是河南行人來往最多的渡頭，再往西行就是「大基頭」[34]，那裏市面雖然旺盛，但是江面遼闊，西接白鵝潭[35]的水深波湧，從那裏擺渡過海就比較費時耗力了。

　　北岸是西堤——長堤西段的「西濠口」，這一帶是當時廣州市最繁盛地區之一，全城最高的建築物大新公司[36]就矗立在那裏。前面江岸就是來往省港輪船的兩個碼頭，再往西便是沙基。那裏和當年的外國租界沙面只一水之隔，有橋可通。「沙基慘案」[37]就是民國十四年（一九二五）六月二十三日在這裏發生的。

　　緊靠着大新公司東面有一條寬闊的馬路，那就是南北走的太平路[38]，我在廣州讀了五年中學，整整四年當中，每一個星期六天，都在太平路上步行來往。

從西濠口北上到西門口就是太平路的盡頭，再上便是豐寧路[39]。從那裏可以走到西華二巷，那是我妻子的故居。西門口東向轉入惠愛路[40]，沒有多遠就是紙行街的北端，知用中學舊址就在那裏。我讀高中的時候有兩年在紙行街，第三年才跟隨學校遷入六榕寺附近的新校舍[41]。惠愛路東行通到財政廳[42]前，那裏是書店匯集的地方，從財廳前北上，後面是司後街，我讀過一年初中三的省立第二中學就在那裏。

西門口[43]是進入從前富裕地區西關的要津，先前對外通商的十三行就在西關的南部。雖然後來我父母在西關住過一段時間，我多數時間都在南京，沒有到過西關幾次，所以對那裏還是很陌生，倒是記得外婆家的三姨母是嫁到西關許家的。西關之西的荔枝灣[44]卻留有一點印象。

西郊臨江一帶有好些荔枝園，當中穿插着蜿蜒的水道。雖然涌[45]裏的水總是顏色青黃，離開清澈的標準甚遠，不過在處身十里紅塵中的粵人眼裏已經是難得的休閒去處。那裏的涌邊停泊着許多十來尺長的舢板，備有小桌子和幾把藤椅，上覆布篷，這便是供人租賃的遊艇。在漫漫長夏中，三五遊侶同泛扁舟，在遠近蟬聲、高低綠蔭裏任由艇家慢慢撐行，也足以忘卻一天的煩熱。其實附近除了荔香園[46]之外也沒有甚麼值得賞玩的地方。荔香園從前是以碑版著名的潘氏海山仙館，現歸陳氏花邨，他在那裏經營荔枝園、蓮塘和稻作。舊時文物早已不復存在，賸下來給人欣賞的只是數行垂柳，一塘野趣而已。

我也曾追隨長輩到過幾次，可是留下來的印象較深的不是那地方的風景，而是在那裏嚐到的「艇仔粥」[47]。粵人一向有食生魚的習慣，把鯇魚肉切成薄片，加些蘿蔔和生菜的細絲，拌以醬料同食，稱為魚生。再放上些魷魚鬚、脆花生，用滾熟的白粥一燙便是魚生粥。因為這是以荔枝灣艇仔所製的最擅勝場，漸

鎮海樓

漸艇仔粥的盛名就取代了原來的稱呼。直至現在,凡是有粵式粥品的食肆都可以吃到艇仔粥,而魚生粥反而沒有人提及了。

　　廣州市西南隔岸,人稱「花地」,小時候曾經到過。那時我只有四五歲,大舅母徐慕蘭擔任過那裏的孤兒院院長,母親帶我去探望她。花地在白鵝潭的西南,去的時候經由水道乘搭沙艇。風平浪靜,十分適意。那是比起平常過海要長得多的路程,划行了許久方才到步。因為時間隔得太遠,經過情形已經記不起來了。只記得母親和舅母閒話時吩咐孤兒院的一位姊姊陪我玩耍。她比我實在也大不了多少,卻很會小心帶領着我到處走。這是一向家居無伴的我所不曾經歷過的。原來花地就是從前所謂「素馨斜」[48],是南漢宮人歿後葬身的所在。緬懷舊

事自然不是當年的我所能領略的情懷，可是等到能夠領略得到，就恨不能重遊這玉田皚皚的舊地了。

市區之北有越秀山[49]，又名觀音山，只是矮矮的一個小丘，上面一座鎮海樓[50]卻有數百年的歷史。樓高五層，俗稱五層樓。登臨望遠，全市許多地方都可以在望。據說從前有許多梅花，可是屢經戰火，花木樵採殆盡，賸下來只有一些兀傲的木棉，每到春來，依然併發出血紅的花朵，替我們的革命策源地支撐場面而已。

白雲山[51]在廣州的北郊，雖然山並不太高，卻有蒲澗簾泉[52]的名勝。記得幼時父母親登山遊覽，我還沒有資格跟着走，一次母親下山不小心跌破額角，回

民國不少革命志士安葬於白雲山

家時還敷着臨時止血的一撮熟煙。瘉合之後，額角上面許久還留有一道疤痕，這是白雲山給我的第一個印象。二十多年之後我才親臨，那是陪同岳母[53]探望摯友七姑方君瑛[54]的墳墓。和七姑葬在一起的還有我妻子的五弟。他單名一個「靖」字，當時岳母在美國為執信學校籌款，他出生僅十八日即便殤逝。墓上建有石亭，日子久遠，亭和墓地都已出現崩裂。幸而面有岳丈撰文，譚延闓[55]寫的碑石依然無損，可以辨認。可是這一段往事將來又會有幾人來撫碑憑弔呢？[56]

廣州的東郊名叫東山[57]，説起來教人不禁想起東山復出的故事，而當時的東山也的確是許多政要的休沐地，所以那裏的建築物特地新穎和整齊。東山的北面有黃花崗七十二烈士[58]和朱執信[59]等幾位革命先烈的墓園。再往東去便是沙河，人人皆知的沙河粉[60]就是此地的出產品。附近的執信學校在一九二七年從城北的三元宮遷來。我在那裏讀過一年初中二年級。東山之南有水上體育會，是廣州泳手的搖籃。但是我還未諳水性，對着滔滔江水，只是欽佩的份兒，等到後來開始認真練習游泳，我已經難有機會重遊舊地了。

1　又名海珠橋，連接越秀區及海珠區，北連廣州起義路，南接江南大道北。興建於1929年，完工於1933年。

2　清代時候流經廣州城區珠江端上的酒船。

3　今日海珠區靠近廣州大道南一帶。

4　天字碼頭，始建於清雍正年間，俗稱「廣州第一碼頭」，位於廣州市越秀區沿江中路及北京路交界。

5　舊時南方水上居民，多船居。

6　海幢寺位於今廣州市海珠區同福中路和南華中路之間，廣州四大名寺之一，其原址為南漢時的「千秋寺」，明末改為寺院，稱作「海幢寺」，至清初又大規模擴建，筆者指「早在唐時興建」，應是誤筆。

7　僧人出行，以錫杖自隨，故稱僧人住止為駐錫。

8　海珠戲院，建於1902年，位於珠江北岸從五仙門到西濠口路段。

9　南關電影院，位於廣東省廣州市越秀區的老牌戲院，臨近珠江邊和北京路步行街，建於1924年。

10　原名為大觀園戲院，1902年改名為河南戲院，位於南華路。是廣州歷史最悠久的大戲院之一。

11　折子戲是指戲曲中的一段戲，又稱折戲，多是戲曲中的精彩片段。

12　民國初年專載梨園消息之特刊，由廣州著名藥材店兩儀軒出版，詳列各戲班陣容，兼將劇本最精彩一幕繪圖製版，報童又會以童謠般的口號沿途呼賣，引起戲迷興趣。

13　千里駒（1886–1936），原名區家駒，字仲吾，廣東省順德人。著名粵劇表演藝術家，有「花旦王」之稱。

14　白駒榮（1892–1974），原名陳榮，號少波，廣東順德人。著名粵劇小生表演藝術家，粵劇四大天王之一。

15　十舅父名為李浩駒，見本書章節〈探源〉。

16　明珠影戲院，位於長堤大馬路，建於1921年，是廣州最早的正規電影院，後更名為羊城電影院。

17　《酋長之子》（Son of the Sheik）是一部1926年的美國無聲冒險劇情電影。

18　《黑奴籲天錄》（Uncle Tom's Cabin）原作為反奴隸制小說。1903至1927年，陸續有電影改編默片作品上映。

19　《賓虛》（Ben-Hur: A Tale of the Christ）為一部美國電影。影片主角賓虛自小與父母分離，這與何孟恆的人生經歷有所相似。

20　郎‧陳利（Leonidas Frank Chaney）（1883–1930）美國著名的無聲電影演員，常常飾演怪誕和被折磨的角色。

21　法國作家雨果（1802–1885）於1831年創作的小說，也被譯作《巴黎聖母院》、《鐘樓駝俠》等。

22　長堤位於廣州市南關、珠江北岸，呈東西走向。沿長堤大馬路、沿江路一帶，大致東起北京南路、西接人民南路，長約二公里。這裏清朝初期是珠江河道，後來因珠江沿岸淤積加劇，河灘發育，至清朝末年形成陸地。

23　程璧光（1861–1918），廣東人。清末民初海軍將領，曾任北洋政府海軍總長，隨孫中山南下護法，於廣州被暗殺。後來汪精衛為其撰寫碑文：「故海軍上將程公璧光，治海軍四十年，於民國五年任海軍總長。持大節，尚廉信，屹然為天下重。六年亂作，奉黎大總統命南下，遂與今總裁孫公定大計，偕今總裁林公率艦至廣州，倡護法，國命賴以弗墜。七年二月二十六日，被刺于海珠軍次，天下痛惜，相與箔金鑄像，垂哀思于無窮。」

24　士敏土，即水泥，英文 cement 諧音。「士敏土廠」為水泥工廠。後用作孫中山大元帥府，今建紀念館。

25　嶺南大學為1888年於廣州創立的基督教大學。中華人民共和國建立後，與國立中山大學合併組成中山大學。

26　漱珠崗位於中國廣州河南五鳳鄉（今海珠區瑞康路），是侏羅紀時期火山岩石壘成的山崗，因河水侵蝕，使石塊成為光溜圓滑的石珠，因此得名。

27 1928年，梅社於漱珠崗純陽觀成立，由易石公、高冠天、高奇峰、陳俠卿諸人發起，每人種梅一株，即認為社友。

28 位於南華西路與南華中路一帶，因橫跨漱珠涌而得名，據傳興建於清代乾隆年間。民國初年改建為鋼筋混凝土結構。

29 此為何惠羣《嘆五更》中唱詞。何惠羣，字和先，清嘉慶九年（1804）廣東鄉試解元。

30 成珠茶樓，始於乾隆十一年（1746），建於廣州市海珠區南華中路漱珠橋畔，是廣州現存可考最古老的茶樓。廣州市政府頒發的「廣州老字號」牌匾及「小鳳」牌雞仔餅的商標招牌至今仍存。

31 位於廣州河南龍溪首約，清乾隆四十一年（1776）十三行之一的同文行行商潘振承捐資修建而成。

32 金花廟，位於廣州河南。在金花廟碼頭。

33 上契，又叫結拜、結義。指兩個或以上沒有血緣關係的人結為一種擬親屬的關係，彼此之間以親情維繫，可以是長輩和幼輩，也可以是同輩。

34 大基頭，位於廣州市海珠區偏西北角，因原是珠江南岸堤基的西端，故而稱「大基頭」。

35 白鵝潭，又簡稱鵝潭，位於廣州市沙面島以南的珠江河面上，是西航道、前航道、後航道等三段珠江廣州河道的交匯處。

36 大新公司，廣州老字號百貨，創建於1917年。今為新大新百貨。

37 指英國士兵開鎗鎮壓罷工行動的暴力流血事件。

38 今為廣州市人民南路。

39 今為廣州市人民中路。

40 今為廣州市中山四、五路一帶。

41 作者就讀於知用中學的經歷，參見本書章節〈從執信到知用〉。

42 位於廣州市北京路北端，始建於1919年，現仍為廣東省財政廳所在地。

43 西門口位於廣州市現時的中山六路、中山七路與人民北路、人民中路交匯處一帶。因地處明、清兩代廣州城的正西門而得名。

44 荔枝灣是一個河湧，位於廣州市荔灣區西關泮塘一帶，有二千多年的歷史，歷史上是有名消夏遊樂地，素有小秦淮之稱，荔灣區因此而命名。

45 廣州人稱小河為涌。

46 荔香園，約於道光十年（1830）修建於廣州西門外洋塘，即今荔灣湖之西南部。因園門有「海上神山，仙人舊館」對聯，故又名「海山仙館」。

47 艇仔粥，一種廣東粥品。原為一些水上人家用小艇（廣東話稱「艇仔」）在荔枝灣河面經營販售，故名「荔灣艇仔粥」。

48 據屈大均《廣東新語》記載：「素馨斜在廣州城西三角市，南漢葬宮人之所。有美人喜簪素馨，死後遂多種素馨於塚上，故曰素馨斜。」

---

49 越秀山，廣東省廣州市中心的一座歷史悠久的山脈，是白雲山的餘脈。

50 明初朱亮祖鎮守廣東省城，於洪武十三年（1380）擴建廣州城，將北城墻擴展到越秀山上，建修鎮海樓，現為廣州標誌之一。

51 白雲山，號稱「羊城第一秀」，位於廣州市區北部，因為主峰摩星嶺常為白雲所掩，所以得名。海拔約三百八十多米。汪精衛夫婦和曾醒、方君瑛等幾位摯友曾來此郊遊，很喜歡白雲山麓蒲澗廉泉的清幽，希望將來一起葬在這裏，死後仍相聚首。汪精衛的詩〈重九登白雲山〉當中有兩句：「名山浪作終身許，佳節聊為舊日遊」說的就是這一件心事。可最終葬在此處的只有方君璧之姐方君瑛。

52 蒲谷位於白雲區白雲山景區南邊，因宋元清時期三次被列入羊城八景，稱「蒲澗廉泉」而聞名。當中廉泉是蒲谷東邊的一條飛泉，形似簾。故以前稱為「簾泉」，後來改稱為「廉泉」。

53 指陳璧君，汪精衛夫人。

54 方君瑛（1884–1923），字潤如，福州侯官人。富商望族方家之女，排行第七，人稱七姑。東京留學時加入同盟會，并擔任實行部部長，計劃暗殺行動，日本高等女子師範學校畢業。民國成立後擔任福建女子師範學校校長，後留學法國於波多爾大學修習數學，為中國第一位得到法國碩士學位的女留學生。一九二三年自殺身亡。

55 譚延闓（1880–1930），字組庵，湖南人。清末湖南立憲派領袖，民初任湖南督軍，支持聯省自治，後被程潛驅逐，投靠孫中山的廣州軍政府。1924年起任中國國民黨中央執行委員，1926年任國民革命軍第二軍軍長，1928年任國民政府主席、行政院院長。

56 此墓今日尚存。

57 東山得名於東山寺，一座落成於明朝成化十六年（1480）的佛教寺廟。現在一般所說的「東山口」，是指地鐵東山口站附近的地區，即署前路、中山一路、中山二路、農林下路、東華北路相交的交通路口及附近地區。

58 黃花崗七十二烈士，是指1911年4月27日在中國廣州起義（即黃花崗起義）中遇害後葬於廣州市東北郊（現市區越秀區）的革命黨人。

59 朱執信（1885–1929），原名大符，字執信，筆名蟄伸、縣解等。首批同盟會員之一。汪精衛的外甥，也是革命同志。與汪精衛一起赴日留學，同盟會籌備會人員之一。三二九黃花崗之役，率民軍應援並參與活動策劃。民國成立後先後輔佐廣東省督胡漢民和陳炯明，又任廣東審計院長。追隨中山之護法運動，1920年奉孫中山之命調遣廣州附近軍隊支援陳炯明驅除桂系遇難。

60 沙河粉，簡稱河粉、河或粉，是一種通過蒸煮米漿而成的粉條食品，是中國南方和港澳、東南亞一帶常見的一種食品。

第五章：香港

我稍稍長大，能夠方便行走，母親便帶我到香港。其實省港之間的距離不足百里，可是在我看來已是遠離鄉井了。當時兩地的交通，在水路有輪船日夜行駛，陸路有火車來往廣州、九龍，只要幾小時便可抵達。但是許多時候會水路不靖，要乘搭火車；有時火車不通，要坐輪船，很少會水陸兩路同時暢通的。那時候廣東的土匪很猖獗，東莞附近樟木頭、增城等地有過多次劫車，輪船在黃埔

廣九鐵路尖沙咀總站，攝於1920年間

一帶也遇過水賊。政府的力量往往只能保衛水路或者陸路單一方面，兼顧不到的就唯有任由好漢們為所欲為。好在賊匪出沒似乎有時間性和習慣性，比較容易捉

摸。旅客們在上路之前打聽清楚，可以趨吉避凶。那時我只知跟隨着母親，還不知道人間有如許的險阻，也從來沒有受過驚恐。

廣九鐵路[1]火車站在省城東郊，我們到那裏要乘人力車走一大段的路。火車相當擠，因為搭載省港之間的客商之外還有沿線鄉民的來往；不過比起今日的交通情況就不算一回事了。那時候我還用不着買票，很容易便在母親身旁佔到一個空檔，從火車離開月臺便一直盯着窗外的景色。山川人物、草木田野，沒有一樣對我不是新鮮的。有時還不自量力，拿起紙筆來描繪眼中所見；幾條橫斜的曲線就是山，連接起一雙指甲痕似的弧彎就是飛鳥。來來去去都是這些線條，我卻全神貫注，自得其樂。火車中途停站，便有鄉民上落，還有人在月臺上向乘客賣熟食，轉變一下火車上單調的氣氛。幾小時的路程很快便度過，火車穿越最後一條黑暗的隧道，一會兒便駛進九龍站了。

至於水路方面，當年來往省港的輪船有外資的太古輪船公司[2]，旗下有龍山、泰山、金山和佛山四條船日夜對開；華資的省港輪船公司旗下有東安和西安兩輪，只能行走日班或者夜班。太古公司資本比較雄厚，船隻較大，速度較高，收費也稍貴。客位一般都分為四等，最高是「西餐房」，每一房間住兩客；其次是「唐餐房」，一般的一房兩客，房間較小；其次是「唐餐樓」，一室容納多人，臥鋪搭成平臺，牀位之間用高僅半尺的木板隔開，兩排牀位的牀頭相對，客人從牀尾爬上就睡。這種牀位綽號「燒豬盆」。再其次的座位就是「尾樓」，坐尾樓的乘客只有使用船艙空間的權利，此外船公司一切不管，既沒有牀鋪也沒有坐位，樣樣都要貴客自理。不過有錢總有辦法，要想辦法也自然有人來賺你的錢。只要多花一元幾角就可以租到一張「馬扎」（一種帆布椅子，可坐可臥，不用時可以摺疊起來），自己挑一個合心意的角落，來度過這半天一夜的時刻。你還可以叫一盅茶，附帶一張可作茶几用的「馬湖」（日字形的木櫈子）就一齊送到面前，於是你的書報、毛巾，零食都不愁沒地方放了。這時我也打起精神，盡

力抗拒睡魔的誘惑。船已開行，客人坐定，船艙當中來了一個人，向大家打個招呼，然後講一個故事。這人態度自然，口齒伶俐，故事內容多半是儆惡勸善，雖然無甚新意，不過經他一說，倒也娓娓動聽。正喜有人解悶，故事卻已到了煞尾。說故事的巧妙地把話題一轉，就帶到生意經上頭。他們多半是賣藥的，附帶也賣零食。總之一經吹噓，膏藥丸藥、藥酒藥油，無不神效；陳皮梅、牛肉乾盡皆美味。也不知道究竟真的信服了說故事者的宣傳，還是酬謝他一場聲嘶力竭，光顧的人可真不少。於是這一撮旅行販賣者繼續不斷的做下去，聽說有幾個發了跡，在省港開了商店哩。

母親在香港南洋兄弟煙草公司包煙部當管工，住在廠房對面的宿舍，人稱「外寓」的地方，地點就是現在南洋戲院3一帶。我跟着母親到處走，工友們都稱讚我乖巧伶俐。大舅母徐慕蘭是南洋公司的包煙部長，她送我許多「公仔紙」（彩繪歷史或小說人物，夾在香煙包內附送，以吸引顧客）和大疊的錫紙（當年的香煙用真正的錫箔包裝，後來才改用價錢廉宜，也較輕較薄的鋁合金）。我會央求母親給我說公仔紙上的人物故事，也學會了用錫紙摺成酒杯、小船和許多玩具。錫紙破碎了還可以搓成一團，積聚多了，可以做滾球玩。把錫紙放在一隻銅勺子裏，在火上熔化後倒進水裏，會製成意想不到的、奇形怪狀的銀色假石山，不過學到這最後的一招已是許多年後的事了。

每當走進灣仔一帶，就會嗅到一種像煮熟了的海藻似的氣味，教人忘不了海，忘不了鹹的海水。等到走近鵝頸4，就會嗅到一股甜美的香煙氣味，南洋煙草公司好像就在眼前。香煙未燃點的確很芬芳，可是燃燒之後就令人難以接受。我覺得奇怪，人們為甚麼好好的要用火把它燒掉。這個問題我問過母親和舅母，甚至一直到現在，我始終沒有得到答案，也不曾嘗試自己去解答。

最先母親帶我到香港是讓我去觀光的。第一樣要做的是乘電車。從前的電車劃分頭等和三等（獨缺二等，這是香港的特色），並非全部都是雙層，我們

銅鑼灣鵝頸橋，攝於1920年間

一定等到有樓上的才乘坐。電車上層全屬頭等，為了我，母親寧願付出雙倍的票價（壹毫）5也坐到樓上來了。從筲箕灣到西環，夏夜裏坐完這長長的一段路程，身心的煩熱準可以讓微風吹走了一大半。其次要做的就是到安樂園6享受一個全餐。那時候吃西餐是難得的場合，何況是我們的環境。一份全餐所費八毫，母親每每推說已經在廠裏吃過東西，讓我一人獨享。她微笑着望着我，也許在她看來，我那一副饞相已經夠她享受了。

當年跑馬地7有一所愉園8，地點就是現在的養和醫院9，七姊妹10附近（確實地點待考）有一所名園，都是遊人的好去處，母親也帶我去逛過。同遊的還有十舅父，他在皇仁書院讀書，年紀輕，還肯和我到處跑。記得有一次母親沒工夫，他抱着我在七姊妹海灘附近下電車，不小心兩人一齊摔到，他扭着了小指

1920年代的香港

頭，我擦破了頭流血了。當時逞強貪玩，口裏還説一點也不痛。舅父帶我進入名
園，向茶水部要了一杯鮮奶，用手帕蘸着替我清潔傷口。我不知道用鮮奶洗傷究
竟有甚麼根據，但一向對這位舅父十分信服，心理上的作用是有的。另一個到過
的地方就是香港博物館，在我那時的年紀，不會吸收到甚麼，只記得地點就在現
在的匯豐銀行，停辦多時，然後近年才在九龍重新開辦的。

　　父親在碣石做事，母親自己在香港上班，把一家人留在廣州。雖説有祖
母照料一切，始終放心不下。等到環境許可，就設法把我們接到香港來同住。

　　記得早年在香港住過的地方，除了南洋煙草公司的外寓還有銅鑼灣[11]和灣
仔耀華街。母親帶我同去銅鑼灣看房子，地點就是現在的百樂戲院附近一座房子
的三樓。進門就是擦得光亮的蠟地板，我一個不小心就滑了一跤。我們走了不少

1924年的香港跑馬地

路才找到這裏，再上三層樓梯，母親已經很累了。可是房間空溜溜的，沒有可以休息的地方。我蹲下來叫母親坐到我背上歇歇，母親只是笑笑，吻一下我的雙頰，她的精神已經因為我的一句話而恢復了。其實我細小的身軀沒有可能承擔得起成人的體重，不過當時說話脫口而出，也完全是一片童真。幾十年後，聽到妻子的哥哥孟晉[12]談及童年時也說過要背負他母親登上錢塘江畔的六和塔[13]，真可以說是無獨有偶了。銅鑼灣寓所近處有馬球場，即今政府運動場一帶。我自小就喜歡馬，時常在那裏看人賽馬球，這是對銅鑼灣舊居唯一的記憶。我們住了不久就搬到灣仔耀華街。

這時候母親把我送進南洋兄弟煙草公司工人子弟幼稚園，地址是馬玉山糖果公司[14]附近的一所小倉房。那裏地方不大，一進門就是直擺着一張長桌子，

《歲寒三友》由潘達微寫松比喻陳璧君、陳樹人寫梅比喻
曾醒，高劍父補竹比喻汪精衛，為三人友誼所作

十多個孩子分坐兩旁，老師坐在面對着大門的一端，她是一位胖胖的女士。我們除了認方塊字之外還有描紅，重新認識了「上大人，孔乙己」幾個字。日常的玩具只有形狀大小完全一樣的積木，後來想想這多半是工廠裏糊製煙包的模型。就地取材，一物兩用，真虧他想得出。我在半途插班，不過在很短時間，功課已經趕得上，而且還是成績最佳的前幾名。不多久，我便轉學到我家同街的精武體育會[15]的識字班。記得那時讀的書本每頁分為兩行八個方格，圖文各半。從那裏認識了天干地支[16]，而且背得滾瓜爛熟，此外便茫然不記了。

居住在香港的一段時間還有些片斷的回憶，其中一位人物就是母親教我稱呼七姨的，她是南洋煙草公司主人簡照南[17]的姨太太。她跟我們家認識大概和大舅母有關。七姨在跑馬地黃泥涌一所樓下的住宅。進了大門之後還有兩

扇玻璃門，蠟地板擦得發亮，迎面一隻栩栩如生的貓頭鷹標本。幸好有一座玻璃罩子保護着牠，也保護着我，否則真怕我的眼珠子會讓牠啄掉了。七姨有潔癖，家中一塵不染，幾乎有人走過一次就要擦一次地板。她也最怕吵鬧，我本來就是沉靜的孩子，到了七姨家裏更加噤若寒蟬，甚至有點坐立不安。七姨對我已經特別寬待，給我可口的糖果，讓我騎木馬，還吩咐和我年紀差不多的侍女燕魂給我作伴（燕魂眉彎眼圓，令人聯想到門前的貓頭鷹），可是我總覺得跟隨母親到她家探訪是一件苦事。七姨領養了一個女兒叫阿B，好像年紀比我還小，自然也是生性十分沉靜，否則七姨不會忍受得了的。她很得她母親的疼惜，但是也受到很嚴厲的管教。我只記得七姨日常總是虔誠地誦經禮佛，過着隱士般的生活。直至簡氏辭世，母女二人離開了大家庭，相依為命，在上海過了一段日子。那時候她們生活已不如前，仍然勉力把阿B送進著名貴族化的中西女校去讀書，誰知阿B竟不辭而別，從此再不相見。聞說七姨一個人在戰亂中還過着艱苦潦倒的生活，這已經是許多年後的事了。

此外，我還記得當年的名伶李雪芳[18]和她的搭檔崔笑儂。他們的首本戲《仕林祭塔》[19]一時膾炙人口，尤其李雪芳飾演白娘娘一角，想來前一輩的都會記得。究竟父母親怎樣和她們認識的，是否由於七姨的關係，已經無從稽考，只記得我跟着到後臺探班，才初次知道有全部由女劇員扮演的全女班，真正留有印象的還是她們抓給我一把一把糖果。

我第一次接觸到一位畫家，他名叫潘達微[20]，也是跟隨母親到跑馬地他家裏去探訪的。他吩咐兒子陪我玩，我叫他和哥，現在連他的面貌已都記不起來。倒是有一位父執初見我的二弟，就說他很像潘達微，大概他真的和我二弟長得

粵劇「群芳艷影」班花旦
李雪芳

很相像罷。後來才知道潘達微是挺身殯葬黃花崗七十二烈士的人。遺留下來的還有他和高氏兄弟[21]等人合作的卷軸。因此也想起這瀕於湮沒的片斷。

　　母親年輕時體弱多病，煙草氣味刺激她的呼吸系統，工廠的工作對她十分不適合，只有辭工在家休息。這時父親也離開了碣石的工作，到了香港。一家人團聚了一段短暫時間，父親又接受了應生表哥的邀請，到上海去幫助他經營美記公司[22]的生意。等到稍為安頓下來，我們一家也就搬到上海去了。

1　廣九鐵路，也稱九廣鐵路，是指1910年起連接香港九龍及廣東省廣州市的城際鐵路系統，也是連接九龍及廣州的第一條鐵路。當時分為兩部份，中國境內的路段稱作華段，香港境內的路段稱作英段（當時香港是英國殖民地）。鐵路始建於1906年，英段於1910年通車，華段則於1911年通車。

2　太古輪船公司，為英國太古集團的附屬公司，成立於1872年。

3　南洋戲院，位於香港灣仔摩利臣山道二十九號，今戲院已拆除。

4　舊稱寶靈城，位於寶靈頓運河附近，即現時堅拿道一帶，由於該運河又長又窄，彎彎曲曲形似鵝頸，故附近的寶靈城也被稱爲「鵝頸區」。

5　一毫，即一毫硬幣，又稱一角硬幣，是首批發行的港元之一，由1863年起發行，現為港元最小面值額硬幣。

6　安樂園為一家西式餐廳，餐廳開業於1913年，位於香港德輔道。

7　跑馬地，位於香港島灣仔區中南部，是香港早期開發的地區之一，因為毗鄰跑馬地馬場得名。

8　愉園遊樂場，是香港第一個公眾遊樂場，位於跑馬地黃泥涌道，原址現為養和醫院。

9　養和醫院，前身是養和療養院，於1922年成立，是香港著名和頂尖的私立醫院，位於香港島跑馬地山村道二號。

10　七姊妹是香港東區的一處地方，位於北角以東，最初為香港島的一條古老村落。七姊妹區的具體範圍為七姊妹道一帶，電照街以東，英皇道及渣華道交界以西之區域。

11　銅鑼灣隸屬灣仔區，原來是當地海灣的名字，因海灣形似銅鑼而得名，範圍東至屈臣道、麥連街及蜆殼街，西至堅拿道天橋，南至銅鑼灣道及禮頓道。

12　即汪文嬰（1913–2011），原名汪嬰，又名文晉、文晶，字孟晉，暱稱「李李」（由法國名字讀音而來），汪精衛長子。1913年4月12日出生於法國。德國科隆大學畢業，後在汪政府擔任軍委會第三廳軍需處處長。1947年以漢奸罪被判刑三年半，1948年7月30日假釋出獄。

13 六和塔，位於中國浙江杭州錢塘江畔月輪山上，是一座始建於北宋的樓閣式塔。

14 馬玉山（1878–1929），廣東香山人。著名南洋華僑和企業家。在菲律賓創立馬玉山糖果公司。

15 精武體操學校原為1910年由革命黨人倡議在上海所成立的一所小武館。1919年全國各地成立分會。1922年正式註冊成立為「香港精武體育會」。

16 中國古代用以記錄年、月、日的方式。干支來記錄時間，干支紀年法用來紀年時，一個周期為六十年，稱為一甲子。

17 簡照南（1870–1923），名耀登，字肇章，號照南，企業家。1905年，與兄弟，和越南華僑曾星湖在香港創辦南洋煙草公司。

18 李雪芳（約1898－？）廣東南海人。著名粵劇女演員，粵劇坤班（全女班）「群芳艷影」的台柱，有「雪艷親王」之美稱。

19 《仕林祭塔》是改編自《白蛇傳》的粵劇。

20 潘達微（1881–1929），又名心微，字鐵蒼，廣東番禺人。同盟會會員，知名書畫家、攝影家、記者。曾師從清末知名畫家吳英萼學習國畫。

21 指高劍父、高奇峰兄弟。高劍父（1879–1951），名崙，字爵廷，號劍父，廣東省番禺縣人（今廣州市番禺區南村鎮員崗村）。同盟會會員，知名畫家、教育家。他是嶺南畫派的創始人之一。高奇峰（1889－1933），名嵡，字奇峰，以字行。嶺南畫派畫家，與胞兄高劍父、陳樹人並稱「二高一陳」，又稱「嶺南三傑」。

22 美記公司，負責製銀畫和鑲首飾的設計。後來作者父親與人合作，在上海南京路開辦美記華珍公司。見章節〈上海〉。

第六章：上海

　　從前由香港到上海的路程，快的三四天，慢的七八天。那時候鐵路沒有貫通，飛機更不用說，旅行仍以乘船為主。我雖然有過乘坐省港船的經驗，不過珠江內外和台灣海峽相比較，又有小巫與大巫之分了。我原有暈船的毛病，登上大洋船就馬上覺得站也站不穩，進了船艙便倒頭而睡，再也起不了牀。吃東西就像受刑似的，望見窗外時高時低、左傾右倒的海平線就要反胃。好不容易才捱到船進入楊樹浦，才好像害過一場大病似的，勉強爬起，慶幸又度過一重災難。當年

筆者攝於上海

行走港滬之間有加拿大昌興公司的「皇后輪」、美國總統輪船公司的「總統輪」、意大利的「公爵輪」，還有英國太古輪船公司和中國招商局[1]旗下的輪船。當中以「皇后」船為最大，噸位在萬多噸以上，太古和招商局的最小。上述大大小小的幾種船我都乘搭過了。「皇后」、「總統」以至「公爵」都有很好的設備：游泳池、球場、電影院、起居室、音樂室、圖書室……一應俱全。

不過這些對我都沒有很大的關係。第一、我們通常乘坐的都是較為低廉的船位，對豪華舒適的設備沒有享受的權利，加以我不慣乘船，上得船來，就一直躲在艙裏，即使有可享受的也是享受不了的。我這一個毛病直到後來在香港的離島任教[2]，隔天就得坐一次小輪和舢板，抵受過多次西北石湖風。（香港秋冬季西北風最為猛烈，人稱西北石湖風。何以得名，仍待查考。）為了生活驅使，無可迴

避，只好硬撐，終於克服了這種心理上的恐懼。我們常坐太古輪船的官艙，每間艙房有四個雙層臥鋪，向海開着上下兩個圓形小窗，室內除了堆放四個人的行李之外就沒有太多的空間。官艙對下就是每室可容八人的房艙。僅可容身，空間更小。再往下去就是客人和貨物混雜一起的大艙（或稱通艙）了。招商局的船最小最慢，管理最差勁。我們坐過的一艘名叫「廣大」，比省港輪船也大不了多少，出了名行走緩慢，而且時常不準時抵步。所以非不得已，我們都不會坐它的。父親認識太古船「綏陽號」的一位朋友蔡松坡，廣東同鄉開辦的「廣泰來棧」也有熟人，所以來往香港上海，也還算得上是方便的。

初到上海，住的是法租界一所房子的二樓。地點已經記不清楚，不過家裏一套假斑竹[3]製造的家具還留存在記憶之中。竹子燙成斑紋，桌椅的木板都髹上黑漆，很樸雅也很實用。可是秋天很快就過去，即使加鋪墊子，坐來還是有點冷冰冰的感覺。何況從來未離開過南方的人，一旦遇到寒冷就有點手足失措。早上起來，我連襪子都不知道要穿上，只是坐在又凍又硬的椅子上，盤起雙腳，冷得發抖。於是父親趕緊買回來一隻炭盆，那是新近從日本引進的一種，點起煤屑和泥土混和製成的炭基，才解救了我們的困苦。這是我初到上海第一個感覺到的印象。

天氣冷了，良鄉栗子[4]和煨洋山芋[5]陸續上市，街頭不時會升起一陣陣輕煙，一股微焦的、甜熟的香氣送進鼻孔，你很容易便會辨認出是炒栗子還是煨山芋。我很快便領略到上海冬天的滋味。望志里[6]是我們在上海的第二個住所，那是父親做事的美記公司工場的隔壁，在法租界望志路的一條衖堂（相當於巷），裏面一邊是每間房屋的大門，對着前一條衖堂的後門。每一間房屋都是一般的縱分兩半；一半是大門內進天井，再進是廳堂，另一半是可以自由間隔的臥室。其餘上二樓的樓梯和廚房都在後面，通過廚房走出後門便通到另一條衖堂了。我們住在樓下，右鄰是美記工場。樓上兩屋相連，一齊用作辦公室、畫室和畫師們的宿

舍。美記大部份的生意在製造銀畫（在銅片上繪畫，然後用製版的方法刻蝕，用電鍍的方法鍍銀，最後用筆尖似的「鋼壓」用人工把凸起部份磨光，便製成一幅銀色的圖畫），當年算是很新鮮的玩意。銀畫需要畫師繪畫的。美記的畫師共有四位，山水、人物、花鳥等等，各有所長。領班的一位是江蘇人嚴青，字步雲，擅長山水。他個子小，有煙霞癖[7]。一位名王崇來，山東人，專寫花鳥和人物，也是抽大煙的。另外兩人耿萬和、耿幼琴是父子，耿老先生還教過我寫大字哩。

不久父親就把我送到附近的民生小學，根據當時的程度和年齡，安排進入了三年級。我功課方面不成問題，只是初時言語不通，既念不來書也沒有小朋友。幸好小孩子適應力強，更虧得父親給我惡補，不到一個月已經滿口「阿拉，儂」[8]，甚至在課室裏已能跟着大伙兒拉長調門，高聲誦讀「貓來，貓來」了。（上海兒童念書另有一種調子，每四字句四或六句一節，高低抑揚，周而復始，十分悅耳。）

李霞卿早年曾以李旦旦為藝名出道做演員，後來成為飛行員，《婦人畫報》亦曾於1936年登載她的圖片。

父親在美記工作是受李應生邀請的，應生是大舅父李紫石、舅母徐慕蘭的大兒子，他輩份是我的表哥，不過年紀比父親母親還大。那時他在上海法租界已經頗吃得開，公館住宅在霞飛路[9]，自己有包車（私人專用的車當時以人力車為主），那時候上海的汽車還很少，有包車已經很闊氣了。表嫂周淑芬是應生的第二位妻子，她是一位看護，卻喜歡人家稱呼她周醫生。反正當時名位並不十分考究，大家也就以此相稱。應生前妻黃惠英因病逝世，生有一女，名霞卿[10]。我跟隨父親過訪，就常跟她玩捉迷藏，霞卿後來還有一段時間和我做過同學，那時她已經是藝名李旦旦的一位電影演員了。

　　表哥嫂二人都喜歡小孩子，常常邀我到他們家裏去玩，有時還讓我跟從父親一道到他們的俱樂部「亦宜軒」[11]去吃飯，並且帶我去看京戲，當時上海著名的舞臺有新舞臺[12]、大舞臺[13]、天蟾舞臺[14]等等，記憶最深的是新舞臺。那裏專演新編排的戲劇，以劇情新穎、機關巧妙取勝。有一齣演述不久以前上海一位年輕有為的大學生閻瑞生[15]，因為貪財，把一位相好的妓女殺死，後來妓女的鬼魂索命，閻瑞生終於伏法的故事。全套分為許多本，每本連演一星期，然後換演下一本，所以一齣戲就可以演上大半年。那時閻瑞生的故事在上海家傳戶曉，老倌劉鴻聲[16]的名字也不脛而走，連像我這樣的毛頭小子，雖是初到貴境，也留下了深刻的印象。

京劇名伶劉鴻聲

　　父親在美術方面很有巧思，卻從來未正式受過訓練，美記公司製銀畫和鑲首飾的設計，正好適合他的頭腦。應生自然很樂意有這樣的一個幫手，可是父親卻並不十分開心。原因就是他一向待人寬厚，頗看不慣老板對同事苛刻。有一次，童工小狗子錯手把一杯含有白金的王水[17]倒掉，老板知道了，大發雷霆，要把狗子立刻趕走。狗子的父親老師傅阿左急得連忙跪下來磕頭。他那滿是皺紋的麻臉掛着兩行眼淚的樣子，還深深地留在我的腦海。結果還是父親代為求情，才答應讓狗子留下，扣起他每月微薄的薪金，直至償還白金的價值為止。另一次是平日頗為得力的一位職員黃振聲，因為向老板借了錢，到期還不出來。老板就馬上通知巡捕房，召來幾個「包打聽」[18]把他捉將官裏去（巡捕房是租界的警察局，包打聽是警探）。這些事情父親一直都悶在心裏。後來老板的生意漸漸轉移目標，對美記的經營已經沒有多大興趣。於是父親集合了幾位同事和朋友跟老板商量，把原來經由美記註冊

的銀畫製作權購買過來，用美記華珍公司的招牌在南京路開始營業。美記老號仍舊留在法租界大馬路，幾乎沒有甚麼真正的做生意了。

美記華珍公司的合夥人當中有一位關伯伯關贊庭，四十年之後在香港還見過面。以前他的耳朵一直不很好，說話很響亮，再見時他的聲音還很宏壯，可是和他交談已經要筆語了。他還記得從前下象棋還是我手下敗將哩。

一九二三年，我到了七歲，家裏多添了一個孩子，他就是二弟文彥。滿月前父母親正要為他起個名字，我們這一輩份是文字排的，我那時正在讀文彥博[19]的故事，就提議用文博，結果爸媽卻選中了文彥。二弟生來便遇到不少的災難，才幾個月大，隨同父母南歸去探望外婆，便害過一場很駭人的驚風。幸得五婆老於經驗，才平安渡過，但已經把母親嚇個半死。我那時只知事情嚴重，大人們不許我去張看。一會兒聽見要生油，一會兒要燈芯。大人們都急得團團轉，臉色鐵青，卻靜得鴉雀無聲。人叢中窺見母親散着一把頭髮，尤其令人駭怕。忽然二弟嘩的一聲哭出來，把房門外側耳傾聽的我嚇得跳起來。卻聽見大家齊聲說道：「沒事了，沒事了！」另外一次就是還未到六個月，二弟就患了天花。本來那時候小孩子出世不久就已經要種牛痘，那知道總是遇到患上傷風發熱等小毛病，想等到精神爽利再去。就此一再拖延，竟然染上天花。幸得醫生及時治療，加以祖母細心調護，才把二弟挽救回來。不獨完全恢復，甚至痘疤也減至幾乎看不到。我還記得他病後開始在牀上坐起來，穿着一件紅色小棉襖的神氣。

上海留給我的印象還有很多，就如春天裏坐馬車到龍華[20]看桃花，一直是保留在腦海中的一件盛事。其實桃花未必是龍華的開得最好，不過離開十里洋場的塵囂，來到郊外作一日之遊，不獨是大人，即使小孩子也覺得很有意思。到現在更無從再聽到馬車伕「得得」的呼喚了，半淞園[21]也是一處吸引人的地方，除了園林之勝，還有孩子們最喜歡的驢子。付過錢之後便有驢伕來攙扶，跨上鞍墊，踱兩個圈子。當時覺得這真是又威風，又驚險的玩意。園裏還擺賣一些小型的葫

蘆和各式各樣的小瓜，可作案頭擺設，顏色經久不變。另一個好去處就是城隍廟[22]，裏面有吃小籠包和鍋貼的小館子，有雜架攤檔。假如有興致的話，你可以揀到自以為真的古董和字畫。這裏也有雨花臺[23]石子，不必定要到南京才買得到。反正雨花臺和這裏擺賣的都同出一源，盡是六合縣[24]的出產。被認為稍有瞄頭的石子都單獨用白瓷碗逐顆放置，清水一浸，看

雨花臺石

起來就已非凡品。可是，如果你捨不得付高出幾倍的價錢，就可以蹲下來在大木盆裏挑選，盆裏的便宜得多。多付出點耐性，有時也會值回代價的。攤檔上有一種背上長了綠毛的小烏龜，十分可愛。當時覺得龜殼長毛，已是罕見，毛色翠綠，更為難得。後來父親自己也依法養到一隻，才知道原來用芋頭磨擦龜殼，讓它吸附原本生長在井水中的綠苔的孢子，慢慢長成附着在殼上的毛髮似的綠苔。

另一種可愛的玩意就是案頭栽植的蒲草。石菖蒲[25]生在林蔭下的溪澗中，葉片細緻，顏色青翠，人們把它作為盆栽，生長得更整齊，更茂盛。書桌上供着一盆，令到整間書室都充滿了生意。原來栽培的方法是很考究的。先取棕毛截齊紮束，填置在盆皿裏面，高達盆口；然後把石菖蒲的根莖截成等長的小段，每段有一節，用鑷子將根莖段整齊地箝入棕毛束內。每日朝陽照射，清水噴灑。等到根節發芽出葉，自然整齊可觀。綠毛小烏龜和蒲草，年前也曾向來自上海的朋友問及，他茫然莫對，好像根本不曾聽過這回事似的。半個世紀的光陰，已經把這些情趣都湮沒了。春季裏每每有來自鄉間的人，背着竹筐，裏面裝着從山上採掘的草蘭，沿門求賣。因為價錢並不昂貴，父親總會選購幾株。種在盆裏不久便會開花，可惜總是活不長久，大概那時候父親養蘭還是未得其法罷。夏天裏父親最

喜歡吃西瓜。因為價錢便宜，總是論擔的買來，堆放在客廳的方桌子底下，經常
還有兩個浮在水缸裏。他老人家把西瓜一劈兩半，自己一吃就是半個，另一半家
人分吃，我也就分得一大片。大熱天氣之下，這樣子吃西瓜才真算得是一件快
事。還有一樣要記述的就是上海人家的廚房裏，往往在夏天養一隻叫蟈蟈（上海
人對紡織娘[26]的稱呼）。連同小竹籠從街上買回來，天天用絲瓜花和青毛豆餵
牠。午間熱得發慌，給牠嘓嘓的一叫，就算不是真的清涼了些，也起碼不再專心
一意的想念着惱人的悶熱。不過，到了嘓嘓叫的時候，夏天也過得差不多了。

在這一段時間裏，八叔父英甫和九姑姊君淑先後在上海成親。嬸母姓徐，
一向住在上海。姑丈姓梁，名炳坤，也是我們廣東中山人，在粵海關任職，婚後
不久他們便回到南方去了。八叔在上海南洋煙草公司做事，租住公司附近一家衖
堂房子的樓上。我也曾跟從祖母在那裏住過幾時。那裏離開市街稍遠，是新開闢
的地區，後門望出去就是一片空地。春雨過後就到處長滿青草，積水的地方還漂
着浮萍。祖母認為用浮萍養鴨子，既不花費，又易長大。於是又從市場帶回兩隻
黃毛鴨子。年前省城打石巷的舊事，重復潮上心頭，日子卻相差好一段了[27]。八
叔怕我在家裏沒事做，悶得發慌，便告訴我可以試試看書架上的《三國演義》。
雖然裏面不認識的字還不少，可是把書翻開之後便再也放不了手。我還記得手裏
拿着書，騎在樓梯扶手往下溜，直到樓梯盡處，就俯身在扶手上看《三國演義》
的情狀。

另外要記錄的就是三妹文健出生，我家從法租界遷到虹口[28]；多年未曾見
面的四姨母李潔瑜（佩舒）從美國回到上海，那時她已經和姨丈劉蘆隱結了婚；
還有滬江大學[29]應屆畢業的十舅父李浩駒，在參加過五月三十日上海學生遊行[30]演
講，帶着激動的情緒來到我們家裏的種種片斷，彷彿如在目前，而其中對我一生
關係最大的還是加入汪氏家塾讀書這一回事。

1　招商局，全稱為輪船招商局，是中國晚清的洋務運動時期以官督商辦模式創辦的航運企業，由李鴻章等人在1873年於上海成立。

2　作者曾任教於大埔公立小學。

3　斑竹，又稱湘妃竹，外皮帶有紫黑色的點點斑紋。

4　良鄉是京郊房山區的重要集鎮，因板栗的集散地在良鄉而得名良鄉板栗。

5　洋山芋，即馬鈴薯。

6　望志里位於上海法租界，為今黃埔南路、興業路一帶。

7　煙霞癖，指吸食鴉片的愛好。

8　「阿拉」在上海話中意味「我們」、「我的」，「儂」意味「你」。

9　霞飛路，為今上海淮海中路，在1915至1943年名為霞飛路，以法國元帥約瑟夫·雅克·塞澤爾·霞飛（Joseph Jacques Césaire Joffre）的名字命名。當時是橫貫上海法租界的一條主幹道。

10　李霞卿（1912–1998），十四歲以李旦旦藝名於民新影片公司從影，成為影星，曾飾「花木蘭」一角。後進入瑞士日內瓦康塔納飛行學校學習飛行，被譽為「中國第一位女飛行員」。1937年，「八一三」淞滬抗戰爆發，李霞卿先後在救護學校和難民營工作。抗戰結束後，李霞卿移居香港，後移居美國，1998年辭世。

11　亦宜軒總會，位於上海江西路，由旅居上海之廣東人於清末宣統年間創辦，該俱樂部成員大都為旅滬之粵籍鉅商富賈。

12　上海新舞臺，成立於1908年10月，為中國近代第一家新式戲曲劇場。

13　大舞臺，1909年落成開業，位於上海九江路，正門位於今漢口路一百六十八號。為上海現存最早的京劇演出場所。

14　天蟾舞臺，曾名新新舞臺，原址位於上海九江路，後遷址至福州路，現名為天蟾京劇中心逸夫舞臺。

15　閻瑞生（1895–1920），就讀於震旦大學，1920年為了賺快錢而打劫上海著名妓女王蓮英，殺人滅口，之後逃亡外地。在徐州附近的火車站被捕，被判鎗決。處鎗斃之日，圍觀人數有過萬，是舊上海的大刑案，震驚上海灘風月場所。其故事於1920年被改編成同名京劇，並於上海大舞臺首演，也曾經改編成相聲、電影等，成為經典。

16　劉鴻聲（1876－1921），北京順義縣人。早期京劇老生名家。

17　王水，又稱硝基鹽酸，是少數能夠溶解金和鉑的物質。

18　「包打聽」，上海方言，即舊時巡捕房中的偵緝人員。

19　文彥博（1006–1097），北宋著名宰相。任職期間，秉公執法，世人尊稱為賢相。曾成功地抵禦了西夏的入侵。宰相期間，大膽提出裁軍八萬之主張，為精兵簡政，減輕人民負擔。晚年皈依佛法。

20　上海龍華地區以桃花素稱，龍華位於上海徐匯區。上海民間素有「三月三，上龍華，看桃花，逛廟會」的諺語。著名歌手周璇（1920–1957）曾唱有「龍華的桃花」一曲。

21 半淞園，為原上海南市南部一處著名的營業性私家園林。園林整體風格為中國傳統園林式樣。一九三七年日軍轟炸，半淞園受此牽連也毀於兵災。

22 上海城隍廟位於黃浦區東南部，明朝永樂年間由原金山神廟改建而成。老城隍廟周邊廟會逐漸發展成為上海年代最為久遠的商業區域。

23 雨花臺是南京城南中華門外一座小山。因雨花臺山崗上遍佈五彩斑斕的石子，因此雨花臺又被稱為石子崗。

24 六合縣，中國舊縣名。在今江蘇省南京市境，以盛產雨花石聞名。

25 石菖蒲屬菖蒲科，為禾草狀的多年生草本植物。

26 紡織娘是一種螽斯，會發出鳴聲，類似紡織聲，故稱紡織娘。

27 參見本書章節〈打石巷〉。

28 虹口位於上海市中心城區中部偏北側的吳淞江與黃浦江交匯處附近的地區，原特指今虹口區南部和閘北區的東南部地區。

29 滬江大學，原名為上海浸會大學，創辦於1906年，校址位於黃浦江畔的楊樹浦軍工路，鼎盛時期以文理商著稱於世。

30 1925年5月30日，上海工人、學生舉行集會和示威遊行，反對日本紗廠資本家殺害工人顧正紅。

第七章：海外預備學校

　　知道海外預備學校的人不多，因為它規模小，存在的時間短，而且並不公開，所以校名只在一小撮人當中流傳。先是一批獻身國事的人鑑於民國以來十多年，國家始終未能安定，要建立一個強健的國家，必須打好基礎，首先就要從教育下一代做起。這一批前輩許多都受過外國的的教育，也明白當時中國的學術環境和設施還趕不上外國，希望把子弟送到外國去求學。但認為出國之前應該讓他們接受多一點中國固有文化的薰陶，將來不會忘本，先接受一點外語的準備，才不致浪費時間。於是大家推舉一位有學養，能抽身的同志來負起這集體教育的責任，把一批同志的子弟帶到一個適當的地方去實踐這一個理想。這就是海外預備學校的源起。

汪惺

　　提到我和海外預備學校的因緣，就得回溯到早一年我就讀汪氏家塾的經過：汪家和我父母早有深厚的交情，在暑假裏就被邀到汪家去讀書。地點是上海法租界環龍路[1]康寧里，當時同學只有汪家次女汪惺和黎仲實[2]的女兒秀英，老師是番禺屈向邦[3]，字沛霖，翁山先生[4]的後人。記得他教我們讀古文，第一篇是魏禧〈大鐵椎傳〉[5]，以後是宋濂〈秦士錄〉[6]、方苞〈左忠毅公逸事〉[7]等等。習字就摹寫趙文敏（趙孟頫）[8]的仇公碑。事隔大半個世紀，當年的情景，想起來彷彿猶在目前。汪氏長子汪嬰年齡稍長，和表兄陳國強[9]在學校就讀，也時常見面。汪嬰那時已經能夠自己圈點閱讀《資治通鑑》[10]，臨寫三希堂[11]的董香光（董其昌）[12]大楷，這使到我們幾個年紀較幼小的欽羨不已。陳國強從學校回到家裏

汪嬰

陳國強

就教我們用紙摺製青蛙，放在桌上用力吹動，相互碰撞，撞倒對方的紙蛙就可以取作俘虜。後來老師認為相對吹噓，不合衛生，加以禁止。國強又教我們用銅錢、筆桿和竹筷造陀螺，製作得很精巧用繩子帶動旋轉，久久不息。我們競相仿製。那時銅錢已不再使用，但仍然可以找得到，現在可就不容易了。老師在授課之餘，或者飯後空閒，必定給我們講故事，說的多是林紓[13]翻譯的世界名著小說或者唐宋傳奇，以至現代平江不肖生[14]的《江湖奇俠傳》等等，這都是孩子們最喜愛的。

吳稚暉

就讀汪氏家塾不久就中斷了，因為父母返回廣州，我隨同南歸。剛在廣州住了不多時，父母告訴我另一個讀書的好機會。一位名叫吳子輝的老師（後來才知道是吳稚暉[15]）將要帶領一班孩子在北京補習一段時間，待到有了充份的準備，就帶領去外國升學。以我們的環境，能有這樣的機會是十分難得的。當時我還不到十歲，從未遠離家人，現在剛從上海到廣州沒有多久，又要由南而北，獨自到一個陌生的環境，心中不禁添了幾分惆悵。我們當時住在廣州河南環珠橋躍龍里的外婆家裏。動身的一天，父母親自僱了一艘小艇送我

陳春圃

上船，由家門不遠的涌邊一直搖出白鵝潭，那是珠江水深足以停泊輪船的地方。等到登上了那艘招商局客貨輪，才知道因為趕不及載貨，要改遲一天才啟碇。父親不免埋怨幾句招商局的腐敗，船期不準時，母親不作聲，我卻暗自慶幸，好像那廿多小時的滯留是一個歡樂的假期似的。那時天氣正熱，回家時路過一家飲冰室，看見「荔枝汁上市」的標貼，十分吸引。我要求嘗試，在這時機之下，我的要求很容易便被通過了。誰知道甜絲絲的果漿含糖量高，最易發酵，一杯喝下去之後幾乎醉倒，量淺的我以後一直不敢再試。

　　一天易過，我終於要離開家門，投身進入一個新環境。雖然在這以前我也乘過輪船，出過海，但總是追隨着父母，不曾有過像這次的經歷。上得船來才

知道同行的有許多人，都是十來歲的孩子，有男有女，由陳春圃[16]
帶領。我們的船是運載香蕉到上海的，艙裏的香蕉氣味是沒有在岸
上那麼教人喜愛的。當時我們一群人佔住一個通艙的大部份，每人
都自己攜帶一張行軍牀。父親替我在一個空檔架起牀，放好行李，
母親摩挲着我的頭頂，叮囑幾句，二人也就離去，不久船也開行
了。從艙口外望，只見岸上的屋宇漸漸後退，我立刻感覺到舉目無
親的徬徨。環顧艙內一列列行軍牀上，有些孩子躺着看故事書，有
些相對坐着下棋，談天說地，玩遊戲，似乎都有相識的朋友，只有
我是孤單的一個。正在思量，忽然身旁有人喊我的名字。抬頭一
看，原來是汪嬰。雖然我們不曾一同讀過書，卻一齊玩過紙青蛙和
陀螺的遊戲，這時候出現，對我是很大的鼓舞。從他的指引，我才
知道原來汪惺、陳國強和弟弟國新都同船，還有以前未見過的朱
始、朱嫩姊妹，也是汪家的表親，他們的熟人多着哩。汪嬰長我三
歲，和我特別合得來。雖然我們兩人性情弦韋不同，他卻對我多方
維護，因此，在航行間我已漸漸適應這生活環境。

　　　　船到了上海之後，大部份同學都暫住林煥庭[17]家中，稍作停
留，然後轉乘津浦鐵路火車北上。這時我們的領隊增加了兩位，他
們是李曉生[18]和黃垣[19]，他們自己有事北上，順道幫忙帶領，記得到
了北京，還請我們一群孩子到歐美同學會吃西菜，可惜未曾讓我們
喝汽水，使到孩子們耿耿於心，久而不忘。後來李曉生的兒子李耐
宜在金陵和我先後同學，戰後在香港培英中學任教，在路上偶然聚
合，可真是有緣了。火車上一路無事，只有一件印象較深：經過山東省臨城的時
候，鐵路幾乎彎成一個半圓形，在車上可以很清楚的望見車頭和車尾。因為哄動
一時的臨城大劫案[20]記憶猶新，所以很容易的記起臨城這個地名。那時山東境內

陳國新

朱始

朱嫩

林煥廷

李曉生

黃垣

正遭受嚴重的水災，火車過處見到許多無家可歸的災民，身無寸縷地露宿在田基上面，令我想起以前見過衣衫襤褸的「流氓婆」手牽背負地帶領着幾個赤裸的孩子，口操我們聽不懂的北方話，流浪南來，一面走一面口嚼討來的稻穀的情景，她們似乎就是山東人哩。不禁想到是否山東，抑或整個中國都是特別多災多難呢？

我們終於到了北京，大概是一九二五年八月吧。我們學校在東城南小街，大門朝東，一進門就是一個寬大的院子，右手方一堵開着一個圓拱門的內牆，隔開裏面一個小庭院。一間小平房面向南方，當中是廳，東西兩個房間，其中一間安放着一些車牀馬達等機器，聽說是給學生實習用的。正院裏靠西南一座朝東的老式洋房，踏上幾級台階才是大門口。下層是儲物室，中間穿堂，左右各有兩間房間。東北的一間是甲班課室，東面的一間是飯堂，西南是乙班課室，西北一間歸老師和家眷使用。穿堂盡處是通上二樓的樓梯，樓梯盡處是男浴室，女浴室在正對面最東的一端，南北兩邊分作女生和男生的宿舍。臥室裏一律是白色的鐵牀，白色的直立儲物櫃。房間三面有窗，男女兩宿舍朝東都有一扇玻璃門開出同一個陽台。這所洋房當時已上了年紀，在八〇年代怕不容易再看到了。

·

　　地點交代過，要說到人物了。我們到達北京之後，第一位接觸到的自然就是我們的老師吳稚暉了。事先，孩子們對他根本就一點也不認識，一見之下，第一個印象就是比我們心目中的老師老得多。雖然不清楚他的年歲，不過從花白的鬚髮和疏落的牙齒看來，差不多可以做我們的祖父。可是他精神體魄都很好，更難得是有一分耐性和幽默感，足以和我們這一群相當野的孩子們周旋。他臉色紅潤，略為發胖，圓圓的臉龐配上圓圓的鼻頭，上面架着一副老花眼鏡，嘴角下

垂，厚厚的嘴唇上面隨意地留着兩撇鬍子，下巴的短鬚只得幾根，蓬鬆的頭髮抒向腦後，顯然他是不用梳子的，也難得光顧理髮匠。早上起來，他只要一條濕布巾，半杯冷茶就夠了，我們從未見過他用牙刷。起來便披上一件灰布長褂，經常有一兩個鈕扣沒扣上的。這樣的衣着對他似乎冬夏咸宜。他低着頭，從眼鏡上緣翻眼看着你，打着無錫官話說「你這孩子！」這副神氣到現在我還記得清楚。因為他給我們第一個印象就是老，同學間背地裏就叫他「吳老坑」，倒也真正沒有甚麼不敬的意思。過後偶然憶述舊事，在父親面前也一樣說溜了口，立刻受到呵責，才知道原來這是不該說的。

吳小姐

　　吳先生教的是國文和初級英文文法，初級英文和數理由吳先生的女兒負責，她是一位四十左右的未婚女士，我們稱呼她吳小姐。她中等身高，略略發胖，平直的黑髮挽一隻髻，鼻頭和下巴都略尖，眼大，眼眶底下有好些雀斑，這都是她明顯的特點。日常的衣着大都是顏色較暗的衫裙。她眼色慈和，跟她的綽號「雌老虎」實在並不相稱的。另一位老師就是她的弟弟小吳先生。（那時候老師沒有自我介紹的習慣，學生更不會去向老師請益了。直至最後讀到一篇文章，才知道吳小姐名吳芙，字孟蓉，小吳先生名吳薔，字叔薇。）他教的是高級的英文和數理。他的綽號是「日本律師」。大概他上唇留着一小撮日本式髭鬚吧。他平日愛着粗蔴包絨的三件

小吳先生

頭西裝，從他又起雙手的講課姿態看來，說他像個律師也是無可厚非的。此人有良好的英文根柢，更精研數理，嫻習機械（原來那些機器就是他從英國帶回來的玩意），同學心目中他似乎樣樣皆能。他身材高大，卻並不壯健，脾氣有點古怪，平常沒有甚麼，不舒服或者生病時就一聲不響，最怕有人問及，見到人就鐵青起面孔，可怕得很，因此又有「青面虎」的稱號。此外另有一位也稱小吳先生，是老吳先生的姪兒，綽號「黃毛」，以髮色灰黃得名，卻不曾請教過他的台

甫[21]。他身材瘦削，形容枯槁，人很老實。有時吳先生外出，就把低年級同學的功課交給他看管，顯然同學們對他肆無忌憚。幸好不是今日，否則他所遭受的一定不只威信不立而已。吳先生還有一位親戚，大概不是太太的姪兒就是外甥，他名叫鄒廣恆[22]，年紀不到二十歲，幫助吳先生辦一些雜務。此君比較「黃毛」更能夠和孩子們相處，身體也比較好，只怕人沒有「黃毛」老實罷了。

　　寫到這裏，記起還有一位人物未曾提及的就是吳先生的太太——吳師母。不錯，的確有一位吳師母，不過在一批人當中最後才提到她是有理由的：因為記憶中她出現的次數少之又少，我對她的記憶只是經過的時候，見到一個瘦削狹長的面孔，讓一副闊邊眼鏡遮蓋了一半，一晃之間便退回房門後面，如此而已。聞說她也曾居住倫敦多年，她的天地就是她住的房間，外面的世界，她並沒有探索過云云。

·

林希孟

林直勉

介紹過幾位師門人物，就要說道同學本身了。經過從廣州到北京的一段行程，我開始對部份同學稍有認識，不過真正熟絡還是幾個月後的事。我們學校以學生的年齡和程度分成甲乙兩班，甲班男同學七人，林希孟是全體男同學中的大阿哥，父親林直勉[23]。他臉龐黧黑，身軀壯碩，遠望就有點虎虎生威。時常愛穿着軍人似的服裝，外出時就着馬袴和綁腿，在我幼小的心目中，對他一半是欽羨，另一半就是畏懼。聽他自己說，他不大得到父親的歡心。他最喜歡繪畫，儲蓄了許久才買到一套油畫用具卻給父親搗毀，說起來還有點悻悻然。弟弟林漢陽較他小兩三歲，長挑身材，常着長衫。甲班同學都說他很聰明，性情也比哥哥和易近人。馬紹棠是馬超俊[24]的兒子，為人正直厚道，是一位好好先生，時常維護比較幼小的同學。

陳國強是陳繼祖的次子，那時候大哥國琦跟隨父親在南洋，只是二哥國強和三弟國新參加我們的行列。國強為人聰敏，心思靈巧，身材比較矮胖，我們在上海時已經認識。少時有點欺凌弱小的毛病，我們幾個年紀小的都怕他。國新高矮適中，跟隨着哥哥，不免也對幼小的加以欺壓。不過後來長大了，卻變得十分善良。據知年前移居美國，在七十年代中逝世。他那份天真的笑容還時常教人懷念。黃瑞華是旅越僑商黃隆生[25]的兒子，臉龐略胖，為人老實，頗具赤子之心。記得他年紀比我們大，還不時會讓人家逗到哭起來。他和姊姊黃潔芳同讀甲班，最肯聽姊姊的話；每當和別人爭吵甚至打架，聽到姊姊喊一聲「阿華！」就立刻停止。甲班男同學中最年幼的就是汪嬰，他是汪兆銘的長子，體魄壯健，性情堅強。在我的記憶中他敢作敢為，是最頑皮的同學之一，也最愛打抱不平。前面說過，他的性格和我不同，卻也和我最合得來。但是屬於弱小的我，時時都得到他的維護，這是我要一再提及的。甲班女同學一共只有四人：朱始是朱大符（執信）的長女，為人穩重勤奮，吳先生屢加稱許，認為不論為學為人，都足以做同學們的榜樣。李筱梅是李濟琛[26]的女兒，好像已經在學校讀到較高的班次，為人沉默寡言，鼻樑上架着一副頗深的近視眼鏡。黃潔芳上面已經提及，我獨記得她喚一聲「阿華」而已。最後一位鄧月祝，我只記起她的姓名，再沒有甚麼印象了。

林漢陽

黃潔芳

李筱梅

陳廷安

　　乙班男同學七人，年紀最大的應是陳廷安，他的父親好像是一位牙醫，他膚色黧黑，圓睜着一雙漆黑的眼睛，好像有甚麼不肯放過似的。熊清明的父親叫熊英[27]，和帶領學生到北京的熊美英是否有親屬關係，仍待查驗。他的家鄉是廣東省南路的高要縣。他生得眉目清秀，身軀瘦小。

印象最深的是他的眉毛末尾都有一個漩渦，眉尖上翹，文弱中饒有英氣。記得初抵北京，一見南小街校舍那廣闊的庭院，便忍不住到處奔跑追逐，一舒多日來困處車船的悶氣。熊清明和我一前一後，邊說邊走。經過偏院的時候，我轉身進入拱門。熊清明回頭看不見我，嘴裏不住喊着我的名字，一面回身找尋。我卻故意不答，逗他尋找。大門左側靠牆的角落有一所小屋子，開着狹窄的門和窗，從外面望進去，黑墨墨甚麼都看不到。他心想：「好小子，你躲進去以為我就找你不到嗎？」大踏步就往裏闖。我掩着嘴巴跟在他後面。忽聽「哎呀」一聲，我連忙上前一看：只見熊清明回轉身，彎腰走出門口，雙腳只得一隻鞋子，身上卻多添

熊清明

了一股臭氣——他黑暗中掉進糞坑了。細看一下，他一邊袴管沾了好些糞便，幸好不曾整個人栽進去。原來除了屋內的廁所浴室之外，為了方便，院子裏還留着這所老式的糞坑，這是我們事先未曾勘探到的。大家急忙來幫熊清明更換洗濯，並且陪他到對門一家店鋪買一雙棉鞋。因為事出意外，他不免受驚，當天晚上體溫高升，第二天竟要進醫院留醫。其實嚇着只是一個引子，聽說他患的是傷寒症，醫院裏一住就是幾個星期，出來的時候，好像人也長高了。

何文傑

何文傑是何秀峰的兒子，生得並不矮小，可是一向體弱，自少因為父母在外做事，由祖母帶養，絕少和外間接觸，養成拘謹內向，懦弱怕事，即使和別人意見不同，也只是悶在心裏，不予抗爭。可是亦有過打架的記錄。起因已經記不清楚，大概不外是互相逗弄得生氣了，初則聲稱絕交，終於忍耐不住，動起手來。記得那時候我們也有我們打架的規矩：只摔交，不揮拳。把對方摔倒，壓住，便問一聲「再打不打」。如果不服氣就繼續翻滾，直至分出勝負，然後拉拉手，重新再做朋友。同學們見到的都作壁上觀。頂多口頭煽動，絕不會動手參戰。雖然沒有過老師在場的記憶，不過老師不可能絕不知情，卻也從來未曾干涉過。這種摔交比賽似的、

戲劇性的打架，在我離開本校之後也再沒有遇見過，除此之外，我也從未參與過其他方式的打架。

鄒越

　　和我年紀差不多的，身高不相上下的一位就是鄒越，他的父親是鄒魯[28]。鄒越和我是最合得來的朋友，他天資聰穎，小小年紀已看過多本著名的說部。《水滸傳》裏李逵的名句「條例條例，若還依得，天下不亂了！」還是經他口述才知道的，比起我光看過幾遍三國演義又高明得多了。他擅長算術，作文也好幾次得到很高的分數。同學們都欣賞他對冬雪的幾句描寫：「彤雲密佈，長天欲雪……」形容大雪覆蓋着孤零零的一座小屋：「有如老嫗擁蘆花而臥」，後來才知道林譯小說[29]裏有這一句，給他恰當地借用了。他是打彈子（廣州話叫波子）的好手，技術是甲乙兩班之冠。他的拇指彎得特別低，彈子放在拇指的外側而不是在指甲的前面。據說這樣打出去的彈子更有力而且旋轉云。他的母親已經去世，有一個時期父親和後母住在北京，週末接他回家。他懷念生母，回家渡週末並不覺得開心。他和同班的黎氏姊弟是表親，未知確否。我和他的一段友誼可惜只限於在北京的一段時日，往後再沒有見面的機會了。太平洋戰爭中，日軍攻入香港，鄒越因為曾經加入過義勇軍，家中搜出軍用物品，與妻子同遭殺戮[30]。走筆至此，能不泫然！

黎首明

黎民偉

　　黎首明是全體同學中最年幼的一個，父親黎民偉[31]。他和姊姊黎佩蘭一同加入我們的學校。黎首明短小精靈，舉止活潑，頑皮好動，最愛踢足球。他是戲劇世家，聞說後來曾在一齣電影裏扮演一個名叫「皮球大王」的角色，有甚佳的演出云。

黎佩蘭

陳香衛

林楚楚

「大姑婆」

還有兩位就是孫治平、治強兄弟,父親孫科[32]。他們是我們到了北京之後才加入的。孫治平臉龐瘦長,架金邊眼鏡,治強臉略圓,有一顆頗為顯著的黑痣,兩人都有些令祖父的影子。他們一般的頭髮梳得光光滑滑。哥哥頭髮在當中分界,弟弟偏側,是左是右就記不清楚了。那時候我們一班人的衣服儀容都十分隨便,跟隨吳先生別的還未學得到,不用梳子這一點卻早傳衣缽了,因此孫氏兄弟頭髮整潔,給我留下了深刻的印象。孫治平沉默寡言,還是孫治強比較容易和大家相處。乙班女同學共五人,陳香衛年最長,她的父親陳融[33]。朱嫩是甲班朱始的妹妹。汪惺是汪嬰的妹妹,女同學中數她最頑皮。有一次吳先生一面聽她背書一面吃花生米,她竟然有本事覷空偷它一把,一面背書一面吃,還把花生衣灑了老師一頭。年紀最小的就是黎佩蘭,她是黎首明的姊姊。另外還有一位準備來學而未果的就是蔣經國[34],他的父親蔣中正在我們開學之後才送他到北京。因為吳先生認為他年齡和學業程度都超過了我們的標準,可以逕自升學,所以他只在偏院裏停留了一兩天,即便離去,不知是否就從那時起開始留學蘇俄了。

•

同學之外,還有幾位比較特殊的人物,其一是黎民偉的「平妻」[35]林楚楚[36]的母親,也就是黎氏姊弟的外婆,大家叫她「大姑婆」。她的身份類似女生宿舍管理員,也住在女宿舍裏。由於她的提點,我們一班天真的,說得老實點就是野孩子,才知道有「男女授受不親」這句話,也因而分出男生女生的畛域。男同學總認為她偏幫着女生,對她沒有好感。其實現在想起來,她對女同學不是忠心耿耿嗎?另一位名叫阿洪,不清楚他姓甚麼,是孫家的侍從。因為怕孫治平、治強在外面不慣沒人服侍,所以要他跟隨左右。這一來令我們十分不慣,連孫氏

兄弟起先也覺得他的照顧有點礙手礙腳。而阿洪卻老於閱歷，很能適應環境，閒來説説笑笑，後來竟然和大家過得很融洽。

學校之外，和我們時有接觸的就是李石曾[37]太太和顧孟餘[38]太太，我們稱呼她們李伯母和顧伯母。這兩位慈祥的長者久居北京，分別受到我們部份家長所託，不時來學校探望。同時，一部份同學每人每月可領到兩個銀元的零用，也是經由她們發給的。

現在該説到我們學校的功課了。我讀的是乙班，只能説説乙班的功課，甲班還須留待甲班的學長去填補。當時乙班同學幾乎全部都是小學中年級的程度。吳先生一來就給我們每人《昭明文選》[39]和《經史百家雜抄》[40]各一套。於是《古詩十九首》[41]、〈李密陳情表〉[42]、柳宗元遊記[43]、江淹〈別賦〉、〈恨賦〉[44]，左思〈三都賦〉[45]，加以屈原〈離騷〉、〈九歌〉[46]……都毫不留情地照教，而我們這一群毛頭小子也「黯然銷魂者……」「帝高陽之苗裔兮……」搖頭晃腦地照讀。吳先生的意思就是教我們不要讓典籍的名頭唬住了。老師宿儒儘管有他們的一套鑽研方法，我們不必一定跟從。只要頭腦攪通了，也可以領略到一點讀書的佳趣。到現在，頭腦是否得到一個「通」字不敢説，可是至今還有印象的還是那時候讀過的一點點，此外大都雲飛煙滅，不復記憶了。我那時還未讀過英文，連字母都不認識。吳小姐教的一本書是英國小孩子用的，一開始就是「A big fat cook made a big fat pancake...」以後反覆漸進，讀起來並無困難。英文文法由吳先生親自擔任。他把動詞的變格比喻作孫悟空的七十二變化，整理出一套他自己的方式，譬作孫悟空頭上的金剛箍，掌握到金剛箍就可以控制七十二變化。他這一套無非讓孩子們不致感覺枯燥而心生厭倦罷了。當時似懂非懂，只知生吞活剝的硬記，卻也屢屢博得吳先生的稱許，還帶我到甲班去表演一番，現在

想來還覺慚愧哩。至於數學方面，大概不外算數中分數四則之類，同時也開始幾何學了。這一門非我所長，只是戰戰兢兢的勉強對付過去而已。

當年就讀北京，記憶中還有幾樁趣事，趁着未曾忘記，拉雜寫下，先後次序就記不起來了。

熊清明誤踹糞坑，已見上文，我自己也出過類似的、不大不小的亂子。有一次冬日遊北海公園，看見湖水結冰，已經能夠在上面行走。我們不甘後人，也嘗試履冰的滋味。那時湖心鑿了幾個洞，探測冰層的厚薄，大概是氣溫變化的關係，洞口不時冒出氣泡，引起我的好奇，心想一定是魚在呼氣了。忍不住走過去張望。誰知腳底一滑，幾乎跌倒，連忙大步向前，希望穩定重心，結果整條腿又進冰洞。幸好鄒廣恆在後面一把抓住，把我提起，可是已經丟了一隻棉鞋，濕透了一大截袴管。原來這可不是好玩的，掉進冰水不單只會冷壞，進了冰層底下就沒法冒出來，這一次撿回小性命真可算是幸運了。

海外留學子弟的國文教育

民國乃是國文改革的重要時期，教授方法亦隨之演變，民初中學國文要旨在能通解白話，略解古文，惟屈向邦與吳稚暉所辦的非中小學，其目的旨在讓海外留學的子弟能先涵養中國文化，故授學以古文為主，且屈氏更輔以林紓用文言文翻譯的世界名著，使學生能觸及外國文化。

吳稚暉認為凡要學好白話文，首先要弄清楚文言文，故國文授課必先讓學生習讀古今名文。閩南教育局長梁冰絃曾赴海外預備學校拜訪吳氏，二人談及國文教學方法，吳氏說：「要學生好文章，必令他取古人名文精讀熟讀，讀上幾百篇在肚裏，要他作不好也不能夠。故而我這裏頂不時髦，頂反潮流，我要廿幾個小孩子讀國策左傳，讀漢魏六朝文，讀唐宋八家文，讀元明清歸安桐城文……而且，一人獨詠，不如五六七八人合聲吟哦。」（見《先導》1933年第1卷第11期，頁57–61）

學校生活除了上課之外，每逢星期日吳先生一定盡可能帶我們到處遊玩。當時交通工具大部份是人力車。除了長得高大的幾個之外，其餘眾人都是兩人一部車，一大搭一小，我總是跟汪嬰同乘一部。故宮、北海、頤和園、西山……無不遍遊。最遠去遊覽長城，那是要乘火車出南口到八達嶺去的。一經登臨，我們立刻明白為甚麼城之所以稱長了。登高一望，但見蛇一般的城牆隨着山勢起伏，連綿無際。以前見過的城牆，從未見過這般氣勢，這般模樣。心目

北京西直門城樓

中的山也是南人慣見的樹木清葱的山，和眼前的荒漠截然不同。而這宏大的景物竟然出自人工，在幼小的心中更感到不可思議。我們沿着城牆走，不時要攀山越嶺，爬上爬下，十分吃力，馬上想到身披重鎧的古代戰士在這裏捍衛國家，捨命作戰，是多麼的艱苦了。

我們在北京的時候，正值故宮太和殿初次開放，眼見一片荒蕪冷落，掩蓋了壯麗和莊嚴。當時心裏不明白是怎樣的一種感覺。現在似乎明白了，也還是寫不出來。

1. 黎民偉
2. 林楚楚
3. 嚴珊珊
4. 黃垣
5. 洪美英
6. 陳春圃
7. 吳稚暉
8. 李曉生
9. 朱始（甲）
10. 黃漾芳（甲）
11. 陳香衛（乙）
12. 朱嫩（乙）
13. 黎佩蘭（乙）
14. 吳小姐（容）
15. 李筱梅（甲）

16. 小吳先生
17. 何文傑（乙）
18. 汪惺（乙）
19. 陳國新（甲）
20. 林漢陽（甲）
21. 汪嬰（甲）
22. 褚民誼
23. 黎菖明（乙）
24. 鄒越（乙）
25. 陳廷炎（乙）
26. 熊清明（乙）
27. 陳國強（甲）
28. 林希孟（甲）

筆者在校門外與同學合影，後來回憶時將每一位同學的名字對應記錄下來。

遊西山時離開孫中山先生逝世不到一年，靈柩還在碧雲寺。我們去參謁時見到遺體穿着白色中山裝，躺在灌有藥水的棺木裏，那是蘇俄送的鋼棺，棺蓋鑲有玻璃，裏面一切都看得很清楚。

記得遊西山時我們還騎驢子，我騎起來有點戰戰兢兢，吳先生卻要學張果老[47]來一個倒騎驢，一不小心他給摔了下來，幸而沒有跌壞，他還說正在推敲詩句哩。西山風景如何已記不清楚，只記得溪流中有一塊大石，上面橫鑿「枕流漱石」[48]四個大字，當時我左讀右讀總是讀不通。

有一次冬天出西直門外，看見冰凍了的河上有人推着木牀，牀底下鑲有兩條鋼片，一兩個子兒就可以坐上牀讓雙腳纏着毛皮的人推着滑走。等到推急了，推牀的人騰身而起，也坐到冰牀上面，大家一齊飛快地溜走。這也是一種頗刺激的玩意。這時聽到沖沖的聲響，原來有人把河上的冰層整齊地鑿成一塊一塊，然後搬進河邊預先掘好的一個深坑裏，一層一層用麥稈鋪墊。上面再蓋上泥土，把冰藏好，留待夏天挖出來用的。這是我生平所見的天然冰製作，所以記得清楚。

前文說過我們住的古老洋房坐落庭院的西南，飯廳的南窗高出和鄰家相隔的矮牆之上，連接着鄰家的屋頂，我們從這裏踏上鄰家的屋頂摘取他們院裏一顆大棗樹的棗子，結果惹來鄰犬狂吠，我們才狼狽逃回飯廳。其實那時候北京一個子兒也買到棗子一大把，卻總覺得不及偷來的甘脆。

提到飯廳又想起另一椿事了。我們週末或者假期例有牛肉粥做早餐，這是一種特別享受。當時男女生之間正因受了「授受不親」的警誡而疏遠，男同學又認為女生有宿舍管理員的特殊待遇，於是畛域更深，總想找機會捉弄女生。於是想出一個辦法，男生大家相約趕快吃完第一碗粥，回頭把粥勺子搶到手，自己添加半碗，便把勺子傳到在後面輪候的男同學，如是輾轉相傳，繼續輪候，直至整

1925 年海外預備學校校舍

何孟恆記憶中的海外預備學校校舍

鍋粥吃完，勺子始終輪不到女生手裏。現在寫來只當一段笑談，其實也做得太過份了。

我們當時要捉弄的是認為態度倨傲，有點養尊處優的，所以除女生之外，有幾位男同學也不免身受，好些香膏髮蠟都給打得稀爛，對女同學更多一重歧視。有一次乘着女生結伴外出（女宿舍連大姑婆在內也不過九個人），闖進女宿舍搜索藏起來的零食，分食精光，還辯稱童子軍也有劫營的行動，作為藉口。另外一次選中大姑婆做對象，說她每食必先，不甘後人，應該予以儆戒。在吃飯前不久，把女宿舍的門略略打開，門頂支放着半桶冷水。果然飯鐘一響，女生宿舍第一個出門的就是大姑婆。半桶冷水潑下來，雖未全中，已嚇得她呱呱大叫。其實先行一步，未必不是責任心重，先作打點的意思，我們錯怪她了。從這幾件事看來，我們這一群孩子實在夠得上一個「野」字了。這類事情我都有參加，不過只是跟隨在後，搖旗吶喊，夠不上龍頭的資格罷了。

有一椿卻是我親手的傑作。前面說過，二樓樓梯盡處就是男生的廁浴室，裏面的浴缸是人造雲石製成的，顏色紅赭，與女生的搪瓷浴缸潔白光亮不同，也是男同學心裏「不平待遇」之一。有一次正當浴缸裝滿了水，我無意中丟了一枚點燃着的電光炮進水裏（玩電光炮大概是時近新年吧），以為水濕了一定點不起來。誰知「隆然」一聲，竟把假雲石的浴缸炸開，水流滿地。我嚇到大驚失色。說也慚愧，無心一聲，造下這椿「大案」，我居然受到大家另眼相看！

我們一班人的生活和外間好像有點隔離似的，除了週末出外遊覽之外，只是偶然逛一次東安市場，或者看看一毛錢一場的電影。學校裏好像沒有買報紙，吳先生也絕口不提時事。可是一宗哄動的大事突然發生在我們居住的北京城，闖進了我們的小圈子。那就是三一八慘案，一群學生為國事請願被殺。當時我們對事件的真情殊不了了，唯一的印象就是次日報紙登載死難者的照片卻不知怎的到達我們的眼前：慘烈的情狀令人驚心動魄，至今還未磨滅！

學校沒有體育課，我們課餘的時間就踢踢皮球。同學當中有幾位是個中能手，年紀大一點的如林氏兄弟、陳國強、汪嬰、陳廷安都是球隊的人選，而馬紹棠就是我們的鐵門。還有黎首明，想不到他個子小小的，卻刁鑽活潑，跑起來如水銀瀉地，要追他可不容易。記得在北京住久了，我們還邀約過外隊作賽。東城附近有一個球場，有一回幾個同學在那裏玩，遇上了一班外籍小孩子也在那裏踢皮球。因為和我們年紀差不多，大家就很容易玩上了。不久，在半通不通的交談下，竟然投下戰書，約定在假期空閒時間，班齊人馬，來一場比賽。到時，我們精銳盡出，沒有資格下場的也都來作壁上觀。我們隊中到底有二林一馬幾位超級球員，噸位遠超外隊，所以一路領前。戰意正濃濃時，忽然遠遠看見鄒廣恆氣呼呼跑來，一面招手一面說：「吳先生叫大家快回去啦！」接着告訴我們這是緊急決定，我們馬上就要離開北京。我們知道事態嚴重，也來不及細問，別過一班外籍小朋友便跑回學校。吳先生已在張羅打點，一面簡單地告訴我們：馮玉祥[49]戰敗，張作霖[50]即將進軍北京。恐怕奉軍對南方的革命子弟不利，因此我們要立刻離開北京。為了便於旅行，每人限帶一件行李。於是大家馬上收拾。不一會，同學們有的藤書籃一個（長方形，從前我們在廣州上學用的一種），有的用牀單把衣物結成包裹，齊集在院子裏。一經點齊人數，即時坐上人力車向火車站出發。海外預備學校從此離開北京，此後這一座古都我也不曾再去過。這一次撤退並沒有包括全體同學，凡有親人在北京的都就地解散，各自分手；例如鄧月祝、孫氏兄弟等，鄧月祝後來聽說在北京結婚的。誰去誰留，也不能夠全數記憶了。

1925、26年間北京情勢

自袁世凱逝世後，北洋軍分裂成多個派系，包括把持安徽等地的皖系，以段祺瑞為代表；把持直隸等地的直系，以馮國璋、吳佩孚等為代表；把持奉天等地的奉系，以張作霖為代表等，彼此混戰，爭奪控制以北京為首都的中華民國政府，並與國民黨1925年7月1日於廣州成立的國民政府相互對峙。

1924年原屬直系的馮玉祥與孫中山關係密切，10月於北京發動政變，推翻以曹錕為代表的直系政權，並改編其所部為國民軍，以表示服膺國民革命，惟其兵力不足，乃聯合奉系並請出段祺瑞執政，馮氏又主張邀請孫中山北上共商國是，及至孫中山逝世，馮氏更下令全軍帶孝7日，此後馮氏與國民黨要員如汪精衛、廖仲愷、黃郛等往來頻繁，海外預備學校便是於此時期在北京設立。

1925年底馮玉祥與奉系張作霖爆發戰爭，馮氏聯絡原奉系將領郭松齡倒奉，郭氏軍隊改稱東北國民軍，後被張作霖打敗，而馮氏國民軍雖取得天津等地，但仍不敵奉系張作霖與直系吳佩孚的聯合。

1926年2月馮軍於大沽口海設防，引起日本抗議，及後日艦於馮、張作戰期間，炮擊馮氏國民軍，雙互開火，事後英美法意日等八國聯合援引《辛丑和約》，向北京政府提出拆除大沽口國防設施的要求，國共兩黨於是聯合組織各學校和群眾於北京示威，並進入天安門抗議，要求廢除一切不平等條約。

3月18日北京政府以武力鎮壓群眾，死難47人，又下令通緝徐謙、李大釗、李石曾、顧孟餘等國共兩黨要員，兩黨領導機關於是遷入蘇聯使館，4月9日馮軍以段祺瑞暗通奉系為罪名驅逐段氏，隨後被直、奉聯合擊敗，4月17日奉軍佔領北京，於各大學等搜捕反對人士。

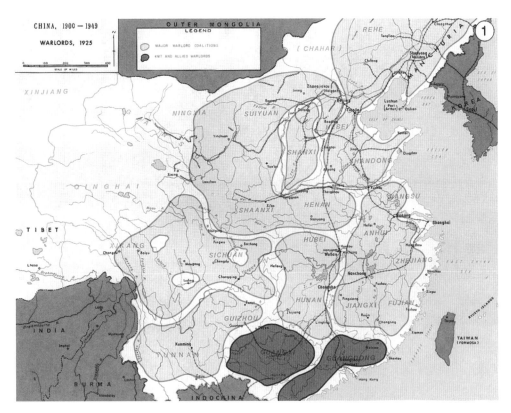

1925年美國軍事學院繪製中國軍閥與國民黨勢力分佈地圖，淺灰色為各派軍閥，深灰色為國民政府

段祺瑞

張作霖

馮玉祥

徐謙

李大釗

李石曾

顧孟餘

我們抵達火車站，見到要逃離北京的已擠得人山人海。吳先生帶領我們佔了一個角落，把行李放在當中，大家團團圍住，席地而坐。他自己就去張羅車票。這時奉軍已經合圍，唯一可走的路是西北向京綏鐵路這一道缺口。可是馮玉祥的軍隊也靠這條鐵路撤離，要登小火車真是難之又難。吳先生似乎和馮軍師長鹿鍾麟[51]有交情，希望見到他就有辦法可以上車。誰知一等再等都不見蹤影。開出的車少而撤退的軍隊又多，我們就這樣在車站裏坐了整整的一天一夜。第二天一早，正在睡眼惺忪中看見顧、李兩位伯母從人叢中找到，她們認為兵荒馬亂中帶着一大群孩子，有男有女，十分不安全，而且情勢急迫，走也未必走得脫。吳先生商議一番之後，決定進入當時的使館區東交民巷暫避，然後徐圖南歸。於是女生們借住法國醫院，男生擠進俄國公使館的一個小客廳。其實京綏鐵路西通

鹿鍾麟

綏遠，那時候要從這條線上再找南行的路途，機會實在不大；要接上西伯利亞鐵路倒是順理成章。如果擠上了火車，說不定我們會遠赴蘇俄以至歐陸，從那時候起，便開始流落異鄉了。

在東交巷男女同學雖然分住兩處，但每天都在一齊吃飯。這時奉軍已經進了城，城內秩序也漸漸恢復。我們獲得分批外出的許可。見到奉軍除了制服顏色不同，其他都沒有甚麼異樣。細想大家都是中國人，又怎會有甚麼大不相同呢？在俄國公使館一同暫避的一位人物，據說是共產黨領袖之一，我記得吳先生說過就是李大釗[52]，就是後來給處決了的一位。如是度過大約一星期，也沒有聽見甚麼對我們這批人不利的消息。吳先生覺得可以安全離開北京，於是第一步乘火車南行到天津。那時逃難的人仍然十分擁擠，我們雖然擠上了火車，卻是轉身不得。遇有生理上的急需，只好把空的熱水瓶（那時我們幾乎每人都有一個）放進長袍底下，注滿了就傳向窗外傾倒，大家輪流使用，問題也就解決了。

　　到達天津之後，我們暫住旅館。在轉乘輪船南下之前還有時間結隊到街上逛，有些女同學還有心情選購紀念品，男孩子似乎除了吃食之外就不知有其他了。我們南歸的船是一艘日本船，通艙是一排排相連的牀位，只是牀頭部份有高約四五寸的木板分隔，因此我們大家都聽吳先生的告誡，一切各自小心。仍不免有女同學讓人投擲情書，手提包給人翻動過的事件。我們的船一日三餐只供粥飯，不供小菜，所以吳先生發給每人兩個銀元，作為購買下飯菜之用，好在船員都備有副食品出賣，只要有錢就行。汪惺就記得鹹蛋刺穿一個小孔，用牙籤慢慢挑食的滋味。另一件就是廁所問題了。通艙許多搭客，只得兩個廁所，是依照日本人習慣，男女不分的，女同學最是感覺不便。後來不知怎的卻給她們打通一條出路，得到船上官員的特許，可以越等到頭二等去行方便。雖是多走幾步，問題也就解決了。船行多日，也認識了一些同鄉，大家稍有傾談。只不過別人總覺得我們這一群少年男女，行止總帶點野性，不時投以詫異的眼光。那時從水路到廣州，從離開上海數起要七八天，好容易等到船剛進入白鵝潭，吳先生就把我們打發開，自己動手替我們收拾鋪蓋。我們既然不用幫忙，就走到甲板上眺望廣州市的遠景。忽然看到遠處駛來一艘小輪，上面站着幾個武裝官兵，靠攏我們的輪船之後，有幾個人匆匆衝上頭等艙，像搜索甚麼似的。後來到我們站立的甲板。搭客們正在驚疑，同學李筱梅卻認出是熟人。原來她父親派人來接愛女。於是大家都沾了光，不必等候海關人員

李濟深為筆者同學
李筱梅之父

登船便魚貫下了小輪，揚長而去，搭客們才放下心頭大石，也對我們這一群野孩子另眼相看。

　　到了廣州不久，我們就借文德路[53]電信學校復課。電信學校地址原來是前清的一間衙門，地方相當寬大，也略具園林之勝。我們借用了一所廳堂作課室，

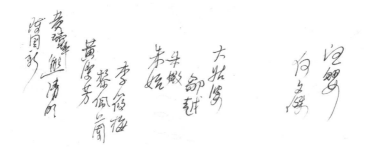

1926年一同前往上海一行人中孩子們的合影，圖中有汪嬰、朱燉、朱始等人
（圖背文字為何孟恆手書）

吳先生就住在鄰接的一間偏廳。那時候我住在外婆家裏，從河南外婆家到文德路距離很遠，因此吳先生特別關照，讓我搬到學校，在他的房間裏加一張帆布牀，免得我每天遠道跋涉之苦。這是他的好意。可是那時他大概已經參與政事，每天只是上午上課，下午大家放學回家，他也匆匆外出，有時候入夜後許久才回來，只剩下我一人，除了溫習一下功課之外，就獨自發呆。偌大一個課室大半天空無一人，一天一天的熬下去，好容易熬到星期六午間母親下了班才接我回家。對一個十歲的孩子來說，的確是十分不好受的。有一次父親偶然問及功課，我對着那冊英文《塊肉餘生述》節本結結巴巴的讀不出來，父親不禁大為驚異，只得把他多年以前在石室育才書院學過的英文，一句一句再教我。原來這一次學校南遷，只由吳先生一人帶領，吳小姐和小吳先生都沒有同行。我們缺了原來的英文老師，吳先生只得一身兼任。他那無錫口音甚重的英文，我們實在跟不上，他兼教多科，也力有不逮，而且選用狄更斯《塊肉餘生述》雖說是節本，對我班來說也太深了。

電信學校的一段時間可說是含糊混過的。幸而為時不久，學校又再北遷。這一次地點是上海法租界環龍路志豐里[54]。那裏和以前汪家所在的康寧里很相似，同是衖堂房子，我們學校佔了相連的兩幢。大門開在右面的一幢，進門是食堂兼客廳，二樓是乙班課室，三樓是男生宿舍。左面一幢樓下是吳師母和吳小姐住處，二樓甲班課室，三樓女生宿舍，大小吳先生分佔兩間亭子間。究竟那時候參加的同學是哪些已經不能全部數出來了。因為有若干人沒有來，也有幾位是新加入的：例如林雲陔[55]的女兒林崇誠、陸耀文[56]的女兒陸瓊秀，和李應生的女兒李霞卿（那時她在上海已演過幾部電影，藝名李旦旦），另一位女生姓沈（名字記不起來。似乎是教法文的沈老師的女兒），還有一位男孩子是吳先生的親戚，都陸續來了。學校接近法國公園[57]，我們課餘之暇就到那裏去玩，十分方便。就在那一段時間，我們那多才多藝的小吳先生還教同學們學攝影，簡單的理

論和實習兼而有之。我們還親自動手沖洗膠捲和相片。記得陳國強是其中的能手，他的成績每每得到小吳先生的稱許。我只是跟着尾巴走，而這一份興趣也就歷六十年而不衰[58]，實在不能不懷念小吳先生的啟發。朱始、朱嫚兩位同學還記得小吳先生曾經獨力替人修好過一部破舊的汽車，賺了一筆錢——足夠他一年零用的一百大洋云。老師們教書完全出於義務，除了和學生共同生活，就連零用錢都要貼上了，這一點也不是時下一般人所能想像的。記憶中在上海有過教法文的老師，姓沈，台甫記不起來了。只記得第一課述及一個女孩子的起居生活：「Leontine a dine...」，國文由吳先生教過《林琴南筆記》[59]，開卷第一篇是借神怪故事諷刺時弊，讀後還是覺得不大通曉文章的涵義；詩歌方面記得有〈春江花月夜〉等等。吳先生還教我們做詩，毛頭小子竟然也大膽胡謅起來。命題有一次是法國公園即景，壓卷之作是年紀最小的黎首明一首，可惜內容已經記不起來。

　　海外預備學校遷到上海是整個歷史的後半段，同學已經不是全數住宿，關係自然沒有那麼深，印象也就不及前半段那麼清楚，一切好像沒有在北京時來得起勁，因為吳先生已開始參預政事，不時外出，也有不少客人來訪，自然要從教學上頭讓出時間了。吳先生有一位同鄉鈕永建[60]不時來訪，令我們這群孩子心懷不滿，把吳先生不能專心教學的理由都歸咎到他身上。我記得這位鈕先生臉色紅赭，衣着質樸，一副軍人模樣，對吳先生執禮甚恭。從廣州起就一直跟着我們同乘一船到上海。吳先生對他像子姪般支使，一點也不客氣，他也百般依從。我們說他藏

鈕永建

奸，終於把吳先生勾引出去了。這當然全屬孩子們的想法，實在那時候上海情勢大異，革命軍北伐已經抵達。時移世易，實在有很多事要做，教育下一代的工作只好退歸次要了。跟着同學們逐漸各散東西，大部份人至今都未有機會再次相見，海外預備學校從此也不復存在了。

　　關於學校的初衷雖然未遂，不過這種思考已深深留下印象；算起來除了消息未通的同學之外，就只有我自己一個不曾出國讀書，其餘我所知的舊同學都是曾經海外留學的。此外，值得一提的就是海外預備學校一群人當中還締結了兩段姻緣；其一是小吳先生和李筱梅的結合（時間地點待考），其二是何文傑和汪惺於一九三九年在河內結婚[61]，雖然都在學校解散後好一段時間，不過那時候的相處，未必不是一個好開始。

　　吳老先生早於多年以前辭世，恐怕小吳先生和吳小姐也未必尚在人間，同學之中又還有幾人和我同樣地追懷舊事呢？

數年以後，海外預備學校同學於同窗會上再度聚首，由陳國琦攝影（右至左，後排：汪文惺、黎佩蘭、朱婖、鄒越；前排：熊清明、黎首明、馬紹棠）

後記

童年時曾經在北京住過八個月，此後就再不曾到過。二〇〇二年舊地重遊，被人問及有何感想，我真不知道從何說起。北京是一處奇妙的地方，她保存着古老的文化，吸引世人欣賞，卻又是一個嶄新的首都，到處興建着高樓大廈，開闢新的屋邨，可以和任何一個現代城市爭勝。不過人總喜歡懷舊，我們着眼的地方，還是北京古老的一面。經女兒的安排、朋友的關照，故宮、長城、明陵、圓明、頤和、北海、天壇……無不行遍。雖然步履遲緩，不時要勞煩朋友攙扶，始終未遭顛躓，也可算是幸運了。

到達北京第三天早上，我們的行程是逛琉璃廠。車子在寬闊的馬路上走了一會，轉入一條狹窄的小巷。兩旁多是低矮的平房，有一半以上都在拆卸中，街上崎嶇不平，到處一堆堆的磚瓦，僅容一部汽車單程通過。一問之下，這是司機仁兄聽我說過當年住在東城南小街，特地讓我看看舊居所在。馬路上宏偉的建築和巷中的頹垣敗瓦，不禁掀起胸中一番滄桑感慨。忽然車窗左面掠過一角灰暗的影子，那是一所樓房的牆角，它高出半圯的牆頭，挑動我塵封已久的記憶。「難道這就是……」正想看個清楚，眼前所見已經一瞥即逝。

一會兒車子已轉出馬路，我對司機說：「可不可以改天再走走剛才到過的地方？」

「當然可以了。用不着改天，我們吃過中飯再來吧。」司機很爽快的答應了。可是，從他的眼神看出來不免感覺到有點奇怪，這爛地方真值得看了又看嗎？

琉璃廠是北京書畫文玩薈聚的地方，那些玩意兒本來也頗合胃口，可是品質不高的就看不入眼，品質高的又出不了手。而且覺得身外之物，總是過眼雲

煙，所以只是隨意蹓躂，檢了一小盒西泠印泥，兩支戴月軒紫毫備用便了。心中惦記着的還是舊居老屋。

等到中飯之後，我們再度駛進南小街。因為巷內行車只能單行北向，我們走的路和先前走過的一樣，很容易便找到早上經過的所在。車子在一處路口停下來，我獨自去找尋我的舊夢。

隔着半截牆頭，那所老式洋房的上層已經看得清清楚楚。眼中所見和記憶中的印象並無違背，正待上前向忙着搬遷的人打聽，看見我在瓦礫叢中覓路，他連忙擺手說這裏不好走，同時指着前面一道門，讓我到前面去。剛一進門，迎面便是一堵內牆，通道僅可容身，年來北京流動人口眾多，可以容身的地方那個都住滿了人，這裏內院已經搭蓋了多少人家了。我欠身走進比較疏落的地方，漸漸看清楚這幢房子的全貌。我真的不敢相信這竟然就是七十多年前住過的老屋。我一一辨認屋前的石台階，屋的右手方是飯堂，樓上是女生宿舍，然後男生宿舍，樓下左手方是甲班課室，下層是一半高出地面的地下室……一點不錯，就是我們七十多年前住過的，二十多年前追記過的海外預備學校！可是，看看又有點異樣，原來大門上面二樓的平台沒有了，細看還可以見到拆卸的痕跡，通出平台的兩道門也封砌了，這無疑是我們住過的房子。

我正思潮起伏，屋裏走出來一位四五十歲的太太問我找誰。我告訴她我只是看望一下七十多年前住過的老房子。

「甚麼，就是這房子？沒記錯吧？」

我一面指點一面告訴她這裏原來有一堵內牆，開着個圓洞門，偏院裏一間平房。洋房右手隔牆應該有一顆棗子樹……

2002年，筆者重回北京，故地重遊，回到了少時就讀過的學校校舍。
三天過後，校舍便被拆除了。

「一點兒不錯，難得你及時來到，恐怕遲來三天就只看到一堆堆破磚頭了。」那位太太也很湊趣，看見我手上拿着照相機，就讓我在階前坐下，替我拍了幾張相片。謝過了她，我循原路走出街上。司機仁兄怕我有甚麼閃失，已經下車準備找我來了。

1　即今上海南昌路。

2　黎仲實（1886–1919），原名勇錫，廣東人。1905年加入同盟會為首批會員，曾隨孫中山至南洋募款，後參與廣州起義等多次革命行動。民國初年病逝於上海。

3　屈向邦（1897–1975），字沛霖，號蔭堂，又名蘭淑，廣東番禺人。為明末清初著名學者屈大均的後裔。國學家，能詩好收藏，著有《蔭堂詩集》、《粵東詩話》與《誦清芬室藏印初集》等。曾任汪家家庭教師及汪精衛的秘書。

4　翁山先生，指屈大均（1630–1696），明末清初廣東番禺著名學者，被譽為「嶺南三大家」之一。

5　魏禧（1624–1681），明末清初散文家。《大鐵椎傳》是他的代表作之一，抒發了作者對明亡之悲切。

6　宋濂（1310–1381），明初政治家。《秦士錄》為宋濂所著傳記散文之一，講述文武雙全的秦士鄧弼因與統治者產生矛盾最終遁入山中成道的故事。

7　方苞（1668–1749），清代文學家。《左忠毅公逸事》為方苞所著傳記散文之一，講述明末東林黨與宦官鬥爭的故事。

8　趙孟頫（1254–1322），「元初三大家」之一。精通書法，獨創「趙體」傳世。

9　陳國強，新會人。陳璧君兄長陳繼祖之子，德國航空機械科畢業，曾任廣東兵工廠廠長，歷任汪政府廣東釐稅積弊委員會委員、軍委會航空署上校技正、粵綏署少將軍械處長兼第一修械所長。戰後被判刑入獄，其於獄中之創作可見《獅口虎橋獄中手稿》（八荒圖書，2024）。

10《資治通鑑》是北宋司馬光所主編的一本長篇編年體史書，一共二百九十四卷，共有三百萬字。記載的歷史由周威烈王二十三年（公元前403年）三家分晉（戰國時代）寫起，一直到五代的後周世宗顯德六年（959年）徵淮南，計跨十六個朝代。

11　即《三希堂法帖》，是清代乾隆初年由乾隆皇帝敕令宮廷編刻的一部大型叢帖，共收入從魏晉到明末一百三十五位書家作品。

12　董其昌（1555–1636），字玄宰，號思白、思翁，別號香光居士，明朝政治人物，工書畫。傳世書法作品以行書最多，代表作品有小楷書《月賦》，繼祝枝山、文徵明後對後世極有影響，康熙帝就酷愛董其昌書法，一生臨寫董字甚豐。

13 林紓（1852–1924），原名群玉，字琴南，號畏廬，別署冷紅生，福建閩縣（今福州）人。古文家，翻譯家。林紓一生著譯甚豐，共譯小說超過二百一十三部。

14 平江不肖生，本名向愷然（1889–1975），著名武俠小說家，被稱為民國武俠小說奠基人。

15 吳稚暉（1865–1953），即吳敬恆，江蘇人。早年信仰無政府主義，1905年加入同盟會。民國初年推動留法勤工儉學，後又推動國語注音。1924年任國民黨第一屆中央監察委員，終生支持蔣介石。

16 陳春圃（1900–1966），廣東人。陳璧君的遠房侄子，曾在國民黨黨部任職，抗戰期間隨汪精衛主和，在汪政府中歷任中央政治會議副秘書長、行政院秘書長、中央組織部部長、廣東省省長等職。戰後被判刑入獄。

17 林煥庭（1881–1933），本名林業明，字煥庭，廣東順德人。1907年加入同盟會，1923年任國民黨本部財政部長，又曾任國父陵園管理委員會常務委員，並於上海創辦民智書局。

18 李曉生（1888–1970），民國政治人物。祖籍廣東省番禺縣，生於星加坡。是中國同盟會星加坡分會的創始會員。1911年，張靜江、吳稚暉等人發起組織「留英儉學會」，李曉生在倫敦與吳稚暉及其子女擔任儉學會的招待者，1916年於法國都爾主持中華印字局，6月與汪精衛、褚民誼等人發行《旅歐雜誌》及《百科圖解》。

19 黃垣（1895–1927），號俊生，曾參加黃花崗起義，1912年於法國留學，獲電科碩士，再赴比利時專習鐵路，1927年獲無線電工程師銜。

20 臨城大劫案是1923年5月發生在中國山東省臨城縣的一起火車旅客綁架案。匪首綁架火車旅客，企圖藉此為條件與山東地方當局談判。被綁旅客達百餘人之多，更涉外籍旅客，轟動一時。

21 舊時民間初次見面的禮節，即請教對方尊姓、表字。

22 鄒廣恆，1927年任國民黨無錫市黨部常務委員、無錫清黨委員會主任委員。

23 林直勉（1888–1934），原名培光，廣東人。同盟會會員，曾參與反清起義及二次革命，加入中華革命黨，護法運動中長期擔任孫中山秘書。中國國民黨改組時反對國共合作，廖仲愷遇刺後被囚禁，後釋放。1931年參加廣州非常會議反蔣。

24 馬超俊（1886–1977），原名麟，字星樵，1904年與孫中山結識後，加入革命活動，曾任廣州特別市國民黨黨部執行委員會委員兼工人部長、國民政府勞工局長等，著作有《中國勞工運動史》、《比較勞動政策》、《三民主義勞工政策》等。

25 黃隆生（1870–1938），廣東臺山人，少時遠渡越南謀生，後來開設隆生洋服店，成為河內知名華商。1902年參加興中會，並依孫中山指示，成立興中會河內分會，並慷慨出借其位於河內保羅巴脫街二十號的洋服店作為活動據點，是越南華僑首個革命團體，曾任中央銀行行長，也是中山裝的設計者。

26 李濟琛（1885–1959），字任潮，後名李濟深，廣西人。粵軍將領，但又被視為新桂系，曾任廣東省主席，1933年參與閩變，抗戰時任國民政府軍事參議院院長。國共內戰爆發後反蔣投共，1948年發起成立中國國民黨革命委員會，後任中華人民共和國副主席。

27 熊英（1888–1943），字嶧然，廣東茂名人，同盟會成員，曾為孫中山之秘書，後來被選為中國國民黨廣東省黨部候補監察委員。

28 鄒魯（1885–1954），字海濱，廣東人。同盟會會員，曾參與討伐陳炯明。中國國民黨第一屆中央執行委員，西山會議發起人及領導者。1927年寧漢合作時主持中央特別委員會，因汪、蔣反對而下野，後曾參加北平擴大會議、廣州非常會議，1932年後任國立中山大學校長、西南政務委員會委員，1949年隨蔣退往台灣。

29 林譯小說是指中國清末民初著名翻譯家林紓譯述的外國小說，當中包括《巴黎茶花女遺事》、《黑奴籲天錄》等。

30 根據鄒越之弟鄒達陳述：「太平洋戰爭爆發，鄒越為日軍殺害，其夫人幸存，長壽至九十多。」

31 黎民偉（1892–1953），祖籍廣東新會，中國電影的早期開拓者之一，中國民主革命家。早年就讀聖保羅書院，後積極參加孫中山的革命運動，曾任民新影片公司監理。

32 孫科（1891–1973），字哲生，孫中山長子。於孫中山生前任廣州市長，後自成一派，與汪精衛、胡漢民、蔣介石均曾合作，兩度出任行政院院長、兩度出任立法院院長。1949年去美國，1965年赴台灣接任考試院院長。

33 陳融（1876–1956），字協之，號頤庵。原籍江蘇，遷居廣東番禺。早年肄業於菊坡精舍，光緒三十年（1904）入日本東京法政大學速成科。翌年加入同盟會。與朱執信、汪精衛、徐紹棨、古應芬等人結「群智社」，宣傳革命。1913年後，先後任廣東司法處處長、廣東警官學校校長、廣東審判庭廳長、高等法院院長、廣州國民政府秘書長、西南政務委員會秘書長、總統府國策顧問等職，後隱居廣州。

34 蔣經國（1910–1988），字建豐，蔣介石之子，曾繼蔣介石成為首任中國國民黨中央委員會主席兼任中央常務委員會主席。1925年6月，蔣經國從上海來至北京，進入海外預備學校學習俄語。

35 民國成立以後，習俗仍有「開門立戶」之事，即一人借兼祧為名，可娶多女，稱曰「平妻」或「平處」，強調雙娶之女的平等地位，惟在法律上卻不被承認，民國大理院認為：「兼祧後娶之妻，法律上應認為是妾，惟定婚之時，不知有妻，又不自願為妾者，許其請求離異。」

36 林楚楚（1904–1979），原名林美意，廣東新會人。1919年與黎民偉結婚，1925年起，先後主演了無聲片《西廂記》、《木蘭從軍》等影片。1929年與阮玲玉合演《故都春夢》。林楚楚為香港影星黎姿的祖母。

37 李石曾（1881–1973），又名李煜瀛，河北人。其為無政府主義者、同盟會會員、國民黨元老、社會教育家，以及故宮博物院創建人之一。

38 顧孟餘（1888–1972），原名兆麟，又字夢漁，筆名公孫愈之，河北人。民初任北京大學教授，1925年南下廣州任國民黨要職，北伐後是汪精衛的左派重要成員，「國民黨改組同志會」首領之一，1931年汪任行政院長後，出掌交通部，抗戰中反對汪主和，亦未參加汪政府。1949年一度在香港參與「第三勢力」，後赴美，1969年到台灣定居。

39 《昭明文選》是一部詩文總集，由南朝梁武帝的長子蕭統組織文人共同編選。其中楚辭、漢賦和六朝駢文佔據了相當大的比例。

40 《經史百家雜抄》是清代官員曾國藩編纂的一本古文精華集，共二十六卷，包含了「道」與「文」兩個方面的文章，曾國藩雖也著眼於文學辭章，但因他有政治家的胸懷與政治軍事實踐，因而在編纂《雜抄》時，選入了不少涉及古代政治經濟制度和軍事戰例的篇目。

41《古詩十九首》是一組中國五言古詩的統稱。這些詩共有十九首，一般認為是漢朝的一些無名詩人所作。最早由梁代昭明太子蕭統編入《昭明文選》，並命名「古詩十九首」。歷代都對古詩十九首有很高的評價，對後世的詩歌創作有巨大影響。

42〈陳情表〉由西晉人李密所著，是他寫給晉武帝的奏章，為中國抒情文的代表作之一，有「讀李密〈陳情表〉不流淚者不孝」的說法。

43 柳宗元（773–819），唐代著名文學家。唐宋八大家之一。官途遇挫而被流放，著有《永州八記》等多篇遊記。

44 江淹（444–505），以詩賦作品聞名於世。《別賦》與《恨賦》為江淹名作，描寫社會動亂，并抒發了憂愁心境。

45 左思（250–305），西晉文學家。《三都賦》為左思的代表作之一，描寫魏蜀吳三國的情況。

46 屈原，羋姓，屈氏，名平，有楚國第一詩人的美稱。《離騷》為楚辭最著名作品，屬自傳文學與抒情詩。《九歌》，則原為楚國民間祭神時的演唱，屈原在其基礎上加入「巫風」迎神、頌神、娛神、送神色彩的祭歌。

47 張果（596–735），號通玄先生，唐朝道士，後來成為民間神話八仙之一，被稱為張果老，相傳其有倒騎驢之習慣。

48 亦作「枕石漱流」，形容高潔之士的隱居生活，「枕流漱石」為言語之誤，出自劉義慶《世說新語·排調》：「孫子荊年少時欲隱，語王武子『當枕石漱流』，誤曰『漱石枕流』」。

49 馮玉祥（1882–1948），字煥章，安徽人。因篤信基督而被稱為基督將軍。本屬直系，第二次直奉戰爭中倒戈，改所部為國民軍，一度控制北京，後敗退西北，為西北軍領袖。1926年訪問蘇聯，次年回應國民革命軍北伐，北伐成功後數度起兵反蔣，抗戰結束後赴美考察，再度反蔣，在返國途中因輪船失火被燒死。

50 張作霖（1875–1928），字雨亭，遼寧人。奉系首領，也是北洋政府最後一個掌權者。1922年汪精衛曾奉孫中山之命與其聯絡，共同對付直系。1924年與段祺瑞同邀孫中山北上共商國事，1928年任中華民國陸海軍大元帥，北伐軍逼近北京時乘火車回奉天，在皇姑屯被日本關東軍預埋的炸藥炸死，其子張學良接掌東北軍政。

51 鹿鍾麟（1884–1966），字瑞伯，河北定州北鹿莊人。出生於河北望族之家，早年考秀才未中，後因日俄戰爭而受到觸動，決定投筆從戎。民國十五年（1926）馮玉祥因為被指「赤化」而下野（三月訪問蘇聯），張之江任國民軍全軍總司令，鹿鍾麟任國民軍前敵總司令（後任東路總司令）。

52 李大釗（1888–1927），字守常，河北人。中國共產黨創始人之一，中國國民黨第一屆中央執行委員，也是國共第一次合作的主要角色。北伐期間避居北京蘇俄大使館，被張作霖逮捕處決。

53 今此路名仍然存在，位於廣州市越秀區。

54 即今上海市南昌路一百四十八弄一帶。

55 林雲陔（1881–1948），字毅公，廣東省高州府信宜縣人，中國同盟會成員，1911年參加黃花崗起義，並掩護朱執信使其得以脫險，後於美國紐約州的大學學習法律、政治，曾先後三度出任廣州市長。

56 陸耀文（1884–1951），原名志武，信宜人，畢業於虎門陸軍速成學校，1909年加入同盟會，曾任番禺縣長、廣州大元帥府副官、討賊軍第四路軍總司令、經界局調查處長及國民政府財政部印花稅總處處長等。

57 即顧家宅公園（今稱復興公園），於1909年建成，因僅限法國僑民進出，故俗稱法國公園，1928年始允許華人購票出入，1943年汪精衛南京政府收還法租界，1944年更名為大興公園。

58 作者攝影作品曾得香港、美國不同的攝影沙龍所認可，詳細請參看本書章節〈藝術的邊緣〉。

59 林琴南，乃林紓之字，翻譯家。

60 鈕永建（1870–1965），字惕生，江蘇人，中華民國政治人物，擅書法，與吳稚暉、沈尹默鼎足而立。歷任國民政府秘書長兼江蘇省政府委員主席，內政部長、新編第七軍軍長、立法院軍事委員會委員長、考試院銓敘部長、考試院副院長及代理院長等職。

61 何孟恆與汪文惺結婚細節請參看本書第十四章〈去國〉。

第八章：從執信到知用

　　我第一次入執信學校[1]，校址在城北的三元宮，我讀的是小學二年級。學校距離我們住的外婆家很遠，不便每日來往，逼得在學校住宿。幸好母親在學校任職庶務，也住在學校，因此我可以隨同母親居住。記得房間裏母親的板牀和我的行軍牀之外只有一個藤篋，此外便空無一物。這空闊又古舊的廟宇地方對五六歲的我來説，實在陰森可怖。好在那一段時候很短，我們不久又舉家到上海去了。這一段時間較深的記憶就是有一次在大羣人叢中覷得一位穿白衣的演講者的舉手投足。因為站得太遠，聽不清説話的聲音。只知聽眾時而一派肅穆，時而鼓掌。到後來才知道演講者就是孫中山先生。這也就是我唯一對這偉大人物的親炙。

曾醒

楊道儀

　　後來離開海外預備學校[2]之後我再次進入執信，讀的是初中二年級。學校已經新建校舍，幾座粉牆籃瓦的宮殿式大樓，又一改三元宮的沉鬱。校長初時由廖奉恩[3]換為曾醒[4]。曾校長又因父喪離職，改由朱執信夫人楊道儀繼任。母親仍然在那裏任職庶務。那時學校在沙河附近，遠在東郊，離開河南更遠。我住進學校的時候，因為有海外預備學校的經驗，已經很能夠適應了。母親為了想我接近互相照應，特地安排我和三姨母的次子許宗霖[5]表兄同住一個房間，另外兩室友是張世興和劉耀全。傾談起來，張世興還同過汪嬰同學。至於許宗霖，雖是表親，以前卻不常見面。他本來在上海讀書，最近他母親才把他召回來。他在書本之外，在上海呆久了還有許多人生經驗，那是我們所沒有的。

　　這也算是我第一次進入一間正正式式的學校了。我得此機會本應按部就班循規蹈矩地讀下去，可是問題就在我的學業程度不能銜接。在海外預備學校所學，本來對我已經頗覺勉強，中英兩科都沒有問題。數學方面，因為同學們已學過的一部份不再重複，在我就變成了空白。進入正式的中學，語文方面，以海外預備學校所學就應付有餘，而數理方面我一向所缺的卻已在初一教過。於是空白的仍然空白下去，只能夠勉強應付着眼前，如此這般的拖下去。就在我入讀的一年（一九二七）十二月的一個週末，我隨同母親返回河南外婆家，共黨在廣州就發生了事變[6]。當時防守河南的國民革命軍第五軍一般被認為最不善戰，這時也立即戒嚴防守。次日一早，這時機鎗火炮的聲音已傳至河南，家人都提高警覺。十舅父和父親商量（舅父任職四軍，父親任職五軍政治部秘書），吩咐家中婦孺到朋友歐樹融家中暫避。歐家比較僻遠，近瑤頭、隔山[7]等鄉區，相信亂兵就算渡河也未必即時深入。但是過不了多少時候，就聽見對方已遭到圍攻，決計過不了河。我們在午間便回家裏。這時對岸的情況已有報導，聽說雖然時間短卻死傷了不少人，連到執信學校的學生都免不了。從那時起我就不再寄宿，只是每日隨同母親在西

執信學校創辦人，右起：汪精衛、陳璧君與第一任校長曾醒在校門前合影

濠口[8]趁校車遠赴東郊上學。跟着第二年春天，我因為患上腸熱症（傷寒）在家休養了許多時候，等到回復健康，又是放暑假的時候了。

　　那一年（一九二八）廣東省由黃節[9]任教育廳長。這一位詩人廳長認為中學裏男女學生雜處有逾禮教，便向高層當局建議中學男女學生分校就讀。這一個提議竟邀批准，執信學校專辦女校，我只好另謀出路了。

　　廣東省立第二中學[10]專收男生，在司後街距離市中心財廳前不遠。於是我又進入另一個新環境，在那裏讀了一年初中三年級。因為路程不算太遠，而且那時的「加拿大」[11]（廣州最早期的公共汽車）既不準時又不易搭上，所以我試隨同學們步行回家。從那時候開始，我到學校就一直步行來往，成了風雨不改的習慣。我健康情況一直都不壞，想來這四年的步行鍛鍊是有點用的。二中同學裏，

執信學校課室原貌

執信學校教職員在三元宮校址合照。前排右四為校長曾醒，後排右二為筆者母親李凌霜

最接近的就是于鑫鐸。這位仁兄是南京人，卻只講廣東話，姓既少見，名字也古怪。同學們把他的名字讀成「陰毒」，把他氣到鼓起雙腮，當時我返家途中經過他家不遠。他寫得一手好字，那時候已屢次獲得學校的獎賞，教國文的羅老師也讚不絕口。過了幾十年，居然海角重逢。原來他和我二弟婦[12]還有親戚關係，看來世界小起來也真是很小的。另一位同學叫周應棵，生得高大碩壯相當好動，甚麼新奇的都要玩。有一次就學人攪動汽車（當時的汽車須用手攪搖才能發動）引擎被反彈傷手，吊裹了差不多一個月的三角布。他身體高大，孔武有力，有一次在運動場上練習推鉛球，正在擺好姿態，右手三指托着鉛球，貼近右邊腮頰，一抬頭，正要轉身推出，另一位冒失的同學，卻投過來一個壘球，正正打在他左臉。於是在壘球鉛球左右夾攻之下，兩頰各腫。一時他那一副樣子實在教人忍俊不禁。本來這是人家的尷尬事不應取笑，卻也令我留下難忘記憶。當時的同學，還

何孟恆與弟妹文慈、文競、文健、文彥（右至左）與父母攝於1927–28年間

有姓胡的，綽號「芋頭」。另外一位乒乓球高手，他自製的球拍是深暗的綠色，最為同學所仰慕。他的名卻記不起了。

我在二中讀了一年就參加廣東省的中學會考。會考後，結果被分配到一間僻遠的中學讀高中，心中實在不快。剛巧十舅父的朋友歐樹融知道了，他說以前高師[13]（中山大學的前身）同學組織知用學社[14]，辦了一間中學頗有聲譽，師長們都甚有朝氣，他自告奮勇帶我去想辦法，果然靠了他的如簧之舌，搬出曾在吳老師[15]門下那一套，我竟被取錄了。

知用中學校本部和初中部在紙行街[16]，高中部在附近的司書街[17]，靠近進入西關[18]的要衝西門口。我每天上學要走的比往二中的舊路還要短了一截，學校離

開我家總共是一小時的距離，連過海的時間都計算在內。那時候江面上已有電船載客來往，我也不時乘搭了。

知用中學校長張瑞權[19]是一位戴着深度近視眼鏡的好好先生，偶爾也教教初中的英文，他和我們沒有太大的接觸。高中部主任是劉冕群[20]，原籍廣東大埔，說的是帶着客家口音的國語，北京大學畢業，教過我們的國文。後來學生多了，他專心校務，就不再兼任教師。填補這個位置的是王韶生[21]，也是北大學生。他說的卻是帶客家口音的廣東話，可是有些字卻讀國音，聽起來就有點拗口。他們兩位很有趣，王先生屢屢聲稱劉是他的學生，而劉先生卻頻頻否認，在學生面前都起過爭執。本來學無先後，就算教過的學生也可以青出於藍，做老師的不見得一定長進過，自詡教人和否認都是沒有必要的。

記得王老師教國文時，在我身上發生過一椿頗為尷尬的事。有一次作文題目是「我的人生觀」。當時我剛正看過馮友蘭[22]的《人生哲學》，就把得來的印象寫出，很快就交卷。有一位同學因為家裏有事，無暇靜靜地坐下來寫作文，央及我替他代作，隨便替他寫一篇交上去充數。我推卻不了，只好答應。當時我也實在太懶了，不想花腦筋，就把自己的一篇原意改寫為文言文充卷。結果我的作文派回來，卷首未填分數，卷末批了兩行字，大意說「此本與某君旨意相近，諒非雷同，實並屬佳構也」，給老師幽了一默。忙去問同學那篇作文怎樣？他說得了頗滿意的分數，卻沒有批語。聽了之後，將說出口的話也吞了回去。這個釘子與人無尤，只能怪我自己罷了。

英文老師郭澤普[23]和大多數教師不一樣，就是他穿的是西裝而不是中國的長衫。他戴眼鏡又愛讓它滑下鼻樑，兩眼在眼鏡上頭看望別人。當時覺得這副樣子很怪相，到現在自己有了老花眼，也就見怪不怪了。他很推崇當時他在那裏讀過的國際語言函授學校。他教過我們讀柴霍甫[24]短篇小選，裏面第一篇就是 "The

Bet"[25]，至今猶有印象。憑良心說，他確是一個良好的英文先生，我們三年高中英文都是他教的。教物理的姓王，他那一句鄉音甚重的，常說的一句話「機械之利」餘響猶在耳中。教生物的姓賴；教化學的姓朱；教代數的是陳湛鑾[26]，聽說他頗有學問，可是教書卻引不起學生的興趣；教幾何的是張兆馳[27]。其中以張兆馳最具鋒芒，他年紀不大，卻教學經驗豐富，善於詞令，學生喜愛他也很怕他。為此，有一年暑假學校特地派他做那一屆初中畢業班旅行團的領隊，誰知竟然出了事。

那一次旅行的目的地是香港。張老師帶領一班同學在香港到處參觀遊覽一番，然後回程。他們乘坐火車路程已過一半，領隊小心照料，一路平安無事。那時張老師打算到鄰近的一個車上買點零食給大家吃，臨行還加意吩咐大家樣樣小心。這時候一位名喚陳祖澤的同學因為坐得太悶，站起來走到車卡之間的通道門外透透氣。他背向車外，雙手握着梯口的扶手，弓着腰向前面看望，恰好這時火車經過石龍橋，不知是橋面太窄，還是陳祖澤鬆了手，他竟然撞上橋架跌落河裏去了。同學們看見當時的情狀驚叫起來，張老師走回來已經出了事，火車過了石龍橋也停了下來。當然，陳君血肉之軀和鋼鐵相撞自無倖免，等到從河裏撈上來已是手足殘缺，頭臉半毀，再無生理了。這事情曾一時哄動，學校附有照片的剪報。張兆馳本人更為他自己多方證實事出意外，他並沒有疏忽職責。每到一個課室，就對一班學生覆述一次當時的情形，一時之間，全校師生的注意都集中到這一事件上頭。一天下午張老師到高一上課，開頭的時候不免又提起這件事情。突然之間，一位陳姓女同學倏的站起來，粗聲粗氣地叫道：「我是陳祖澤！」全班同學聽到這幾個字，不禁大聲驚呼，有的還紛紛衝出課室奔向校門口。主任劉冕群在辦公室聽到，即時立刻反應到此事不宜宣揚出去，於是馬上把大門的「樘櫳」[28]關上。這時張老師也定了定神，命令鄰座的女同學，把站起來說囈語的緊緊抱住，接着陳姓女同學頹然倒向坐椅，臉色青白，一面不斷地哭泣。我們高二

乙班的課室只隔一個天井，所以雖經劉主任勸阻各人不要聚攏，我們還是可以聽得清楚。慌忙中還有人把那女同學當作陳祖澤似的責問，「就算有話要說也不該揀中一位女同學」。陳女還一面抽咽一面說：「我姓陳，她也姓陳，所以就找了她來代言罷了，如此而已。」

　　她另外說過自己好慘，但也怨不得別人，只怪自己太頑皮等語。於是不幸的事故更添上幾分陰森森的氣氛。上面所述是我親身的經歷，事情絕無虛構。我不信鬼魂上身這種說法，卻也証明印象深刻，心理恐懼確會做成令人難以置信的反應的。

　　知用中學幾年當中，我認識了些朋友，相交幾十年而來往不絕的一位劉包恩[29]，是我要首先提到的。當我初入知用就認識了這一位朋友。他似乎從初一開始來此就讀，資格既老，人也比較持重，所以老師們甚至校長都對他另眼相看。本來我和他有許多地方不相同：他性格外向而好動，我內向好靜。他身體壯健，我比較瘦弱。他擅長數理，我對語文還可以跟得上，數理就爛得很。可是他對我卻十分照顧和維護，所以我到了知用，很快便適應了這個新環境。他對坊間的書報雜誌涉獵很廣，我也受到他的影響，偶然也到永漢街[30]的北新[31]和開明[32]等書局走走。

1939年劉包恩
攝於香港

　　初入高一的那一年還認識了楊文新和陳元炤。楊君是米商的兒子，為人外表不修邊幅，內裏卻十分聰明，對功課略一注目便已通曉。作文卷的字寫得「鷄㜷」一般大小（粵語形容人家寫字粗大的意思）。每逢考試，多是他最先完卷。因為他粗枝大葉，所以反而不及劉包恩那麼邀取老師們的垂青。陳元炤先世是「旗下」[33]，為人莊重斯文不苟言笑，長於國文，也寫得一手好字。當時他們三位都有志升讀中山大學，平時就有做準備功夫。在高二那一年考中大預科，我自己覺得程度夠不上，就沒有跟他們一樣的去嘗試。結果楊陳兩位取錄了，另外

123

班上一位因為身材較矮（綽號「和叔」，同學笑他是大和民族的意思）而並不受人注意的錢逸民，也榜上有名。只是劉包恩卻未被取錄。他一直都和我在一起讀完三年高中，還一同北上投考交通大學，兩人都未被錄取。

　　當我快要讀完高二的一年，知用就遷入惠吉西路六榕寺[34]旁邊的新校舍。那裏舊校相隔不遠，有課室和實驗室。我還選修過一科張兆駟老師教的着重實驗的化學分析。知用除規定必修學科之外，高中生就已經可以選修一兩選科，這是別的中學所沒有的。此外就是一個足夠使用的操場。讓學生玩玩小足球、排球和籃球。不像從前高中部的「操場」那麼可怕，依牆劃界，打起球來連到旁觀者都沒有站的地方那麼可憐了。

　　因為劉包恩的關係，我認識了一些愛好運動的朋友。其中一位姓賴名祖耀。那時劉包恩未入住學校之前，在附近租住一個房間，分租了一個牀位給「賴仔」（同學對他的稱呼）。為了節省空間，牀位設於樓梯頂，所以特別容易記。賴仔那時仍在初中，有一次水體會的渡江泳，也用賴光的名字參加，奪得一席亞軍。他個子不高，黑黑胖胖，卻很紮實，為人天真戇直，很信服劉包恩的話。我和他雖見過不少次，但並不熟絡。誰知五十年後有人提起他的名字，說他從大陸出來，次日午間便從香港飛美國和他的女兒同住。我當時正在閒着，一時受了好奇和懷舊的心情驅使，便依時去到啓德機場，想拾回一點往日的記憶。為了免得失去會面的機會，我在一小時前便已到達，守在飛美班機的閘口。一面看手錶，一面四圍張望。見到和我年紀差不多的乘客走近，便上前詢問是否賴先生？一連碰了幾個釘子之後，終於來了一批人，有男有女有老有少，一望卻沒有我心目中的「賴仔」。已經是搭客入閘的時間了，我只好硬着頭皮向其中一位年紀最長的打個招呼，姑且問問是否姓賴。他卻點點頭向我打量一番，真是意想不到「賴仔」竟然完全改變了從前的形象。舊日紮實的游泳健將，竟然換轉做肩背瘦削的老者，一頭蓬鬆斑駁的亂髮，一點也看不出當

年剪成平頭的圓腦袋。互道姓名之後，我說明了來意，屈指一算已經超過五十年了。時間已經不早，兩人合照了幾張相片便匆匆道別。這一次雖然重逢，回到家裏心中卻帶着一分訪友不遇似的惆悵。不自覺走到鏡前一照才明白，怪不得他除了我的姓名之外，一點也沒有印象了。

知用也有過差強人意的籃球隊，當年得過全市乙組（中學）籃球的亞軍，僅僅敗於當時稱雄乙組的市立師範學校隊。知用的幾位球員也都和我談得來，他們最信服劉包恩的調度，因此在獲取亞軍銀牌之後，學校給與鼓勵，讓球隊到香港切磋，也交給劉包恩做領隊。劉向學校要求也派我同行料理，一切也得到批准。這時我們已經上了高三，在一班球員眼中已算是學長了。學校預先聯絡到西南中學[35]做我們的東道主，解決了住宿問題。也向港方球隊下了戰書，約好西南中學先後賽兩場，青年會中學[36]一場，英皇中學[37]賽一

《知用校報》1932年第133期頁2，上有筆者隨隊與香港籃球隊比賽之戰果

場。劉君和我兩人早一天到察看宿舍探勘交通，打聽膳食等等。我們先在陸海通旅館[38]住一晚，然後就趕到碼頭去為球隊接船。就在旅館發生了一件趣事，寫出來也算是此行的小插曲：

球隊將要到埗的一早，我們剛剛醒了，還來不及起牀就聽到敲門聲。劉包恩翻身開門一看，原來是一位打扮得很俏麗的年輕女傭嬌聲問道：「要梳頭嗎？」這種場合劉包恩和我兩人都不曾經歷過，正在瞠目不知所對，只見她向房內張望，見到我在裏面，竟然打起招呼：「傑官，原來你也在這裏，兩位，打攪

了！」說完轉身就走。劉包恩帶着怪異的眼光說：「原來是認識的！」我一時也摸不着頭腦，過了半天才想起這一位原是澳門五姑婆（後來我妻子的外祖母[39]）的女傭阿心。後來聽人家說這叫「梳頭婆」，在旅館出入專替留宿的姑娘整粧。阿心選擇了收入更高的一個行業了。這是我們出門的第一椿際遇，想來劉包恩也會記得。

籃球隊員之中我最記得是范幹卿，綽號阿腩。個子小小動作靈活，卻略有肚腩，因此得名。他打的位置是左鋒，投籃很準，不過喜歡擦板入網，現在這種投籃已經落伍了。離開了知用幾年，有次見到報載廣東籃球代表隊上有他的名字。其次就是黃錦垣，綽號「黃牛」，位置是中鋒，善於中路切入，穿籃入球不聞聲息。為人老實好脾氣，球隊眾人推他為隊長。右鋒蕭紹強，大家叫他「烏爺」，大概他比較黑罷。球員當中和我們同班的只有林君一人，他的名字經已記不起，位置是右後衛，身材矮而紮實，彈跳力很強，敵人每每因為他的身材輕估了他而遭到截劫。其他幾位已經記不起，印象模糊了。這次訪港的成績勝負各半，對西南中學各勝一場，負於青年會隊，勝英皇中學（後來成為香港籃球代表的鐘志強是當時隊員之一，在兩隊都有上場）。我們出行順利，後來還得到校方的嘉許。

90年代任孟雄攝於香港

另外一位要記的同學就是任孟雄[40]。當我第一次見他的時候，他已經離開知用。那天他回來探望舊同學，順便在球場上走走，那時大家正在玩排球。見迎面飛來他騰身一劈那種身手自是不凡，我問劉包恩才知道他的名字。原來他在體育場上十分活躍，曾以一部自己翻修好的破舊單車贏過長途賽，代表過廣東省參加水球和跳水，都有很好的成績。他性情剛直，好打不平，不大喜歡讀書卻精於木工藝。他和許多別的運動員一樣，都和劉包恩相處得很好。生母是加拿大人，所以生成深眼眶，高鼻梁，同學們都稱他為「鬼王」。我和他在學校不過

是一面之緣，那曉得後來我們竟然成為好友。他和我父親最談得來，還同在農場一齊做事。我的女兒們和這位任伯伯相見都不忘與他頂頭相摩，行個見面禮，這份友誼竟然遍及三代。

　　高三那一年，開課不久就是「九一八事變」[41]發生，接着淞滬戰爭[42]。我在廣州讀中學的最後一年，就在動蕩的局勢中度過了。這裏記載的是我學生生活的片段回憶。至於高中畢業了，所學何事，所得到的是怎樣的一些知識，我實在說不出來。如果勉強要說，我只能夠説進了知用中學才接觸到語文以外的學科，可是我對這些知識學習卻未盡全力，這是實話。

1　廣州市執信中學，初名「私立執信學校」，是孫中山於1921年為紀念近代民主革命家朱執信而創辦的學校。朱執信過世後，孫中山同意國民黨元老廖仲愷等人發起「建立執信學校以志紀念，敬朱先生其志願之宏、功業之偉、竟先生未竟之志……」的建議，籌資創辦執信學校。孫中山不但親自出錢辦學，還派汪精衛夫人陳璧君等人到美國與華僑籌款，學校落成後，由汪精衛、胡漢民、吳稚暉等擔任校董，校歌由汪氏填詞。

2　參見本書章節〈海外預備學校〉。

3　廖奉恩的父親是廖德山，與孫中山是同學。時年廖家為廣東基督教名門，廖奉恩為家中二女，乃美國哥倫比亞大學教育碩士，曾擔任執信學校校長，亦是廣州女青年會創辦人及嶺南大學校董。

4　曾醒（1882–1954），字夢畢，出生於福州侯官（今閩侯），人稱三姑。方聲濂之妻，曾仲鳴之姊。清末留日期間加入同盟會，民國成立後曾任福建女子師範學校監學、國民黨婦女部第一任部長、廣州執信學校校長，以及汪精衛南京國民政府之中央監察委員。

5　許宗霖的母親是李佩萱，她的妹妹李佩舒曾與徐慕蘭、徐宗漢及李應生、李沛基一起從事革命運動，與陳璧君相識。何孟恆父母何秀峰與李凌霜透過李佩舒結識了汪精衛與陳璧君。

6　指發生於1927年12月11日由中國共產黨發起的廣州武裝起義。

7　瑤頭、隔山位於廣州河南西北部，舊稱上番禺。因瑤頭、隔山相鄰，人們通常把「瑤頭隔山」稱作同一地方。今位於廣州市南部海珠區。

8　西濠口，位於今廣州市越秀區人民南路一帶。

9　黃節（1873–1935），原名晦聞，字玉昆，號純熙。廣東順德甘竹右灘人。中國詩人、歷史學家。民國成立後加入南社，曾任北京大學文學院教授、清華大學研究院導師，出任廣東教育廳廳長。

10 廣州省立第二中學前身為越華書院，1902年改辦為廣府學堂。1912年，改為省立廣府中學。1924年8月，改為省立第二中學，設初中、高中兩部。位於布政司後街，現廣州市越華路、廣中路一帶。

11 加拿大華僑蔣壽石創辦加拿大汽車公司，是廣州市內第一家公共汽車公司，他們從加拿大購進十五部舊車改造成新車，人稱「加拿大」。

12 即區小善，區少幹女兒，嫁與何孟恆之弟何文彥。參見本書章節〈四近樓〉。

13 全稱為國立廣東高等師範學校，簡稱廣東高師、廣東師範，是民國時期六大國立高師之一，也是國立廣東大學的四大組成學校之一，以及當今中山大學、國立中山大學、華南理工大學的前身學校。創建於1904年，1912年改名為廣東高等師範學校。

14 1922年，部份廣東高師畢業班的進步學生以「先歸納以求知，復演繹以致用，求知致用雙方並重」為宗旨，發起組織知用學社。1924年，社友租得紙行街九十號房屋為校舍，正式開辦學校。這是廣東省第一間試行壬戌學制，即六三三制的中學。現為廣州市知用中學，校址為廣州市越秀區百靈路八十三號。

15 即曾組織、創辦并執教於海外預備學校的吳稚暉，見本書章節〈海外預備學校〉。

16 紙行街位於今廣州市越秀區。古時屬於廣州蕃坊的一部份，以經營紙業出名，故名紙行街。1932年改名為紙行路。

17 應為詩書街，即今詩書路。

18 即今廣州市荔灣區。範圍大致為：北到西村，東至人民路，西、南瀕珠江邊，是明、清時期對廣州城西門外一帶的統稱，該名沿用至今。

19 張瑞權（1899–1981），教育家，字伯蓀，號瑞泮。廣東番禺人。1922年廣東高等師範學校畢業，先後在肇慶中學、廣州南武中學任教，并加入知用學社。1924年與知用學社同仁創辦知用中學，1925年起任該校校長長達三十一年。

20 劉冕群畢業於北京師範大學國文研究科，後來曾任中山大學文理學院副教授、教授，華南師範學院中文系教授、副系主任等。

21 王韶生（1904–1998），字懷冰，廣東豐順人。民國十五年畢業於國立廣東高等師範文史部，隨後考取北京師範大學國文系，又考入北京大學研究所國學門。後來曾任教過中山大學、香港中文大學等。

22 馮友蘭（1895–1990），字芝生，河南南陽唐河縣人。中國哲學家、哲學史家。畢業於北京大學及哥倫比亞大學。代表作為《中國哲學史》。

23 郭澤普，從事教育工作，曾任鄉間小學校長，並為《中華英文週報》、《夏教建設月刊》撰稿。

24 即俄國著名作家契訶夫，全名為安東·帕夫洛維奇·契訶夫（英文：Anton Chekhov）。契訶夫為短篇小說巨匠，其劇作對二十世紀戲劇產生了很大的影響。

25 契科夫於1889年創作的短篇小說，中文譯名為《打賭》，講述的是一位銀行家與一位年輕律師針對死刑還是無期徒刑的爭論而打下賭注的故事。年輕律師認為無期徒刑比死刑更好，為了證明自己的觀點，他答應銀行家接受長達十五年的監禁。如果他能待滿十五年，就算銀行家輸掉賭注，需要給律師二百萬。監禁過程中律師閱讀了大量的書籍。何孟恆後來也曾有過坐牢的經歷，見本書章節〈樊籠〉。

26 陳湛鑾，廣東番禺人，1928年畢業於國立中山大學數學天文學系，曾任私立繼昌中學（現名為廣州市第十中學）校長，並為《國立中山大學天文台兩月刊》、《通俗自然科》撰稿。

27 張兆駟，廣東人。為頗負盛名的數學家，以其卓越的教學，被譽為「廣東數學四大天王」之一。

28 即廣州西關傳統門，嶺南地區特色之一。用十三條胳膊粗的原木橫樑製成，最上面的橫樑固定，用於左右抽拉的軸。開為楗，關為欐。作用相當於現代住宅的鐵閘。

29 香港大學現有以劉包恩命名的「劉包恩獎學金」，為其子劉秀成捐助。

30 廣州大南門（今北京路、大南路口）內外的一條南北向主要街道。1966年文化大革命時被改為「北京路」，沿用至今。位於廣州市越秀區。此地從清代起已有壁魚堂、汲古堂等書店和曾宗周朱墨店、劉中山筆店，這一帶還聚有大量刻書坊。從1907年1月上海的商務印書館在永漢北路創辦分館開始，就不斷有新的書局、書店在這裏設立。1920至1930年間，廣州市區基本形成以永漢北路、文德北路、光復中路、十八甫等為中心的出版發行集中地。

31 北新書局，1925年成立於北京的一家民營書局，創辦人李小峰，出版書籍以新文藝書籍為主導，旁及社會科學叢書，全盛時期為1925至1937年，曾得到魯迅、周作人兄弟的支持。1952年關閉。

32 開明書局，1926年成立於上海，創辦人章錫琛。

33 指八旗旗下的旗人。八旗是清朝特有的集軍事、生產和行政管理於一體的社會組織，被清朝統治者視為「國家根本所繫」。清朝覆滅後，八旗制度逐漸名存實亡，1938年徹底撤銷。

34 即今廣州市越秀區六榕路一帶。

35 西南中學創立於1928年，提倡新學制、新科學、新管理，分設男女校，為中半山具規模的中文學校。

36 即香港中華基督教青年會組織的籃球隊，並非中學，曾於1933年香港籃球聯會主辦的籃球公開賽上奪得普通組冠軍，筆者提及的鐘志強後來也效力青年會。1961年青年會開辦中華基督教青年會中學。

37 英皇書院是一家位於香港西半山般咸道的著名男校。前身為政府於1857年興辦的西角官學堂，及後來於1879年興辦的西營盤官學堂，後來於1926年升格為今天的英皇書院，是香港現存歷史最悠久的官辦學校。

38 陸海通旅館，位於香港中環德輔道中287號，是省港澳旅客喜用旅館，60年代逐步萎靡，今已不存。

39 衛月朗（1869–1945），汪精衛夫人陳璧君母親，生於廣東番禺瀝滘鄉。十五歲應聘隻身過南洋與未曾謀面的陳耕全成親。衛氏生三男一女，汪精衛妻陳璧君為四女，其後更陪同陳璧君一同前往新加坡謁見孫中山，母女二人一同成為同盟會會員。

40 任孟雄，曾任汪精衛南京政府衛士大隊大隊副、國民政府主席待從第五室主任，1934年獲廣州青年會第二次腳踏車競賽冠軍，1935年代表廣東省參加全國運動會游泳項目。

41 九一八事變是指於1931年9月18日，中國國民革命軍與日本關東軍之間在中國東北地區爆發的軍事衝突事件。此次事件被認為抗日戰爭的開始。

42 即一二八淞滬抗戰，1932年1月28日，日本突然發動軍隊攻擊上海，軍隊一路向西占領淞滬鐵路防線，在天通庵車站遇到上海第十九路軍抵抗，一二八事變爆發。

第九章：石虎城踞山蟠龍

日本入侵，舉國震動，青年學子更熱血奔騰，已經再不能夠強忍激情，安心書本了。可是想到中國地方遼闊，偏遠一點的民眾一般對國情時勢未能十分瞭解；想到喚起民眾一致對外，於是廣州的中上學生便組織起宣傳隊，先在市內十字街頭，向來往人群宣講敵人入侵的情況和當天的時事概要，然後再由近而遠，推廣到比較僻遠的鄉區。當時每天晚飯之後便趕到預定的地方，向鄰近店鋪借來一張木櫈子，往上一站，便開始做傳聲筒的工作。得到的印象覺得聽講的都有相當人數，大部份反應良好，聽到講完方才散去。記得我們的隊伍還到過粵東惠陽等縣，同學劉包恩一直都和我同屬一個小組。

那年我正讀高中三年級，實在「九一八」之後學校多時都未曾好好的上過課，一眨眼上半年已過去，畢業將近了。畢業之後，劉包恩本就有意到上海升學，那時我父母都在上海，自然也打算走這一條路。於是辭別了外祖母，離開了我最堪留戀的河南躍龍里[1]，和劉包恩一起到上海。老包的目的地是交通大學[2]，我因為理科成績不夠好，不敢高攀名校。卻禁不住老友的慫恿，終於一同前往徐家匯[3]報名。誰知交大報名期限已經在前幾天截止了，我們一開頭就遭遇到挫折，心裏的懊喪可知。這樣簡單卻又十分重要的細節都疏忽，以後怎樣處世用事呢？

我原來的志願是學農科，交大無法報考，其實心中並不太失望。這時仲蘊[4]一家都在南京，四姑娘（婚前對岳母的稱呼）聽說我想學農，便叫我到南京報考金陵大學[5]。誰知金陵也已經截止報名，校方提議我到金陵中學重讀一年高三，成績及格，下一年便可以直接升入金大。我覺得如此一來，平白留級一年，

心中老大不願意。不過這時再到處報考，也實在太遲，而且金陵是農科名校，能夠入讀，也不容易。家人也勸慰我，說今年才剛過十六歲，過一年再進大學也不算遲。如此這般，我便進了金陵中學高三秋季班。

金陵中學地點在乾河沿[6]。既然稱「乾」，所以即使在「河沿」也見不到河的所在了。那是新街口附近司法行政部側的一條小路。走進去不遠就見到灰灰暗暗的一堵圍牆，通過一道並不太大的門就進入校園了。一條通道引領到一座一樣是灰灰暗暗的老式三層洋房；底下一層是辦事處，我們的教室在二樓。我首次到校的時間遲了，學校已經在上課，我進了課室看見大家肅靜在上英文課，頗覺覥覥地輕輕挨到後排一個空位坐下，偷眼看望那一位坐在講座的老師：他個子瘦小，面目清秀，穿着一襲黝色的長褂，一副黑框眼鏡掩不住雙眼的稜光。那種不怒而威的儀容令我想起我的八叔父。更巧的就是他也姓何！何Sir給我最深刻的印象就是在課室裏英語是他唯一的語言，甚至責備學生，也從不例外。大家都怕他，我更加深自警惕；因為一向在廣州讀書，我總是對英文不大經意就可以從容過班[7]，卻不曾試過一律英語對白。何Sir的英文課固然如此，其他各科，除國文之外，無不採用英文原本，英語講解。到此我方始覺得大學方面勸我重讀高三，一點也沒錯，不禁嗒然若喪。但是環境終需要努力去適應的，我也開始去認識新的朋友。

這時劉包恩已經回到廣州，進入中山大學[8]去了。我在南京金中第一位認識的就是鄰座的鄒明。他是無錫人，年齡個子都和我不相上下。他面龐圓圓，頭髮梳得很整齊，說國語帶着江浙口音。我們互問姓名籍貫，知道我是廣東人卻能夠用國語和他溝通，他對我產生了好感。問起學歷，他卻有點為我不平；他說即使重讀高三，也可以插入春季班。原來金中有分春秋兩季，如果編入春季，那麼早半年就可以進入大學了。不過那時候已經一切妥辦，我也不再因此而煩惱。

　　金中同學除開鄒明之外，記起來的還有張鎮德、張憲秋[9]、何和珉[10]、呂國楨、伍子才[11]、吳乾紀[12]、陳品章、陳國樑等幾位，他們後來都升讀金大，除開鄒明和兩位張姓同學之外都是廣東人。真想不到同學之中還有許多同鄉。

　　記得張鎮德長臉高鼻，功課很好，頗有點高傲，但對和他合得來的人卻很和善。戰後在香港曾再相遇，那時候他已是一位頗有成就的商家了。張憲秋短小聰敏，功課也是頂尖兒的一位。我曾見過他的筆記，清潔簡要，絕少錯漏塗改，實在令人佩服。伍子才粵籍卻在南京長大，雙掌較常人特大。他沒有辜負天生異品，早歲就拉得一手很好的小提琴，網球打得不錯，為人聰敏，功課也很好。可惜天不假年，離開學校不久就去世了。陳品章那時網球已經打得頗有名氣[13]，他和就讀金大的哥哥陳憲章分據南京網球賽的首次席。聽說後來也是營商。呂國楨鼻孔旁邊有一顆突起的黑痣，同學們逗笑說他臉上沾着一顆「鼻屎」，他也不生氣，只是眯着雙眼報以一笑。他會彈「曼陀鈴」[14]，我當年也跟他學着玩過。陳國樑個子矮小，架着一副眼鏡，頭髮中分。他似乎英文懂得比中文多許多。可是有一回中文作文，讓各人描述自己幼年的愛好，陳國樑寫出他愛好鋼琴，從此抒發出早年的情感，獲得國文老師高度的稱許，評為全班的冠軍，

我對此印象甚深。後來，陳國樑的女兒和我的女兒恰巧又是同學，年前在紐約重行相遇，他在大學讀的是化學，離校之後就在先靈藥廠工作，做了多年藥廠駐華代表[15]，重會後不多幾年便已歸道山。何和珉臉長眼大，為人態度誠摯，心地老實，中學時已經選任金陵足球隊門將，有「鐵門」之稱。最後一位吳乾紀，大概是同學當中最年長的一位，他和何和珉都是星馬華僑。吳君來校前已有做事的經驗，功課雖然不算出眾，但英文文書打字都很熟習，也是一位忠厚老實的好人，後來學的是園藝。記得離校之前他正在做柚子授粉的工作。

到達南京匆匆又是一年，以我重讀金中高三的成績，夠得上升入大學。然而金大農科是最吃香的一門，志願進入而成績比我高的人多的是，於是又被錄入文學院。我志願本不在此，與學校交涉，被告知大學第一年功課各院系都差不多，只要成績不壞，一年後申請轉院轉系都沒有問題。又是自己不爭氣，還能怪誰？過一年再算罷，於是報了文學院中國文學系，等到成功進入農學院農業經濟系已是入讀金陵的第二年，一九三五年的秋季了。金大採學分制，轉變之間不免要多讀幾個學分，對畢業年期不無影響，此是後話。

圖為一九二六年金陵大學及其附屬中學全景

1935 年何孟恆與陳璧君攝於黃山

何孟恆與汪文悌（仲蘊）攝於黃山

當時四姑丈（婚前我對岳丈大人的稱呼）住在薩家灣[16]鐵道部一號官邸，二號、三號都撥給隨從秘書們作居停。薩家灣離金中不遠，所以我就在二號佔了一個小房間，沒有住入金中的宿舍。我父母不在南京，四姑娘就擔承起我的教育和食宿。我每天早上起來就到一號和仲蘊姊妹一同進早餐，然後一同乘車上學。仲蘊進了中華女中[17]，叔薇[18]和季筠[19]就讀中央大學附屬初級中學[20]。從薩家灣南行，車子過了鼓樓便在乾河沿把我放下，就沒再送她們三人。因為上課時間不同，我比她們都早，要等候兩位小妹妹，我就時常遲到了。每天我的第一班是英文課，因此我遲到總是遇到何Sir的課。雖然他只是向我一翻白眼，我自己就紅漲了臉，不好意思。這一段記憶並不是心存不懌，只是不忘當時的尷尬而已。每天下課的時間是下午三時，我自己步行回家，這時候不必趕時間，也就恢復了在廣州時步行的習慣。不過廣州只有風雨的不便，而這裏冬日就有冰雪的侵凌，雖然是「南」京，卻已遠處故鄉之北。不過，既來之，就只好安之罷。

我初時入住外院大樓低層的一個房間，門口開在略呈長方形房間的左上角，我的一鋪木板牀貼着右邊牆，正對門口，牀頭左方是一張小書桌，前臨一扇

南窗，另一扇窗朝西，在我的牀腳底，窗下另一書桌和牀位的主人叫楊錫山，無錫人，揚州中學畢業。他是我大學生涯中最談得來的同學之一，世代做典當業，曾以他的傳統知識在農村信用學班上寫過一篇論文，洋洋數萬言，資料豐富，深得導師讚許。功課之餘他最愛「撈空」——（他的家鄉話就是和朋友聊天的意思）。龍門陣[21]一擺上就停不了。宿舍規定晚上十時關閉電燈，他和好友們就剪燭以繼之，我眼見他們盡興而散的實在沒有幾次。楊君拉得一手好胡琴[22]，姿態卻有些特別，左臂幾乎直伸，胡琴差不多像小提琴似的橫躺着。原來他小時候因為盪鞦韆跌斷臂骨，接駁未盡完善，傷癒後只能半屈而已。橫靠北牆的一位同學叫楊文安，我和他相識較淺。不過在畢業後到農本局[23]合川合作金庫工作時卻又再遇上了[24]。靠東牆的是吳民元和吳叔輝。民元人很沉實，只記得他畢業後很快就成為有名的農業專家。吳叔輝年輕活潑，好馳馬。五人除我之外，都是江浙同鄉。來訪的同學中記憶最深的有吳光遠和姜承貫兩位，後來在園藝農藝上頭都下過不少功夫。他們幾個的語音都十分接近，過了許久我方才分辨出那些是無錫話，那些是常州話，至今耳畔還留存着一聲「哇東西」（是常州話「什麼東西？」的意思）！至於聞名更多於見面的前輩同學，約略記得有皮宗敢[25]，聞說是軍官學校畢業後再考入大學的，軍訓教官都要向他敬禮，隨後姓名也不斷見報。秦文運在校屢次獲得英語演講冠軍，後來在香港還做過仲蘊的英語教師，譯述著作甚豐。蔣彥士[26]以少年英俊，成績彪炳，聞名於農學院，後來在政壇上也做過一番事業。

金陵大學校長陳裕光

135

柯象峰

金陵大學校長陳裕光[27]是一位謙謙君子，鼻樑上架着一副無邊眼鏡，頭髮中分，左右下披，略成八字，遠看有點像女人的裝扮，接近時看原來是一位鬚眉男子。我們慣常於星期一總理紀念週[28]請一位名人學者到校演講，陳校長每次都在嘉賓講完之後來一個簡括的總結，於是有人戲稱校長為 summerizer（撮要者），如果校長有知，想來也會點頭微笑罷。教務主任柯象峰[29]身材宏偉，人如其名，教的社會學，是新生必修的課程。金陵大學原為美國教會所創辦，後歸教育部管轄，符合規定，設有文理農三個學院。三院之中只記得理學院院長是化學博士魏學仁[30]，農學院的領導人是喬啟明[31]、孫文郁[32]、郝欽銘[33]幾位。究竟誰是院長，誰是農經等主任就記不清楚了。文學院裏當時有黃季剛[34]和吳梅[35]等大師，可是我雖曾列名中國文學系，還夠不上聽他們的課，甚至連當時的國文老師的姓名都已忘記。只記得老師講授過〈小園賦〉[36]，「一寸二寸之魚，三竿兩竿之竹，雲氣蔭於叢蓍，金精養於秋菊……」這幾句罷了，另外金大圖書館館長萬國鼎[37]也講授圖書館學，是知名的前輩學者。外國教授 Dr. Buck[38] 在中國農業經濟方面有很大的名氣，曾經領導過好幾次中國農業調查。他主持我們的農業問題討論。他的太太就是當時無人不曉的 Pearl Buck 賽珍珠[39]。我只記得他在別人發言討論時袖手坐在一旁，戴上黑色眼鏡，一搖一晃，當時我真懷疑他是否睡着了。

俞大紱

教植物學的一位是 Mr. Smith，為人不苟言笑。早上相遇，向他道早安，他會問你「做什麼？」他也教植物生理學，學生們總是戰戰兢兢的，不敢大意。我最喜歡聽講的還是俞大紱[40]教授的植物病理學。他在開課之前就在報告板上貼出一張並不顯眼的通告，通知學生讀一本指定參考書的三四十頁。當初並不在意，以為隨便瀏覽一遍算數。誰知這位老師上課就在黑板上寫下兩個問題，一言不發，十分鐘後就從講壇一直走到講堂盡頭，然後回轉身，攤開雙手，邊走邊收集兩旁傳至中

魏學仁　　　喬啟明　　　孫文郁　　　黃季剛

吳梅　　　郝欽銘　　　萬國鼎　　　John Lossing Buck

央的試卷。所謂試卷，只須隨便白紙一張，寫好答案和姓名，規格毫不拘論。他慢步走回講壇，立即開講。傳遞不及的試卷，再不分別收受。下一堂試卷發回來，上面批的分數很簡單，只有十分、五分和零分，兩題全對、一對一錯和全錯三種。就每一題來說，只有對和錯兩種。後來才明白他叫學生看參考書是要求把握到一個正確的概念，然後從他的講授中領取種種細節。初時偶然躲懶，沒有讀參考書，又羞於捧零蛋，索性不交試卷，以為偶一為之不礙事，誰知俞老師把測試和點名合起來一道計算，沒有測試就作為缺課論。當時金陵嚴格規定，學期中缺席超過該科每週上課次數者扣半學分；這樣一來大家再也不敢輕犯，植物病理學的參考書也不敢輕易放過了。

植物病理學每週有兩個下午的實驗功課，我開始學會使用顯微鏡和繪圖。初時只用鉛筆，只許畫線和點，一切色塊陰影都只能用微小的黑點來表示。我的手眼都還算靈巧，所以實驗功課都做得不錯。那時候助教們對該科感興趣或成績較佳的學生，都喜歡加以拉攏，歡迎選讀本系；我也曾被問是否願意轉入植物病理系。記得當

裘維蕃

時的助教裘維蕃[41]，後來成為有名的植物學家，當時他教學生很有耐心，自己也很努力。他的耳朵有點毛病，一次我向他請教，他沒聽清，以為我要和他搗蛋。經過解釋之後，誤會冰釋，以後一直維持很好的師弟關係。

另一位老師名吳世瑞[42]，教經濟學，最好談笑。他説試卷批分的方法，最簡單就是站在高處，把整疊試卷向前拋揚，然後撿起飄得最遠的一份試卷給予最高分數，以後的順次遞減。所以考試結果還是要看運氣。這當然是一番戲言，並不可信，但是他對學生的要求，最着重的卻是一本抄寫整潔，又厚又重的筆記本子。內容如何，怕他也真的沒有過眼。至於他的講演，對學生也沒有什麼吸引力。有時有人不免在他班上打瞌睡。於是同學們被問及上什麼課，就答以「上吳世瑞（粵語諧音「唔使睡」，意思為「不用睡」）教的課。」聽到這答話的諧音，大家都心照不宣。記得一位同學最識時務，聽吳老師授課時他總是不言不動，奮筆疾書，抄寫借來早一年得到A的筆記本。他節省了挑燈熬夜的時間，到頭來還比原來多了一個「＋」號，因為他的小楷的確娟秀，應有此報也。一位美國教師教昆蟲學，他是一位大胖子，許多時候都由助教上課，對他的記憶就是他的辦公室暖氣開得滾熱，窗戶從不打開，選課的一天就幾乎把我熱得昏過去了。農業經濟範圍內的合作理論等課程，當時都由幾位剛從美國離校的老外任教，每每缺乏中國史地的認識。到後來該會有所改進吧。物理學由戴運軌[43]博士任教。地質學教授是一位姓劉的女士。我修的一門化學分析由李卓皓[44]擔任，當時他還是助教，不久，他在美國便大有成就了。因為同鄉關係，我也認識他的弟弟卓犖[45]，他在金大念醫學先修科（這一部門大概辦到三十年代為止），幾年之後，我認識一位看守員因為自衛手鎗失火，射傷手指，我伴送他到

戴運軌

李卓皓

上海虹橋醫院就醫，負責的醫生有點臉善，細細一想，從他黑實的面容記得就是前輩同學李卓犖。

　　提起金大同學，腦海裏還有下面幾個：杜澍楨[46]，同鄉，他的父親杜之杕[47]是我丈人的同學，他的妻子又是我妻的姪女，不過當時我只知道他是高我幾班的學長，生得高大英俊，善擲標鎗，如此而已。想不到後來在香港再遇上，我平白高了一個輩份，還因為他的介紹，在難求居住之餘，得一枝之棲。另一個是邱錦義[48]，金大籃球隊員，後來因為認識一位宗親長者，他的太太名叫邱錦華[49]，正是他的姊姊。另外還有李家文[50]，主修蔬菜。斐保義，專研土壤。盧盛懷[51]，主修農藝，是當時農學院唯一的女同學。我把記起來的名字，一一列舉，許多都未及深交，不過雪泥鴻爪，略誌不忘，亦以連綴起懷舊的思路而已。

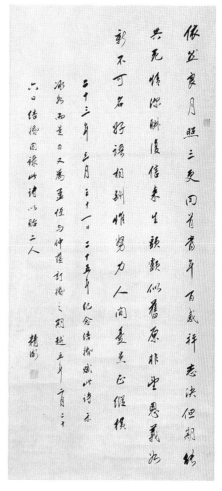

汪精衛手書「雙照樓」詩〈二十五年結婚紀念賦示冰如〉以贈女兒及筆者

　　在一個偶然的場合，透露了我和仲蘊間的情愫，隨即得到老人家的接受，並且在仲蘊雙親的二十五年結婚紀念日為我們訂婚。時間是一九三四年三月二十一日。七十年前事如在目前。世間不知經過幾許風風雨雨，而我們兩人心底就如一道小溪清淺，不曾有過波濤澎湃，卻也無枯竭之虞，想來這就是我們最簡括，最恰當的敍述了。

　　進入金大的第二年春間，我患了腳氣病，略一走動便心跳加劇，經醫生診斷，認為心脈受到影響，須臥牀修養，改食糙米、麥麩、酵母餅等等，並且每

游泳個人總分第一史興隆
Mr. Shih Hsing-lung, 1st. individual
champion of swimming.

日注射乙種維生素。於是這一年春季學業就無法完成了。那時候仲蘊一家已由薩家灣遷入陵園新村[52]，我也一同遷往。因為臥病不便走動，所以就在樓下起居室設了一鋪牀，讓我睡在那裏。得到適當的醫療，我在暑期中便恢復健康，開始重學游泳。當時東北游泳名將史興隆[53]受聘中央軍官學校游泳教官，特地請他抽時間回家指導。他對我們也認真督促，一點也不放鬆。夏季過去，軍校的暖水池還可以讓我們不停的訓練，對身體得益不淺，四姑娘還讓我跟汽車司機潘寧學駕駛，她認為一個現代青年應該多點各方面的技能。初時覺得沒有必要，不免有些懶散；到今日才明白她的栽培，對她不知道應該怎樣的感謝才是。

暑期後回校上課，我遷回學校住宿，住的是校園內的一間地下宿舍。那裏的居住環境比較外院方便，可是從此再也聽不到窗下叫賣的胖老頭兒一聲「糖角兒……花生果子」了。（糖角兒是一種三角形的燒餅，紅糖作餡，一口咬下去，很容易給滾熱的糖漿燙着了的）此後沒有幾個月就發生中央黨部狙擊事件[54]，從這時候開始，直至抗戰，離校而去。十年後，為了領取十年前已經須發下來的畢業證書，我才再回校。

1　作者在躍龍里時生活的記述，參見本書章節〈躍龍里〉。

2　即國立交通大學，前身為南洋公學，由清末洋務運動政治家盛宣懷1896年創立，1929年定名為國立交通大學，以理工科聞名，於中日戰爭前曾被譽為「東方麻省理工大學」，為國家提供不少工業人才。

3　位於上海徐匯區，繁華地段之一，其地區可以泛指北到廣元路，東到宛平路、宛平南路，西到宜山北路，南到南丹路及斜土路的地段。

4　仲蘊，即作者之妻汪文惺（1914–2015），原名汪惺（即取曾醒之醒音而來），字仲蘊，暱稱「美美」（由法國名字 Louise Michelle 而來）。是汪精衛和陳璧君的大女兒，何孟恆之妻。1914年12月28日出生於法國土魯斯。1948年到香港，為了工作方便改名楚芙，一直就用這個名字。一生任職教師，1984年退休後移民美國。2015年9月13日在紐約逝世。

5　金陵大學，前身是美國教會美以美會1888年在南京成立的匯文書院，舊址位於南京市鼓樓區。1911年江南暴雨災害後，金陵大學教習裴義理（Joseph Bailie）「深感農業改進之重要」，和張謇等人發起成立「中國義農會」，並於1914年在金陵大學創設農科，次年設林科，再一年合併為農林科，為農科名校。

6　位於南京市鼓樓區，至明代，西來之水已斷，斷處地名「乾河沿」。

7　作者後來成為專業英文翻譯，其以「江芙」為筆名在《彩虹》雜誌翻譯毛姆等著作，其學習英文之經歷見本書章節〈樊籠〉。

8　前身為孫中山於1924年創立的國立廣東大學，1926年為紀念創始人孫中山先生改稱國立中山大學。屬於中國著名代表高校，具有人文社會科學、醫科和理工多學科厚實基礎，被譽為「華南第一學府」。

9　張憲秋（1915–2005），江蘇無錫人。南京金陵中學高中畢業、南京金陵大學農藝系學士，後留美深造，先後取得美國堪薩斯州立大學農學院碩士、美國愛荷華州立大學理學院博士。1981年起在台灣擔任行政院農業發展委員會主任。

10　何和珉，金陵中學1930屆校友，後加入「北婆羅洲反日同盟會」，成為其中骨幹。「北婆羅洲」即今馬來西亞沙巴州。

11　伍子才，南京金陵大學農藝系畢業，為金陵地學研究會會員，曾於《地理學報》、《廣西農業》刊登多篇關於農業技術之研究文章。

12　吳乾紀，曾為著名果樹學家章文才（1904–1998）助教，後成為金陵大學助教真武園藝實驗場場長。1950年在土匪包圍夜襲園藝場奪鎗事件中，為保護職工與家屬安全挺身而出，不幸被鎗殺。

13　陳品章曾奪得南京市網球預選及八屆錦標比賽男子雙打亞軍、金陵大學學生單打錦標賽冠軍，也曾於金陵大學英語演說競賽取得第一名，並代表金陵大學參與華東各大學英語演說競賽。

14　曼陀鈴（mandolin），一種撥弦樂器，由歐洲意大利文藝復興時期的琵琶家族魯特琴演變而來，一般有鋼弦四對，按小提琴音高定音，用撥子彈奏。

15　陳國樑曾擔任美國跨國製藥公司飛籌大藥廠（Pfizer）遠東區總經理多年，駐在香港，如今公司名稱譯作輝瑞。

16　薩家灣位於南京市鼓樓區，在中山北路附近。鐵道部舊址位於中山北路二百五十四號。

17　前身為1896年美國基督教會建立的金陵基督女書院，1927年改為私立中華女子中學。後經合併成為今南京大學附屬中學，位於南京市鼓樓區。

18　汪文彬（1920–2015），原名汪彬，字季筠，汪精衛二女。留學日本醫科，在印尼當修女，並任職當地醫院高級主管。

19　汪文恂（1922–2002），原名汪恂，字叔薇，汪精衛三女。廣東中山大學畢業後擔任鳴崧紀念學校校長，後任教香港大學教育系。

20　為國立中央大學的初級中學，前身創建於1902年，後隨國立東南大學（後改名為國立中央大學，即今南京大學）的建立而併入成為附屬中學。今為南京師範大學附屬中學，位於南京市鼓樓區。

21　指聊天、閒談，為成都、重慶、四川省地區方言。當地人在閒暇之時喜歡聚於龍門子（大院門子頭）裏閒聊，所以將在龍門子下聊天叫做擺龍門陣。

22　胡琴原指於由北方及西北少數民族所傳來樂器的泛稱，後泛指以弓弦磨擦琴絃，使之振動以發出聲音的拉弦樂器，如二胡。

23　由南京國民政府實業部於1936年設立，其宗旨係為供給農業資本，以達發展農業、復興農村之目的，力量集中在合作金庫、農業倉庫、農田水利貸款、食糧生產貸款、經濟作物貸款、農產運銷及合作指導等。

24　參見本書章節〈去國〉。

25　皮宗敢（1912–1984），字君三，湖南長沙人。黃埔軍校第六期、金陵大學理化系、英國皇家軍官學校、輜重兵學校畢業。歷任中央軍校輜重隊隊長、軍事委員會侍從室翻譯、汽車團團長兼西北運輸司令、駐美大使館首席武官，曾隨從蔣介石出席開羅會議。

26　蔣彥士（1915–1998），浙江杭州人。金陵大學農學士，美國明尼蘇達大學農學博士。曾任中華民國教育部部長、外交部部長、總統府資政等職位。

27　陳裕光（1893–1989），南京人，祖籍浙江寧波，1922年獲哥倫比亞大學博士學位，1927年被聘為金陵大學校長，1932年創建中國化學會，並任會長。

28　指民國時期，每週一學校、機關等單位會例行紀念孫中山總理的儀式。

29　柯象峰（1900–1983），安徽貴池人，法國里昂大學社會經濟學博士，是中國著名社會學家，1931年在金陵大學任教時，受聘主持教務工作。

30　魏學仁（1899–1987），字樂山，江蘇南京人，金陵大學畢業後赴芝加哥大學獲物理學博士學位，1930年起擔任金陵大學理學院首任院長，1946年代表中國赴美參加世界原子能會議及聯合國會議。

31　喬啟明（1897–1970），字映東，山西運城人，農業經濟學家。1924年於金陵大學農業經濟系畢業，後獲美國康奈爾大學農業經濟學碩士學位。1934年起任金陵大學農學院農經系主任。

32　孫文郁（1899–1981），山西寧武人，農業學家，1924年畢業於金陵大學農科，1930年獲美國史丹佛大學食物研究所碩士學位，回國後任金陵大學講師、農業經濟研究部主任，農學院代理院長等。

33　郝欽銘（1896–1943），山西人。1923年畢業於金陵大學農科，後留校任教，歷任農藝系主任等職，為中國早期棉花栽培種專家。

34　黃侃（1886–1935），湖北蘄春人。生於四川成都。初名喬馨，庠名喬鼐，後更名侃，字季剛。國學大師，擅長音韻訓詁，兼通文學，歷任北京大學、國立東南大學、武昌高等師範、金陵大學等校教授。

35　吳梅（1884–1939），字瞿安，號霜厓，中國近代教育家及作家，更以其戲曲理論而出名。1922年秋應國立東南大學（後更名國立中央大學、南京大學）國文系主任陳中凡之邀，擔任東大教授。此外他也曾在南京中央大學、上海光華大學任教，並曾兼課金陵大學。

36　〈小園賦〉是南北朝著名詩人庾信晚年羈留北周、思念故國時所作的一首抒情小賦。

37　萬國鼎（1897–1963），江蘇常州人。1920年畢業於金陵大學，後留校任教。1924年任農業經濟系講師，此後從事農業歷史研究工作。

38 約翰‧洛辛‧卜凱（John Lossing Buck）（1890–1975），美國著名農業經濟學家，專攻方向為中國農村經濟，1915年以農業傳教士身份來到中國，直到1944年。

39 賽珍珠（Pearl Sydenstricker Buck）（1892–1973），美國旅華作家，在中國長大。1921年起在金陵大學（今南京大學部份）教授英語文學。曾憑藉其小說《大地》（*The Good Earth*），於1932年獲得普利策小說獎（Pulitzer Prize），後在1938年獲得諾貝爾文學獎。

40 俞大紱（1901–1993），字叔佳，祖籍浙江紹興，出生於江蘇南京。1924年畢業於金陵大學，1928年赴美攻讀動植物病理學，獲艾奧瓦州立大學博士學位，並為美國植物病理學會會員，1932年回國後，任金陵大學農學院教授，兼任植物病理學研究室主任。

41 裘維蕃（1912–2000），江蘇無錫人，中國植物病理學家。1935年畢業於金陵大學植物病理學系，1948年獲美國威斯康辛大學博士學位，留學期間從事真菌的生理及致病力變異的研究，成為最早發現真菌異核現象者之一，1963年編著出版中國第一部《植物病毒學》。

42 吳世瑞，安徽人，1921年畢業於金陵大學，獲文學學士，後於美國伊利諾州西北大學商學院深造，專攻商貿一科，1923年獲商學碩士學位後回國，並擔任金陵大學文學院經濟系教授兼系主任，主要教授經濟與會計課程，著作有《經濟學原理》。

43 戴運軌（1897–1982），字伸甫，出生於浙江省奉化縣，是物理學家、教育家。1932年起任金陵大學物理系教授，後在國立台灣大學創辦物理學系，被稱為「台灣物理學之父」。

44 李卓皓（1913–1987），廣州人，原籍番禺，生物學家。1933年畢業於金陵大學生物系。後移居美國，執教於加州大學。他是世界生物化學權威，影響現代生物學發展最大的人物之一。

45 李卓犖，廣州人，原籍番禺。畢業於金陵大學，神經外科、神經生理科專家。

46 杜樹楨，金陵大學畢業生，曾於金陵大學運動會上獲標槍、鐵餅等項目第一名，並代表大學參加江南各大學第七屆田徑運動會。汪精衛南京政府組織後，曾任教育廳督學，及廣東省體育委員會常務委員。

47 杜之杖，曾與汪精衛同為赴日法科留學生，在日時加入同盟會。留學歸國後，在廣東公立法政專門學校擔任教員，後於廣東大學擔任法學教授，1934年任全國律師協會主席，亦為文學團體南社之社員。

48 邱錦義，就讀於金陵大學物理系，在校期間加盟中國電影教育先驅孫明經（1911–1992）先生主導組織的金陵大學電影教育部，拍攝《廣西省》、《廣西民國》等地理片。

49 邱錦華，丈夫是汪精衛南京政府內主管財政金融及物資統制的何炳賢。

50 李家文（1913–1980），江蘇鎮江人。金陵大學農學院學士畢業，後在金陵大學農學院修得碩士學位。1945年赴美至康奈爾大學學習，1946年回國，應聘任金陵大學園藝系教授兼園藝試驗場主任。

51 盧盛懷，江西人，金陵大學畢業生，後於加州大學伯克利分校獲農業經濟學碩士學位，乃李卓皓之妻子。

52 陵園新村為南京著名政要別墅區之一，為國民政府高層官邸聚居地，位於今南京市玄武區苗圃路西端。

53 史興隆（1910–1986），畢業於沈陽馮庸大學，在學期間，於1927年8月參加大連「滿鐵」舉辦的游泳賽，獲得四項第一，從此名聲大振。1930年參加在日本東京舉辦的第九屆遠東運動會，被選為「水上三雄」之一，1934年獲汪精衛聘請為家庭教師，負責教導汪家子女游泳。

54 指1935年11月1日，國民黨四屆六中全會時，汪精衛被孫鳳鳴連擊三鎗，造成重傷一事。作者亦為此事件的親歷者之一，關於此事的記敍，參見本書章節〈黨部的狙擊〉。

第十章：黨部的狙擊

一九三五年十一月一日，我剛上完了早上第一課，接着底下一課的講師請假，平白地多了一小時的空閒，懶洋洋地踱回宿舍，躺在小鐵牀上休息。忽然一陣急促的敲門聲，未等得及我答話就有人推門進來，正是司機阿甯。他本名潘銀，銀字吳音讀如甯，我們就是這樣叫他的。他氣急敗壞地説：「先……先生給人打……打傷了！」

一聽這話，我就從牀上彈起，直往外奔。阿甯跟在後面追。待我出了校門，找到他開來的車子，上得司機旁座，還要連聲催促，阿甯方才趕上來，把車子開動。他一面喘氣一面説：「我們……我們到中央……醫院去！」

阿甯的駕駛術一向是我們最欣賞的。今天不知是他失卻水準還是我太心急，只覺得他又魯莽又緩慢，我幾乎想把駕駛盤奪過來。幸而沒有真的這樣做，否則我們都要等別人來送才到得了中央醫院啦。

陳公博

經過感覺上很長久的一段時間，終於到達了目的地。在大門口讓軍警查問清楚，然後放我們入內。原來載着傷者的救護車還落在我們的後面。這時已經見到四姑娘（在結婚之前，我以子侄輩稱呼我的丈母和丈人為四姑娘、四姑丈）和陳公博[1]兩位。我立刻趨前，正好見到傷者從救護車移下來放置在輪牀上，身上蓋着灰色的毯子，左額角血跡模糊，可是精神很清醒。一看見我就説：「阿傑，不要怕，我沒事，他們打我不死。」

　　我們三個跟從傷者乘電梯到樓上的 X 光檢查室，看着醫護人員替傷者剪開衣服，然後用 X 光檢視，知道一共身中三鎗：一中左眼角，子彈留在左面太陽

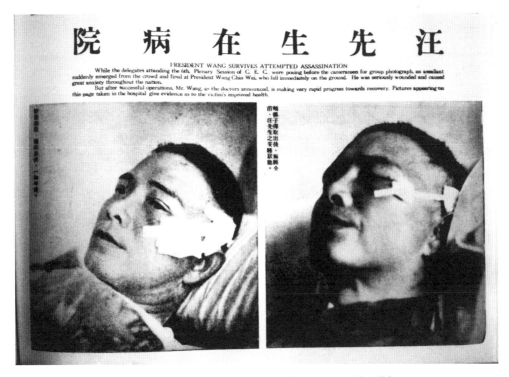

汪精衛遇刺後在《良友雜誌》的報導（1935年11月，第111期）

劉瑞恆

穴之前。一中背心，子彈正對脊骨第四五節之間，幸而很湊巧，先穿過吊袴帶交叉點特別厚的地方然後射入背部，子彈受到一點阻力，着肉之後即轉為向上豎立，僅及脊骨而止，因而脊骨未受破損。第三顆子彈穿過左臂，只造成皮肉的損傷。

　　X 光檢查之後，中央醫院院長劉瑞恆（外科專門醫師）認為背部子彈情形比較複雜，不宜在剛受打擊之後立刻施行繁複的手術，而左眼角上的子彈位

置較為明顯，可以先行取出。於是親自動手，誰知經過幾乎長達一小時的時間仍然摸不到子彈的所在，只好含糊縫上傷口。手術過程中我一直都在場，以外行人的眼光，看來子彈就在左眼角，為甚麼醫生找不到，實在莫名其妙。但是做手術的既不是我，而我對醫學又一無所知，只有乾着急而已。

因為傷者曾經倒地，醫生為安全起見便替他注射防治破傷風針。於是傷者在受鎗傷之後，再經手術和破傷風針的反應，大發風疹，弄到困頓不堪。在中央醫院住了一個星期，四姑丈的德國醫生諾爾[2]狩獵歸來，由他再次奏刀，一下子便把左眼角的子彈和頭骨碎片取出來了。

那時候覺得中央醫院在醫藥方面幫不了甚麼，兼且來往人雜，經過考慮之後，四姑娘便決定讓四姑丈遷往上海，在自己家中調養。地點是法租界安和寺路[3]的一幢房子。那裏地點不曾公開，而且有自己的院子，較易作防衛的佈置。

牛惠霖

我們安排好每天二十四小時都有至親陪伴，所有最接近的親友都參加輪值。因為既然有人出以暗殺之途，就無論如何，一切都不能再輕於信任了。我當時還在金陵上學。每到假期或星期六中午便乘飛機到上海，上課前一晚乘夜車趕返南京，也好讓平時輪值的幾位喘一口氣。四姑丈體質原是強健的。平日就是工作太繁重，精神太疲勞了。那時一旦休息下來，便漸覺好轉。於是又再想到另一顆子彈仍留背上的問題了。

牛惠生

汪家一向就認識一位牛惠霖醫生[4]，廣東人，是上海頗有名氣的內科專家，由他介紹認識他的弟弟牛惠生醫生[5]，是著名的外科專家。因為是多年相識，又屬同鄉之誼，因此信任他，請他給四姑丈動手術。平常已經安排親人陪伴，動手術的時候自然不會例外。不過並不是每個人都可以目觀手術過程而不致過度緊張的。四姑娘也

一九三六年春攝於上海安和寺路寓所,時為中央黨部狙擊事件發生後,
遷地上海療傷,親友後輩粉墨登場,博取傷病中之一聚,未幾即出國就醫。
文傑飾「延絲【師】診脉」之皇甫少華(作者手書)

陳耀祖

陳昌祖攝於1930年

張溥泉（繼）

怕自己受不了，十一姑丈曾仲鳴[6]又是最怕見血的，我又不在上海，於是選中了我父親。經過稍作佈置，就在安和寺路家中的客廳施手術。這一次結果又不成功，病人卻大大地受了創傷。

事後父親憤怒地訴說他從未見過這樣的醫生，這樣子替人施手術！他說牛惠生先在手術之前喝下一大水杯的白蘭地酒，然後教病人背過來伏在一張椅子上，兩手緊抱椅背，僅僅施用局部麻醉便在背上旋割。病人是完全有感覺的。手術刀割下去嚦嚦有聲。病人不自覺地肌肉抽搐。牛惠生還說：「不痛，不痛。」這一下真叫菩薩也出火了。病人咬牙切齒的說：「你割的不是牛肉，是我的肉啊！」這句話父親記得清清楚楚，複述的時候還按不住滿腔的憤慨。不知醫生究竟多喝了酒還是膽怯，雙手不住地抖動，額頭不時冒汗，割一下就定一會神，然後再割下去，然後用手指挖探，然後搖搖頭，終於又是無功而退。

病人經過再次施割，元氣大傷，開始發現脈搏間歇，結果使原來就有的糖尿病和肝病都加重了。諾爾醫生提議到德國就醫，一來那裏有治肝病的專科名醫，又有加斯巴礦泉，是最適宜肝病患者飲用和浸洗的。四姑丈也覺得抱病留居國內，對政局不會有幫助，不如暫時易地療養，先弄好身體然後再為國家效力。於是出國就醫之議便決定下來，距離事發已是三個多月了。

這一次出國由十一姑丈、五舅父陳耀祖[7]和八舅父陳昌祖[8]隨行，三位分任法、英和德語的翻譯，還有三妹文彬陪同在側。我們留下來的默默地祝禱，希望他老人家健康恢復，早日歸來！

張學良

上面的憶述都是親身的經歷，對整件事情有時仍然好像有不完整的感覺。因此我在這裏加入一些親自經歷以外的所知，以保持事件的完整：事發的日子正是中央黨部召開六中全會第一次會議的一天，照例開會之前拍照留念。大家在中政會新廈集合，單獨未見軍事委員會[9]委員長蔣中正。兩次派人去請，等了好一會才回說請大家不必再等，委員長不拍照了。於是眾人就坐。攝影之後，正轉身入內開會，忽然有一名記者模樣的人走近汪先生面前，舉起照相機像要拍照的樣子。就在此時鎗聲響了，汪先生頭部中了一鎗。他受傷後正要轉身走開，鎗聲連續再響，於是背部臂部都中了鎗。然後不支倒地。當時近在身旁的張溥泉（繼）[10]奮勇雙手把兇徒捆緊，張學良[11]走過來一腳把他掃倒在地。這時更來了汪氏的衛士桂連軒，拔出佩鎗向兇徒射擊，於是逞兇的終於束手就擒。事後查出兇徒叫孫鳳鳴，以新立案的晨光通訊社記者身份取得進入會場的許可而行事的。他受到衛士桂連軒的鎗擊，腰部受傷，翌日不治死亡。同謀者賀波光，登記為晨光通訊社之社長，後來亦就捕。據供是和前幾年福建人民政府有關，意圖暗殺國民黨政府的領導人物，以打擊黨的力量。目的原是蔣汪二人，適蔣不在，能殺一個是一個。以上一段參閱陳公博《苦笑錄》[12]。陳氏的記載很詳細，我只提出兩點要改正的就是：

一、日期是一九三五年十一月一日，而非十二月一日。

二、為汪氏施手術的是牛惠生，不是牛惠霖，如此而已。

此外，行兇的幕後主持者到底是甚麼人，始終未有解答，這是事實。不過陳氏說如果自己人要幹，不必定在此時此地，所以認為不是自己人幹的，這理由就不太充份了。

整個事件的經過略如上述，其間有幾點值得令人深思：

第一、兇徒竟能獲得許可，進入最高領導人物聚集的場所，攜帶兇器而不被發覺。

第二、決心行刺，茲事體大，殺一個是一個，未免目標含糊，決心與目標大不相稱，難以徵信。

第三、蔣氏遇有攝影，每每參加，此次竟然避過大難，豈非天意？

第四、衛士桂連軒在兇徒已被張繼抱住，張學良踢倒，何必再要鎗擊他的要害？

第五、中國的醫院院長、外科專家都一再失敗，沒有辦法取出子彈，究竟是否手術太過複雜，還是中國醫生手術不濟，抑或另有原因？左眼角的子彈數天後由諾爾輕而易舉地取出。背部子彈八年由日本軍醫桃山在不足一小時內取出，手術複雜已經否定了。

這些都是不能磨滅的印象和解答不了的問題，我只是記述下來，不去妄加猜測。

1　陳公博（1892–1946），廣東人。中國共產黨第一次全國代表大會代表，後經廖仲愷介紹加入國民黨，廖死後追隨汪精衛。北伐後是汪所領導的左派核心人物，曾成立「國民黨改組同志會」。1931年汪任行政院長後，出掌實業部，與汪同進退。1940年擔任汪政府立法院院長兼上海市市長。戰後被處決。

2　諾爾（Kurt Noll），德國醫生，1920年代與家人來到中國，是汪精衛的私人醫生，其在上海霞飛路辦諾爾醫院。

3　即今上海市新華路。位於長寧區，修築於1925年，屬於上海公共租界越界築路。

4　牛惠霖（1889–1937），江蘇上海人，畢業於上海聖約翰大學，並於英國米爾斯醫學院留學，獲醫學博士學位，回國後創辦霖生醫院，是中華醫學會第三任會長，1937年11月20日因肝疾病逝。

5　牛惠生（1892–1937），上海人，畢業於上海聖約翰大學，1914年獲美國哈佛大學醫學博士學位，1918年返國主持北平協和醫學院骨科，1920年與兄長牛惠霖一同創辦霖生醫院，1937年任教育部醫育教育委員會委員，同年5月4日病逝。

6　曾仲鳴（1896–1939），福州侯官（今閩侯）人。曾醒之幼弟，方君璧之夫，鑑於方氏排行第十一，故子侄輩稱曾氏為十一姑丈。早年留學法國，後於1925年回國。汪精衛在廣州當選國民政府之常務委員兼主席之後，曾被任命為秘書，之後便和汪精衛成患難之交。1938年因汪蔣對日戰事態度不同而隨汪移至河內，同年為軍統特務所傷，不治去世。

7　陳耀祖（1892–1944），廣東人。陳璧君之弟，抗戰前曾在廣東省政府任職，1940年接替陳公博出任汪政府廣東省省長，1944年在廣州被軍統特務暗殺。

8　陳昌祖（1904–1994），廣東人。陳璧君幼弟，妻子朱始為朱執信之長女。幼時在馬來西亞長大，1912年同汪精衛及陳璧君赴法，並開始受汪、陳二人照顧，這段經歷成為他日後忠誠支持着汪精衛的原因之一。在汪精衛組織的南京政府任內任航空署署長及航空學校校長。1945年戰爭結束後被判入獄，大赦後移居香港南洋，又遷至英國與加拿大，1994年於加拿大多倫多逝世。

9　軍事委員會，全稱為國民政府軍事委員會，是中國國民黨主導之中華民國國民政府最高軍事機關。1925年7月1日，廣州國民政府正式成立時就設立軍事委員會，其職權是在中國國民黨指導、監督下，管理、統率國民政府所轄境內海軍、陸軍、航空隊及一切關於軍事之各機關。

10　張繼（1882–1974），字溥泉，河北人。同盟會會員，1908年在法國與李石曾、吳稚暉創辦《新世紀》週刊，宣傳無政府主義。民國成立後曾任參議院議長，不久追隨孫中山護法。國民黨元老，反對聯俄容共，西山會議派的主要成員。北伐後支持蔣介石，曾任司法院副院長。

11　張學良（1901–2001），字漢卿，號毅庵，奉系領袖張作霖長子，人稱「少帥」，北伐中宣佈擁護國民政府，中原大戰時再度出兵支持蔣介石，在北方軍人中與蔣關係最佳。九一八事變後失去東北，奉蔣命令赴西北剿共，1936年與楊虎城發動西安事變要求抗日，事變後被蔣軟禁長達五十四年。1990年在台灣獲釋，病逝於夏威夷。

12　《苦笑錄》為陳公博的回憶錄，於1939年作於香港，記敍了1925至1936年的經歷。

第十一章：桐油

在三六年年初四姑丈出國療傷，四姑娘沒有隨行，和家人共聚的時間反較多。一次閒談說及中國的出口物品，其中桐油[1]算是一大宗，卻因為交通不便，種植的又只知保守，多年以來都不見進展。四姑娘是從事實業的陳族起家，即時想到為什麼不親體力行去作種植油桐[2]的試驗呢？想到這裏，馬上向我發話，要我對種植油桐的意念去作一番探討。[3]

那時候我剛接受了一年的農業學科，還未曾寫過一篇論文，如何能夠承擔這一個題目呢。可是一方面知道四姑娘的性子，幾時都是立定主意就一往無

林汝珩攝於1942年

前，辯解和推卻都沒有用，只好大着膽子承諾下來。好在圖書館裏還有書可查，從當時實業部的報告可以找到有關的資料。當時桐油產地以湘川[4]一帶為主，尤其是湘西一帶多產而且質地優良。於是湘西的辰溪便成為我們的基準。先去查察當地的氣候、雨量、土質等等，另一方面在東南近口岸的地方找尋條件近似的所在。結果查得浙江省的龍游縣條件最近似。那裏的雨量分佈、氣溫、土質都很相近。至於環境方面有沒有適合造林的地方，和是否適合油桐喜愛的酸性土等就要經過踏勘才能夠決定。

陳國琦

於是第二步就是首先利用春假的閒暇到龍游一次，察看實際環境。由林汝珩[5]和陳國琦兩位同行負責交際事務，我只管植物生長環境。龍游縣的縣長聽說有人要到來發展地方實業，表示十分歡迎，殷勤招待，盡給予方便。在縣治中覓得一片高地，前臨平原，後面有山為屏障，都是正在種植的農地，而這一片高地卻除

了亂草之外，顯然未曾經過耕耘。問起來，據說這裏種什麼莊稼都不成功，所以只好任由它空置下來。當時我想，既然草能生長，就不見得不可以種樹木。怕只是土質不適宜一般莊稼植物罷了。附近的土壤都是略帶紅色的，可能對一般莊稼酸性太高，也許正合愛酸性的油桐也未可知。於是取了些土壤標本，待再探聽收購土地的可能。當地人聽到有人要他們沒法使用的土地，都表示樂意接受，反而勸我們小心，別白費心機。此行頗為成功，土壤檢驗的結果也正合油桐喜愛的酸度。於是憑空的一個構想走完了第一步。此後第二步就打算實行觀察一下桐油的生長狀態。這時仲蘊正進入無錫江蘇省立教育學院的鄉村教育學系，於是這觀察的責任又落在我和仲蘊兩個跟農林沾上關係的學生身上了。

　　一九三六年的夏天，我們就乘着暑假閒暇走了一趟，目的地選定湖南省的辰溪。從書本上看到辰溪的桐油生產多，質地優良，而且植物生長條件和我們假想的種植地最接近。我們從南京乘飛機到漢口，改乘汽車自武昌到長沙，轉向西行，經常德桃源抵達沅陵。先到縣政府打個招呼，縣府還派了四名縣兵，一方面領路，一方面還負有保護的意思。我們本來不想勞煩別人，因為人生地不熟也就只好接受了。

　　從沅陵到辰溪的路程是水路，早上天色方才明亮就齊集，連同一位舟子，總共七個人登上了小艇，划了一個多小時便已離開房舍進入比較寬闊的水道，便停泊下來。原來船家先停下來做飯，吃飽了才有氣力划船。這是對的。船家在另一只鍋澆了幾點油，灑一大把鹽，然後放進幾隻切開了的辣椒，令我想起在南京夫子廟[6]小館子吃過的青椒牛肉絲，不禁胃口大開。誰知等了好一會仍然未見肉的影子，只見船家好不容易翻出一個小罐子，從裏面掏出大約半匙黑黝黝的小顆粒，一面眉開眼笑的下鍋，炒幾下，就整鍋放在我們面前。這一道辣椒炒鹽豉吃得我們兩個下江人七孔生煙，忙向船家要水解辣，那知船家瞪大了眼，望

着我們不知所措。還是縣兵識趣，馬上用漱口盅勻了半盅江水遞過來。原來船家覺得我們對着滿滿一江清水，自己不動手還要人侍奉哩。

傍晚時分，船到了辰溪，第一件事就是找個地方先吃飯。因為一天以來除了辣椒鹽豉那一頓之外未曾有過東西吃進口，雖然館子裏也沒有甚麼吃頭，不過填飽肚子罷了。本地只有一間客店，一問卻住滿了客人。不知費了多少唇舌，才得老板到鄰家借宿，讓出他的房間給仲蘊，我就只好待店門關上之後在櫃枱上躺一宿了。

依照當地人的指示，大量種植油桐的地方接近漵浦，離開這裏還要走好一段路。於是我們次日天色微亮就出發，一直走的都是田間小路，等到近午時分漸漸離開了耕地，走向山邊斜坡就見到一片青葱的闊葉矮樹林。於是我們第一次親眼看到心目中的油桐樹。除了實地觀察之外我們還請教過多位種植者，方知道桐樹按照結果實的年期有三年桐、五年桐、千年桐之分。三年桐成熟期最早壽命卻較短，五年桐成熟期和壽命比較長，而所謂千年桐實在是木油樹（或稱石栗），在廣東一帶都可見的大樹，成熟既遲果實少，含油成份也低，不在種植者選擇之列了。我們着意在產油量較高，生長年期較短的品種，將來每隔三年或五年種一次，將可連續不斷的生產。

至於油桐的習性，種植方法，都記錄下來以備將來的參考。最重要的還是如何購買可供種植的桐果等等。在附近一帶兩三天，我們曉行夜宿，徒步走了不少的路，總算對交付給我們的任務有了交待。林地方面由屈先生[7]集資，並且親赴龍游買地。因本來是空置的荒地，所以很順利地收購下來。然後仍由林汝珩、陳國琦兩位按照我們到過的地方及時收買桐果，運到場地。技術方面聘請到一位姓徐的林場管理員當場長，他很贊同我們的計劃，肯予盡力不惜。我們兩個只參與龍游和漵浦兩次行程，做了多少準備功夫以後，就再沒有機會見到這一個林場的成立了。

　　這是我農學生涯中真正和農林沾上一點關係的片段。後來聽説林場動土的時候，正值農閒，僱來大批農工，近百人。一字兒排列一齊，動手把地整片翻過來，然後下種。雖然多花點人工，卻沒有白費。種子都發育得不錯，從千里以外移來的種子都在這裏生根長大了。等到以後桐樹長成快將開花結果，敵兵入侵，才不得已吩咐徐場長疏散入山避難。從此就再沒有林場的消息。

　　回過頭來再説，三六年底發生了西安事變[8]。四姑丈得知消息，在國外再也等不住，急忙想要返國效命。等到成行已是三七年的正月了。

1　桐油是取自油桐屬樹木油桐種子的油，傳統上用來塗抹保護木器、製造油布、油紙等防水材料，調製油泥鑲嵌縫隙，中醫用來調和膏藥等外用藥。桐油在現代用於做木器油漆、油墨、製造合成樹脂等。

2　油桐是大戟科中的一種落葉樹，原產地為中國大陸南方、緬甸、越南北部。亦有很多俗名，如「油桐樹」、「桐油樹」、「桐子樹」等等。

3　《實業部月刊》於1936年曾發表過題為〈陳璧君等在浙東墾植桐油〉一文，記錄了這一事件。其中提到，「中委陳璧君與華僑林汝珩等，前為桐油產量占全國輸出首位，各國既已競相種植，國人更不可不提倡改良，曾派員赴浙東各縣覓購荒山以便從事墾植。」詳見《實業部月刊》，1936年第1卷第6期頁218。

4　湘川，即湘江，是湖南省境內最大的河流。

5　林汝珩（1907–1959），廣東人。哥倫比亞大學畢業，曾任汪精衛的秘書。南京政府期間擔任廣東大學校長與廣東教育廳長。汪精衛逝世後辭職，後來移居香港。1950年代成為香港著名文藝團體「堅社」成員，著有《碧城樂府》。在香港期間與何孟恆一家保持聯繫，並曾將詩作寄予何孟恆。

6　南京夫子廟，常簡稱夫子廟，是一座位於南京市秦淮河北岸貢院街的孔廟。夫子廟景區的古建築群由孔廟、學宮、江南貢院等組成，六朝至明清時，世家大族多聚於夫子廟一帶，素有「六朝金粉地」之稱，為江南文化樞紐之地，是秦淮風光的核心地帶。

7　即屈向邦，同第七章註3。

8　西安事變（又稱雙十二事變）是指於1936年12月12日，張學良與楊虎城在西安扣押蔣介石，希冀以此暫平國共內戰硝煙，共同抗日。

第十二章：曲江

桐油一行，是身為農學生真正接觸到農村的第一次，另外就是農經課程三年完畢之後，有一次到農村做信用調查。學校備有調查表格，地點多在內地，本來內地沒有實驗農場的地區。我因為曾經聽到老人家說過粵北山水秀美，早已嚮往，便以風土方言等等理由向校方請求准予前往。得到主管方面的允可，就在一九三六年的暑假回去南方。決定了之後，第一個通知老友劉包恩，這時候他剛從中山大學農學院畢業，聽到我將南行，立時約好去見面，並且願意和我一同到粵北一行。我回到廣州和他見面，知道離開他和未婚妻楊麗珍早已定好的結婚日期不到兩週。他仍然執意要和我去這一趟，而且說二人一齊動手，應該很快就可以做完這一番任務。我怎麼樣也勸他不過。另一方面想到和他同行，一定更加順遂。於是二人就立刻束裝出發。

筆者大學時期攝

我們從廣州搭乘粵漢鐵路[1]北上，先到曲江[2]（就是我們粵人熟知的韶關）。照例先到縣政府知會一聲，縣裏便派了四名縣兵沿途領路和保護。知道這很多理由，不好推卻的，我們也只好謝過了。這一回不同上次湘西之旅，初生之犢上路，加以心中有事，定下了時限，一上路就發足飛奔，在曲江周圍走了一遍。在公所、學校，或者祠堂等公眾地方把村民合集起來，講述一番信用調查的用意。無非是先求明瞭農村經濟的狀況，好作改善措施的準備等等。農民聽了，無不樂意把他們的狀況盡量向我們訴說。好在手頭有的又是經過在多地多次試用過的

調查表格，所以工作進行並沒有遇到困難。初時恐怕各地方言有別，但原來粵北多客族人士，客家話和官話相去不遠，所以也不致有礙。我和老包二人分頭合作，每天詢問和以筆填寫二十來份的調查表，並沒有困難。於是幾天下來，我們就完成了這一份工作。不過來往鄉村之間全靠步行，足下一雙平底橡膠鞋，工作未完即已斷裂。幸好早已有預備，隨身多帶了一雙。隨行縣兵也有點吃不消，背後不免埋怨跟上這兩個初生犢子，沒有半點油水，還要不停的奔波。早知如此，還不如留在縣府，天天上操場還好些。讓我們聽到了之後，不免晚飯多加一兩味來維繫人心。

在老包婚期之前兩天我們終於回到廣州。劉伯母已經準備好一切，見到兒子如期歸來，心中安慰。她對我也有好感，她是一位慈祥的老太太，早歲便失去了丈夫，獨個兒把包恩帶大。她一生禮佛，每一次都請求佛祖庇祐她的兒子以及親朋好友，以致我的一家都包括在內。她這一份情意我真的感謝不已。還清楚記得婚禮後家宴，好友任孟雄戳力挽着手搖雪糕（冰淇淋機）的一幕。暑假剛開始就發生七七事變[3]，八一三之後沒多久南京就受到空襲了。

1　粵漢鐵路，為廣東省廣州市至湖北省武昌市之間的鐵路，粵漢鐵路於1900年動工，1936年建成，全長約1095公里，1957年停止使用，與武漢以北的京廣鐵路合併。

2　曲江縣於1958年併入廣東省韶關市，今已撤銷曲江縣，成立曲江區。

3　又稱蘆溝橋事變，是指1937年7月7日，中日雙方於河北省蘆溝橋爆發的一起軍事衝突。自此次事件後，中日戰爭全面爆發。日後筆者翻譯美國畫家 Graham Peck 的 *Through China's Wall* 最末六章，並命名為《一場戰爭的開始》，該書親述了作者於事發前後在北京的親歷見證。

第十三章：西行

戰事日漸嚴重，南京接近海岸線，不是可以持久的戰爭據點，自從上海棄守以來，政府便已有西遷的計劃。首先勸諭不是負有專責的人儘先設法自行疏散，公職人員便由政府定下辦法，逐漸西移。希望留下來的盡是負有守城之責的軍隊和有關人等，打算在這一座古老的石城之前好好的和敵人作一番周旋。

這時候四姑丈已屢次催促四姑娘趁着交通還未完全阻塞之前，帶領家人早日前往漢口。四姑娘卻一再拖延，找出一些藉口，例如留居南京可以安定人心，而且她自己本身也有職責（她是中央監察委員）等理由。於是去留之間，兩位老人家竟然不時掀起爭論。其實大家心裏都在為了對方的安全而着急，一個不願意對方為了陪伴自己而受到不必要的危險，一個不願意在危難之中遽爾離開。二人都是一般性子，心中的話，卻不肯說出口，一出口就變成一場火拼，苦煞夾在當中的小輩，既沒有我們插嘴的餘地，更沒有辦法解開兩老心中的癥結。只是眼看兩人日日敏感地發脾氣，我們心裏也在乾着急。

當時我在金陵大學肄業已經到了最後一年，因為戰事發生，在秋季開始上課兩個月之後學校便已停課，準備跟從政府西遷。打算用大木船把員生和一切待用的書籍和儀器，沿着長江上行，先到武漢，然後入川。目的就是要到成都的華西大學，在那裏借用地方，重新建校，繼續辦學。學校大隊在十一月初出發。我為了要和家人在一起，沒有隨行。

風聲愈來愈吃緊，不少政府高層人員也離開南京了。這時十一姑丈曾仲鳴從他的同鄉海軍部長陳紹寬獲悉若干海軍艦隻會等到相當時間才撤離，到時是

可以搭載好些人的。因為軍艦容易成為敵人的轟炸目標，也不及飛機快捷，所以沒有多少人願意乘搭。我們為了要一家人聚在一起，於是就由十一姑丈接頭，決意乘搭軍艦從南京到漢口。[1]

我們起程的日期定在十一月中，臨行的時候，收拾起來，真不知從何入手。一想到這次是避難，不是太平日子的搬遷，就只有撿些隨身衣服，其餘的都只好留下來了。本來身外物不值得留戀，可惜的就是家裏裝滿一個房間的書本：有舊有新，有整套的類書，也有小說，一旦散失，以後再要搜集就不容易了。還有一樣就是我生平擁有過幾個月的一座蔡司[2]（ZEISS）顯微鏡，也和書本一齊藏在屋後的防空洞裏，等候炮火的洗禮。

我們乘搭的軍艦前身就是前清北洋艦隊中的「永豐」，因為紀念它護送過中山先生，改名「中山」，可是環顧中國的艦隻，還得要數它比較像樣。我們的海軍雖然沒有甚麼成就，整潔這兩個字也還辦得到。我們住進艦上高級官員讓出來的房間，重過幾天久已忘懷的江行生活，覺得十分有趣。途中雖然碰到幾次空襲警報，倒沒有真正見到敵機出現。航行時間只比起正常遲了半天也就安抵漢口了。

漢口商業銀行離開江邊不遠，也靠近政府機構日常開會的地方，當局就為四姑丈在銀行樓上佈置好辦公和家居的所在。到了漢口不多幾天已經聽到敵人迫近南京的消息，四姑娘還打了一個長途電話慰問自告奮勇留守南京的唐孟瀟[3]，還頗為他「與城共存亡」的一句話所感動。可是不到幾天便收到南京失守的消

唐孟瀟

息，唐孟瀟也到了武昌。據說麾下沒有一支自己謫系軍隊，敵人一到，不待下令，大家就各自撤退，再沒有辦法指揮。這樣的情形可能會有的，不過他當初也說得太滿了。

敵機時來空襲，但是目的地多是漢陽兵工廠，市區還比較少受損害。記得響起警報之後，天空裏很快便升起一批蘇聯的戰鬥機，據説那是來為我們助陣的。等到蘇聯飛機離開了視線，然後一陣沉重的聲音，震人肺腑，日本的轟炸機來到了。接着遠處的爆炸聲持續了一段短暫的時刻，然後一切復歸沉寂。不久天空中機聲又起，可是誰都知道那不是轟炸機的聲音，再看看那輕盈的姿態，高低起落，左右盤旋，簡直是飛行技術的表演，就確認那是友邦的飛機。果然跟着響起解除警報的信號，大家才鬆了一口氣，等待明天報上登載的一段消息：「敵機若干架侵入武漢上空，遭遇我方攔截，投彈後倉皇遁去。」這樣的新聞，不必看也都背得出了，可惜就是沒有看見空戰的場面！

知道金陵大學西遷的隊伍抵達武昌，暫時在華中大學4寄住，我便渡江去探望他們大家，順便打聽一下以後復課的情形。在華中大學體育館裏見到一班同學，大家互道別後的情況。他們沿途用小汽船拖着木船走，江上自然捱了不少風霜，不過許多師友同在一起，雖然艱苦，自然也另有一番樂趣。這時候我反恨自己捨不得離開家，以致沒有跟上大隊一起走了。那次見面後不久，學校隊伍便繼續起程。我那時候的心情一方面希望完成學業，另一方面，在敵機天天轟炸、情況愈來愈緊張之下，又更不放心離開家人。終於經老人家嚴正地開導一番，説他們做事是對國家負責，在我的人生階段，完成學業也是對國家負責。並且答應把一切行止都詳細相告，同時預留一筆旅費讓我帶在身邊，萬一有甚麼特別事故，我可以立刻飛返家中。我無可奈何，只好答應赴成都上學。

一九三七年秋季，我們學校只在南京上課不到兩個月就停課搬遷，時間過得很快，我離開漢口西飛，已是次年的二月了。當時的行程是先飛到重慶，然後乘公路車經內江到成都。為甚麼不直接飛抵成都，而要中途接駁汽車的理由就不大清楚了。公路車是沒有篷的卡車，也沒有足夠的座位。離開重慶市區，一路上就是沙塵滾滾，到得內江之時，已是渾身上下一律土色。那時候內江的旅店很

簡陋，不過往來行旅卻很擠擁，我能夠找到一個小房間渡宿一宵，已是十分幸運了。店伴替我打開房門，只見裏面除了一鋪牀，就是一張方木桌和一條板櫈而已。我胡亂叫了一大碗麵，狂吞下肚之後，就和衣上牀。牀上的棉被又重又硬，被頭油光如鏡，我只敢把它拉到胸口，從頸至胸之間的一截纏上一件毛衣，便倒頭而睡。第二天一早起牀，在晨光熹微中，再乘原車上路。

抵達成都的時候，已是日影西斜。我第一個得到的印象就是時光好像倒退了。一方面，街上走的人也不少，可是沒有現代那種汲汲不可終日的張惶；另一方面，這號稱天府之國一樣的擺脫不了貧困。到處都可以見到乞丐，有些甚至在溝裏掏揀人家傾倒的殘羹。我對成都所知甚少，不過眼見的光景卻給我留下了深刻的印象。

華西大學坐落在華西壩[5]，大概那地方還是因大學而得名。一條小河，兩岸種滿了垂柳，未過橋已經見到慣熟的一式多間洋裝「宮殿式」樓房，就像回到了南京乾河沿一般的感覺。大概美國教會在中國辦學的地方，都離不開這樣式的建築。

金陵同學暫住在華西大學體育館，我很容易便和大隊匯合，那時幾間臨時課室和一座宿舍已經趕建完成，幾天之後大家就搬進宿舍去了。

宿舍是兩條長形雙層建築，南北各一，當中隔着一個院子，朝外面的是一排宿舍房間，朝院子的是左右兩道長廊，上下兩層都是一般佈置。每一座宿舍的兩端，各有樓梯上落。盥洗廁浴就在院外附近另外建造。每一間房間大約八尺乘十四尺，裏面安着四張雙層木牀，當中接連擺着兩張長桌子、四條板櫈，頭上兩盞四十支燭光的電燈，這就是同室八人所有的一切。至於攜來衣物就只好原篋塞在下鋪的牀底了。依照金陵的慣例，學生應依據已修的學分多寡來決定選擇宿舍的先後。我那時是全校學分最多的一個。因為大學二年上學期，我患腳氣病沒

筆者在金陵大學農學院的畢業證書

有讀下去，以後為了春季秋季的課程不同，老是沒有辦法把未讀的課程補足。到了最後，學分雖已足夠，仍有該在二年級讀的尚未修讀，迫得足足讀了五年。慚愧得很，我竟然因此成為資格最老、學分最多的學生，有資格入住全宿舍最佳的一個牀位。我住的是南面的一座宿舍樓上西南端最後的一個房間。因為主要道路在宿舍之東，所以西端的樓梯很少人使用，梯口又有長明電燈，晚上十時之後仍然可以夜讀。為此，我買了一方白木小桌和一把竹椅子。放在長明電燈之下，佔據了這無人地帶的角落，所花費的不過三塊錢而已。

　　我們的課室就在宿舍東南不遠的地方，是木料和磚瓦蓋搭的幾間平房，每間都放置着二三十張連接寫字板的椅子，和金陵本校所有的一模一樣，只是木料略遜而已。其實這幾間課室是不夠用的，不過加上借用華西大學的一部份，勉強應付罷了。

　　上面說過我還有些二年級的學分未修齊，那多是初級的農業入門的課程，有些只要聽聽演講，寫寫報告，不須考試，總共十個學分，再多選一門功課，也不過十二個學分，實在十分輕鬆，所以有很多時間讓我完成我的論文。那時候總是記掛着漢口的家人，一心盼望快些渡過最後的幾個月，早早回家團聚。華西壩環境好，地方大，我們等閒也不大到外面去，所以外面的情形就所知有限了。華西大學是以牙醫出名的，我們見到每一位牙科學生都有一副骷髏頭骨，口袋裏每每放着整副牙齒，時常一顆一顆掏出來摩挲辨認一番。還不時見到校工對着一堆深赭色的骷髏，逐個小心洗刷。對我們來說，這是比較新奇的。我們和華西學生所學既不一樣，從說話的口音一聽就知道我們是來自異鄉的「下江人」[6]，所以我們經常來往的還是來自紫金山下的一小撮。不知道這種情形後來可有改變呢？吃的方面自然也和我們的習慣不同，連早上吃一碗麵也不離紅油，幸虧我家也時常吃辣的調味，還不致不能入口。

　　周末空閒的時間，記得也曾到武侯祠[7]去過，兩旁森森的古柏未必仍然是唐代所遺留，不過這般景色卻不由得把你帶入詩人的境界。聽說杜工部的草堂[8]就在附近，我卻始終沒有到過。丞相祠堂那時候已經成為廣州的城隍廟、南京的夫子廟一般的去處，除了供人懷古之外還是平民遊樂的場所。裏面有擺賣雜物的攤檔，也有雜耍的表演。有一樣印象較深的，就是一次看見一個地攤，在鋪在地上的破舊的紅毯子上面寫了許多字。一個黑瘦漢子蹲在那裏變戲法。我一時好奇，湊過去看熱鬧。戲法沒有甚麼新鮮，倒是紅毯子上的一角赫然寫着「趕屍」兩個字，下面有細字說明。大意說如果有人客死外地，運柩回鄉所費不貲，如交

託給趕屍的，費用廉宜得多，而且快捷妥當等語。關於趕屍的傳説，在小説裏看過不少，不過像這言之鑿鑿的廣告，要不是自己親眼所見，也不會相信真會這樣寫出來。我因為沒有生意經可談，也就不便再作查問。只是這怪談一般的傳説，在我的記憶中留下更深的印象。

剛踏進七月，學期即將結束，考試時間又來臨了。我的論文已經繳交，並獲通過，要參加考試的科目只有很少數，實在輕鬆。一天，校長陳裕光把我和另一位同學吳乾紀找去談話。他對我們兩個説，他因為要到漢口去出席國民參政會[9]，所以沒法留在學校主持畢業典禮。我兩人是老同學，見過多次這樣的場面，所以吩咐我們當他不在場的時候，對各方面都要多多關注，提點一下其他的同學們應該留意的地方……我唯唯地不住點頭，心底下也和他一樣的想着到漢口。等到考試完畢的第二天便到教務處查問成績，校務員口裏説：「還好，還好。」順便撿出臨時的畢業證明書交了給我。我回頭便把存在銀行的旅費提出，立刻取得早已訂購次日飛往漢口的機票，在二十四小時之內便離開了成都。我和學校從此一別，等到再次回去，領取教育部發給的畢業證書，已是十年以後了。

這一次由成都飛漢口，途經西安，飛機是要停下來加油的。同窗楊錫山，早我一年畢業，那時正在西安農業合作金庫任職。我預先寫信試邀他趁這機會到機場一敍。故人果然不負所約，依時在機場守候。於是二人就在機場立談了半小時，才分手登機，再續前路。

漢口小別四個多月，並沒有甚麼改變，只是新近成立的國民參議會由四姑丈任議長，開會時我也去旁聽過幾次，覺得似乎和衷共濟的建設少，煽動搗亂的議論多。可歎國人面對着對外戰爭，始終還未有戰爭的心理準備，而這時候戰局對我益加不利，政府已經作好準備，要第二次西遷了。我們仍然和由京赴漢一樣，乘搭海軍軍艦。從漢口溯江西上。河道更加狹窄，稍大的艦隻都不能通過。我們乘坐的一艘叫甚麼名字，已經記不清楚，好像是有一個「楚」字似的，估量

比從前行走省港的輪船還要小得多。因為江淺水急之外，河牀還有不少暗礁，所以船過了宜昌之後，太陽下山就要停航度宿，待到明天日出然後再升火續航。

閒來甲板上佇望東流的江水和船頭衝撞，激起雪花般的白浪，凝神細看，竟然幻出氣象萬千的奇景。其實船行的速度並不很高，只是水流的確十分峻急。為了小心遵循着最安全的河道，船行的方向頻頻轉移，速度也隨時變更，舵樓的鐘聲不住叮叮的響，機房的機器聲有時像千軍萬馬，衝鋒陷陣，有時卻氣若遊絲，斷斷續續；這時耳中只聽得江流洶湧，好像要把一切都吞噬似的，於是，在悠長的一刹那之間，機聲回復了慣常的堅毅，我們的船還是小心前進。

我們乘的還是輪船，難為以人為動力的船隻怎樣努力掙扎這天然的逆勢了。每到灘淺水急的地方，就可以見到差不多全身赤裸的船夫彎着身軀在拉縴。縴索用竹篾編成，繫牢船桅的基部，然後通過一個拴在桅頂的竹篾圈子，再伸延到縴夫的手裏。我不敢説完全瞭解這樣做的作用，不過可以避免縴索受到江邊叢莽的糾纏是很明顯的。縴索的長短，人數的多寡，要看船的大小而定。不過三兩個也好，十多個也好，縴夫們的步伐都是一般的沉重，緩慢，

8月6日《新華日報》報導汪精衛從漢口到達重慶之談話，筆者亦同行至此

整齊和合拍。有時會發出一些低沉的，沒有文字的謳歌，令人想起古詩文裏提及的「龍吟」兩個字。傳為石達開[10]所作的詩句「萬眾梯山似病猿」不禁浮現，萬眾梯山雖説擬於不倫，可是病猿如果移來形容縴夫就太適切了。

　　這樣的旅程和搭乘飛機比較，時間方面自然相差很遠，但是卻可以多少賞到一點古行旅的滋味。每日曉行夜宿，等到日色漸暗，我們的船便找個下碇的地方停下來。夕陽很快便被重重疊疊的蠻山擋住，甲板上也亮起了防蟲燈，綠幽幽的更加能夠融合當前的環境。這時船艙裏大部份的機器都停了下來，靜到令人聽得清楚江邊叢莽中的蟲聲唧唧。一時間大家都拋開了心頭的重壓，領略這一刻的寧靜。我卻心猶未足，希望側耳傾聽，可以捕捉到一兩聲哀猿或者啼鵑。

　　當時從漢口到重慶好像要三四天，不過到得白帝城也就快了。重慶是一座山城，船行將近到岸就見到重重疊疊的吊腳樓在煙靄中若隱若現。這個地方原來是以靄聞名，一年當中沒有幾個月可以看得清楚。終日煙靄瀰漫，也分不清哪處是炊煙，哪些是雲霧。也就是這個緣故，減少了空襲的危險。

　　我們入住上清寺[11]一號，直到那年的冬天。

1　汪精衛長女汪文惺曾於1937至1938年間以日記形式記錄日軍攻陷南京前後，輾轉各地避難的心路歷程，由汪精衛親筆隨文批校，全書見《我書如我師——汪文惺日記》（華漢，2024）。

2　蔡司（ZEISS），是現存最古老的光學產品製造商之一。

3　唐孟瀟（1889–1970），名生智，1937年11月，日軍進攻南京時，他力主死守，主動出任首都衛戍司令長官。他聲稱要與首都共存亡，下令封鎖南京通往江北的線路，扣留渡船。

4　華中大學，為其時華中地區幾個英美基督教差會聯合創辦的一所教會大學，校址在今武漢。

5　華西壩，位於成都市市內錦江之南。1904年經基督教四個差會確定籌建私立華西協合大學校後，此地因此而得名。

6　「下江人」為重慶、四川官話裏對川外長江中下游一帶外省人的稱呼。1937至38年，南京、武漢相繼淪陷，重慶成為國民政府陪都，大量長江下游地區民眾逃難聚集至此，統稱「下江人」。

7　成都武侯祠，位於四川省成都市南門武侯祠大街，是中國惟一的君臣合祀祠廟，由武侯祠、漢昭烈廟及惠陵組成，人們習慣將三者統稱為武侯祠。成都武侯祠始建於公元223年修建惠陵（劉備的陵寢）之時，其中武侯祠（諸葛亮的專祠）建於唐以前，明朝初年重建時將武侯祠併入，除惠陵以外現存祠廟主體建築為1672年清康熙年間復建。

8　杜甫草堂，又名杜甫草堂博物館，位於成都市青羊區的浣花溪公園旁。公元759年，杜甫因安史之亂流亡成都，在友人嚴武的幫助下於浣花溪畔蓋起了一座茅屋，並在此居住了四年。草堂屢次經歷戰火，現有的建築大都為明弘治十三年（1500）和清嘉慶十六年（1811）所興建。

9　國民參政會是由中華民國國民政府的政治組織，包括中國國民黨、中國共產黨及其他抗日黨派和無黨派人士代表參加之全國最高民意諮詢議政機關。它從1938年7月成立，到1948年3月結束。

10　石達開（1831－1863），小名亞達，綽號石敢當，祖籍廣東興寧，廣西貴縣（今貴港）客家人。太平天國名將，近代中國軍事家、政治家、武學家。

11　上清寺為重慶市渝中區一地名，與牛角沱臨近，是重慶市城區主要交通樞紐之一。上清寺為嘉靖年間修建，一度香火鼎盛。1924年因軍閥混戰，上清寺的神像在戰亂中被毀大半。

第十四章：去國

早在畢業考試之前，農本局[1]和中中交農四行[2]就派人到成都招請辦理農業合作事務人員，我們這一批農業經濟生是不愁沒有出路的。可惜我夎尾成為逃兵，沒有跟上大隊，就一個人回到漢口。為着同家人在一起，輾轉多時，才再度入川。來到重慶之後，暫時安定下來，想起自己前途，終不成長期閒散，於是又再進入農本局，希望走回農經本行。經過一星期調閱案卷，熟習法例程序之後，便奉派到合川金庫見習。

筆者離開重慶前，寄給父母的照片

合川是重慶以北，嘉陵江上的一個縣分，乘坐小輪大約三小時可達。合作金庫就在縣城大街上一幢狹小的房子。進門幾把藤椅就是客廳的所在，然後一道櫃枱隔間，後面便是辦公室。那裏擺着三張書桌，一是主任的，一是會計的，一是我和另一位辦事員合用的。主任張君是金陵前輩同學，會計楊君也曾就讀金陵，並且曾經在南京乾河沿金大校外宿舍和我同室居住了一個學期。另一位辦事員來自上海，姓名只記得有一個「傑」字而已。這是我生平第一份工作，可是已有兩位有淵源的同事，一點也不覺得陌生。宿舍就在半層的閣樓上面，只有我們三個金陵校友的牀鋪，主任和會計家眷在重慶，沒有同來任所，上海來的一位帶了家眷在外面租住一個院子。那時候的薪金，除主任每月六十元[3]之外，我們一

律四十元，竟然都夠養起一個家了。工作方面，因為金庫已經成立了一段時間，現在要做的只是維持合作社成立後的經常事務，所以也很清閒。到了將近一個月，我們開始計劃由已有經驗的職員（主任和會計）先後帶領我們兩個新手出去辦理最近要求成立的新組織，誰知我這個農經學生的合作事業就戛然而止，永不回頭了。

一天傍晚，公餘之暇，幾個人正在聊天，郵差送來信件。出乎意料之外，其中一封是四姑娘由重慶寄給我的，裏面很簡單地說有事要我星期日回家。合川和重慶兩地相隔不遠，既然如此，就回去看看吧。

星期日一早，抱着輕鬆的心情搭上沿嘉陵江南下的小輪。十二月的冷風已把重慶一帶的迷霧吹散。這時正是天朗氣清，人們的精神也為之一爽。可是，另一方面又有日機來襲的恐懼。幸而時間尚早，全程都平安渡過。一面瀏覽兩岸的風景，不覺就到了山城的江邊。上得岸時，已有家裏派來的車等着，返抵家中，見到四姑娘，她以低沉的聲調對我說：

「我們將有重大的決定。到了這樣的時刻，我們一定也希望你在場。等一會，四姑丈會詳細對你說的。」

於是那天下午，在書房裏面四姑丈把現時的局勢向我解釋。他認為繼續打下去對中國十分不利。中日之間，和平的機會是仍然存在的。既然身在其位，不可能提倡和議，只有抽身去國，然後希望以在野之身為國家前途說幾句話。我對四姑丈為人，除了敬佩之外再無話說。一方面立即意味到他要是採取這一步行動，就不知多少艱難險阻等待着在前頭，但這些都不是我所顧慮的。於是即時表明我一定追隨左右。

周佛海

我前往合川之前，在重慶就有幾次見到幾位不常到訪的來

169

梅思平

高宗武

汪屺攝於1942年

陳常燾攝於1938年

客，記憶中有周佛海[4]、梅思平[5]和高宗武[6]等。高是四姑丈兼任外交部長時的東亞司長。梅則曾任江寧縣長，縣長訓練班考試第一名出身，任內有過驅鴨食蝗蟲的故事。周氏全無印象，據說是蔣氏左右的人物。他們幾位最近來訪必作長談，並留共中飯，所以我略能記憶。後來知道他們原是奉蔣氏指派，在香港設立機關，向日本探洽和議的人物。為甚麼又到重慶來特地與汪氏聯繫？這也許就是和議漸趨成熟的關鍵，許多錯綜複雜的地方，就不在我陳述範圍之內了。

稍後，四姑丈再集家中上下人等，記憶中包括秘書汪屺[7]（彥慈，四姑丈的姪兒），陳常燾[8]（曹宗蔭[9]已到香港），總務陳國琦（四姑娘的姪兒），衛士隊長周烈漢，司機阿六和阿甯，侍應老宋和阿王等，再把先前對我說過的一番話重複一遍。並且說，此後必定許多艱難危險，還要受到別人的不諒，唾罵，以至攻擊，生活也一定不能夠再像今日一般安定。各位如果另有前途，決不阻留等語。這時汪屺站起來說道：「四叔，可否讓我說說呢？」

「大家有話儘管說。」

「我覺得四叔此舉對國家有很大的幫助，不過對四叔個人以至一家人就十分不利，還請再三考慮。」

「既然有利於國家，就應該盡力而為。自己不做，還能夠希望別人去做嗎？國事已經危急到這樣的地步，還有甚麼個人值得考慮的呢？而且我早在參加革命的時候就獻身國家了。你總還記得『一家哭何如一路哭』這一句話吧。」

經過這一段對話，汪屺再沒話說，而上下人等，也齊聲回答，無論怎樣辛苦艱難都決意追隨。

那時候日軍已經切斷中國東南部所有對外路線，西南方的昆明是唯一的交通孔道。早在年初，四姑娘和暄哥（四姑娘堂姪陳春圃，名煬暄）都先後到過昆明，和龍雲[10]打過交道，現在也打算經行這一條路線。於是由陳國琦與當時的交通部次長彭學沛[11]聯絡，定了幾個到昆明的機位。為了既要事情進行順利，又要盡量保持秘密，迫着把預定的日期屢次拖延。飛機票要改了又改，達三四次之多，而一家上下豫聞此事的，總有二三十人，卻依然未聞洩露，未逢阻滯，的確說的上是一件奇蹟。

陳春圃攝於1938年

一九三八年十二月十八日那天早上，四姑娘帶領我和陳常燾先乘車到珊瑚壩機場，四姑丈和十一姑丈（曾仲鳴，汪、陳子姪都以此相稱）由衛士桂連軒隨同，稍後再到。因為飛機從成都起飛，到珊瑚壩還要加油，稍等然後再飛的。飛機依時到達，四姑丈他們的車子不久也到了。我們迎着走過去，這時空軍司令周至柔[12]也在機場出現。十一姑丈走過去和他打招呼，告訴他汪先生要到昆明演講。周立刻上前敬禮，並且寒暄幾句，方才退開。本來加油需時不過十分鐘左右，今天時間超過一倍有多，終於招呼乘客登機，原來也就是我們和周至柔一共七人而已，到得起飛已然延遲半小時以上了。

十一姑丈曾仲鳴

周至柔攝於1950年

飛行途中還有一段小插曲：周至柔曾起身走進了駕駛室，他這一舉動令大家都特別警覺。既然不能跟他進去，唯一可以知道有沒有發生變化的就是注意飛機的航行方向而已。大家緊張了差不多半個小時，及後看到周司令走出來，笑着對十一姑丈說：「我的飛行技術生疏了。」

龍雲

朱培德

陳國強留學德國時攝

飛機在下午一點到達昆明，省長龍雲安排了儀仗隊來迎接。一行人等回到龍雲的公館，四姑丈夫婦和龍雲就一直閉門長談，我們幾個只是守在屋裏。偶然上落樓梯，卻覺得微微地氣喘。原來昆明位於滇東高原，地勢高峻，空氣比較稀薄，初到此地的人總是不習慣的。當天下午，四姑娘設法找來在空軍學校任教的陳國強（四姑娘的姪兒，國琦的弟弟），由他轉向歐亞航空公司的負責人李景樅[13]設法租用包機。結果，到第二天下午一時，飛機又把我們一行人等帶離國境，送抵河內。

當時河內是安南的首府，仍然受法國人的統治。第一天晚上，我們住進了朱培德[14]夫人的寓所。第二天十一姑丈在法國人開辦的大都會飯店找到房間。住了幾天，覺得出入的人太多，太龐雜，要另找比較清靜的地方。結果由飯店經理介紹到一處叫三桃的，那裏是大都會飯店的分支，原是避暑的地方。這個季節本來停止營業，為了我們，特地召回一部份工作人員，專誠服務。旅舍建築在一座小山的頂上，汽車要經過一段盤旋的山徑然後抵達，房子就在一片松林的深處。這裏遠離塵囂，氣溫比河內市區低許多。雖然在冬季裏，大清早起來卻時常都有濃厚的霧。舉目四望，到處都是一株一株濃淡不同的樹幹，此外便是一片迷茫，這就是我對三桃的印象。

這裏來的人不多，就算是旺季裏也不過住上少數的法國人，現在當然只有我們幾個了。我們住下來的只有四姑丈夫婦和我，另外就是司機和衛士。十一姑丈為了方便辦事，住在大都會飯店，只是日間到來接接頭。我卻清楚地記得陳公博離開成都，來到河內，就是在三桃留宿一宵和汪先生晤談的，而後來〈艷電〉[15]也正是在這地方草擬。那時四姑丈失慎傷足，用一張椅子墊着一條腿，不斷奮筆疾書的情形，依舊如在目前。

　　由八舅父陳昌祖負責租賃的房子已準備就緒，我們便從三桃搬了過去。那是高朗街二十五和二十七號，一個小花園裏面的一雙合掌樓房。前面靠近馬路，進入大門就是汽車間和工人房。樓底下一道樓梯直上一樓，這裏每層有大小房間各兩間，二十七號這一層全都用作臥室，二十五號前一間是客廳，後一間是飯廳，當中把間壁拆去，改用屏風隔開。前面的小房間做衣帽間，後面的做伙食室。兩邊都各有一道樓梯通上二樓。二樓的間隔和一樓一樣，只是前面朝着馬路的房間多一個小露台，小房間不是臥室而是浴室而已。二十五號和二十七號的一樓和二樓，前後各開一道門，以便兩屋交通，把門關上，仍然可以保持清靜和獨立。另外在屋後面，院子裏各有兩間小房間，那是廚房、工人房和儲物室。

　　這時候除了我們最先乘飛機離開的六個人之外，其餘各人分批乘坐汽車或其他交通工具的都陸續抵達。單獨衛士隊長周烈漢在雲南離境時給守軍扣留了。原因就是他有一張汪先生的照片，是親筆題贈的，他一向視為至寶。臨走時捨不得留下，卻又怕惹人注意，就把它藏在一隻古老的自鳴鐘裏，偏偏檢查員對古董特別感覺興趣，稍加注意，便發現了裏面的照片。於是起了疑心，便把他留下來問話，從此就再沒有聽到他的消息。這是一位同行的衛士報告的。周君原是中山先生的衛士，後來和陳皋、何聯坤等幾位同來追隨汪先生的。周君為人忠誠耿直，身體壯碩，閒來喜歡橫車躍馬，下幾盤象棋，人稱周大將軍。寫到這裏，不禁停筆，對他再作一番追憶。

　　當大家住進高朗街的時候，我卻離開河內，去香港省視雙親。自從戰事發生，我從南京輾轉來到四川，一直就未有機會和父母親見上一面，趁着暫時無事，可以走一轉。順便向兩位老人家稟告我們打算在二月裏結婚的意願，同時希望兩位當中至少有一位可以主持婚事。於是在香港停留了短暫的幾天之後，便和母親返回河內。

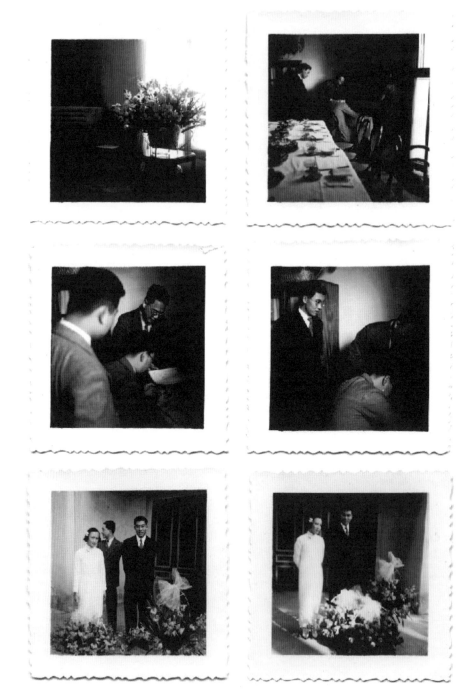

筆者的一組婚照：右上角坐着的人為證婚人汪屺，站在兩旁的是汪精衛、李淩霜；中間一行
圖左為陳國琦、汪屺、汪精衛；圖右為何孟恆、汪屺、汪精衛；左下角新人中間的是汪精衛

何孟恆與汪文惺的河內婚宴在座者（由左至右）：何孟恆母親李凌霜、汪文惺、汪屺、
雷慶、陶希聖、陳常燾、曾仲鳴、汪精衛、朱媺、陳國琦、何孟恆、陳璧君

陳國強兄執鏡

民國二十六年（一九三九）二月二十六日，在越南河內高朗街二十七號舉行婚禮後，共進午餐。
雙方家長除念劬公因事留港外，均親臨出持。長輩有方君璧十一姑（照像中僅露半臉），
曾仲鳴十一姑丈，親友有堂兄汪屺、表兄陳國琦、姪女朱媺，及雷慶醫生，陳常燾秘書，唯一外客
則為陶希聖，適有事來訪，故爾共席。一九八六年歲暮仲魯弟攝自曾醒三姑舊相冊見寄因補記始末
（作者手書）

175

　　為了我們的事，十一姑丈是最戮力贊助的一位。他親自為我們購買家具，一套不滿意又再買一套。還親自督工把二十五號二樓後面的一個房間佈置做我們的新房。房間裏的東西除了一副王文治[16]寫的對聯之外，一切都是新的；不流於豪華，卻十分清雅。多年以來，老人家為了奔走國事，可説是不曾有過一天開懷，趁着兒女成婚，十一姑丈實在希望讓他們好好的高興一番。不過我們一向過慣了恬淡簡單的生活，更何況國難方殷？同時我們也相信結婚是精神的結合，不是任何形式可以代表得了的，所以婚禮十分簡單，只是一對新人穿上新衣服，和至親友好一同吃一頓午飯而已。當時除開雙方三位家長之外，還有十一姑、十一姑丈、陳國琦、陳國強、陳常燾、汪屺、雷慶（留學德國的醫生，後來和汪琴[17]結婚，成為我們的姪女婿）和朱嬂[18]。上述幾位都是日常生活在一起的親友。只有兩位同事到訪的來客，留下來共進午餐的就是梅思平和陶希聖[19]，兩位外人，真可算是不速之客了。[20]

陶希聖

1　同前註，第九章〈石虎城踞山蟠龍〉註23。

2　「中中交農四行」為民國四大銀行的簡稱，即為中央銀行、中國銀行、交通銀行、中國農民銀行。

3　貨幣單位為法幣，即1935年起由中華民國國民政府發行的國幣。

4　周佛海（1897–1948），湖南人。中國共產黨第一次全國代表大會代表，後轉投國民黨，清黨期間支持蔣介石，一度成為國民黨理論專家，曾任國民黨民眾訓練部長、代理宣傳部長，抗戰中隨汪精衛出走，任汪政府各項要職，但與重慶秘密聯絡，戰後死於獄中。

5　梅思平（1896–1946），名祖芬，浙江人。學者出身，戰前曾任江寧實驗縣縣長，1938年與高宗武試探對日謀和，後隨汪離開重慶，先後任汪政府工商部、實業部、內政部部長，及浙江省政府主席。戰後被處決。

6　高宗武（1905–1994），浙江人。原為日本問題專家，1935年任外交部亞洲司司長，在對日外交方面屢有表現。抗戰爆發後是最初替汪精衛與日本牽線的人，與陶希聖退出和平運動後赴美定居。

7　汪屺，字彥慈，廣東番禺縣人。汪精衛之姪。曾受汪精衛贊助赴法國留學。1932年汪出任行政院長時為隨從秘書。後任汪政府廣州市長、廣東省政府委員、民政廳長、員警廳長、警務處長等職，並於1944年間代理廣東省長職務。晚年寓居香港，並在香港逝世。

8　陳常燾，曾任汪精衛行政院秘書。曹宗蔭助手，汪氏逝世後赴日定居，病逝日本。

9　曹宗蔭，字少岩（少巖），又名慧淑，畢業於廣州白鶴洞培英書院。因為與曹操同姓，朋友皆成之「曹公」。汪精衛的親密機要秘書，負責電報書札，1926年曾隨汪赴法養病，對汪精衛忠心耿耿，始終相從。

10　龍雲（1884–1962），字志舟，雲南人。滇軍將領，1928年起任雲南省主席，長期割據自保，抗戰結束後突被蔣介石拘往南京，職位由親信盧漢取代。1949年後在中華人民共和國政府任職。

11　彭學沛（1896–1949），江西人。原任《中央日報》總編輯，1932年起任代理內政部長、交通部次長等職。1948年空難去世。

12　周至柔（1899–1986），浙江人。曾任黃埔軍校教官，參與北伐，後任中央航空學校校長、第一任空軍總司令。1949年後在台灣任參謀總長、台灣省主席。

13　李景樅（1892–1956），字星五，福建福州人。先後在德國柏林工業大學、瑞士蘇黎世工業大學和奧地利維也納工業大學修讀機械專業，曾任國民政府交通部航政司航空科長、交通部總務司司長、歐亞航空公司總經理等。

14　朱培德（1889–1937），字益之，雲南人。曾參加護國戰爭，後追隨孫中山護法，1926年任國民革命軍第三軍軍長，參加北伐。1927年起任江西省主席。1937年病逝於南京。

15　〈艷電〉為汪精衛於1938年12月29日給蔣介石的電報聲明，由林柏生代發，29日電報的代日韻目即為「艷」。電報闡明與日往來三項原則「善鄰友好、共同防共、經濟提攜」。12月30日，電報於香港《南華早報》上刊登。全文參見《汪精衛政治論述》匯校本中冊（台北：華漢出版，2023年），頁414–416。

16　王文治，號夢樓，江蘇鎮江人。道光年間著名書法家。

17　汪琴父親汪宗準在汪精衛南京政府擔任廣東省財政廳長，是汪精衛姪兒，母親是朱執信之妹朱會只。

18　朱執信二女兒，嫁給汪精衛姪孫汪德璇，在汪精衛廣東家中負責處理內務。

19　陶希聖（1899–1988），名匯曾，湖北人。北伐中赴武漢軍校任教官，後加入「國民黨改組同志會」追隨汪精衛，在大學從事教學及著述，抗戰爆發後參與中日和議，隨汪自河內到上海，不久與高宗武一同脫離，回重慶後受蔣介石重用，曾助蔣撰寫《中國之命運》、《蘇俄在中國》等書。1949年後在台灣負責言論統制。

20　出席河內婚宴的人還包括陳昌祖的子女陳寧和陳興華。

第十五章：兇殺

離開國土的一段時間，第一件可記的就是我們的婚事，另外一件事就給我們留下了一道深刻的創痕，這都是我們永難忘記的。

一九三九年三月二十日，在我們結婚後已經快到一個月，家中還瀰漫着多少歡樂的氣氛。趁着當日天氣晴朗，有人提議到三桃去逛逛。那裏氣候清涼，可以散散步，而且旅館的海鮮湯滋味很不錯，我們曾經嚐過，至今仍然留着良好的印象。於是兩位老人家[1]、十一姑丈夫婦[2]、國琦、嫩姑[3]和我們兩個，帶同一個衛士，分乘兩部汽車，趁天氣還未太熱，便趕早起程。

何孟恆與汪文惺的結婚照

大概因為天氣好的關係，出外的人特別多，偏偏又遇着紅河橋[4]在進行修理，車子只能單程行駛，過得橋來一看時間，已經比平常慢了大半小時。因為到三桃還有好一段路，一見到有空地就停下來略為歇息，有幾個還趁個空轉身走進樹林裏面行個方便。這時候另外一部車子駛過來，走下一位法國人士，向我們聲稱是個警局人員，並且出示證件，勸我們不要到僻遠的地方，他們接到情報說有人會對汪先生不利。在我們離開家門的時候，他們暗中就跟在後面。看見我們過了紅河橋，果然會有遠行，便想攔阻，直到我們停車歇息，方才趕上。

二十五– 二十七號高朗街（Rue de Colomb）的房子今天依然樹立，現為河內市
二十五–二十九潘佩珠街（Phan Bội Châu）。房子曾一度被聯合國開發計劃署
（United Nations Development Programme）徵用，作為辦公地點，他們搬離之後，
房子遂空置至今。（攝於二〇一七年十二月）

我們將信將疑，不過他們既然是地主，也只好接受他們的好意，不要令
人為難。於是放棄了逛三桃的計劃，掉頭回家，改過來享受一個恬靜的下午。

住在南洋一帶的人都有午睡的習慣。因為午間天氣實在太熱，令人難以
忍受，所以午飯後大家都去午睡。一切工商政務，全部暫時休息，直至下午四時
以後才恢復辦公。我們住在河內，也都入鄉隨俗。記不起是二十日當天還是前幾
天了，我正進入臥室準備歇息，家人叩門說油漆匠要量度施工面積。我們因為趕
著着遷入，所以內牆是還沒有粉飾好的。我打開房門一看，來人並不是工匠打
扮，不過他自稱是油漆店東主，我就讓他進入我的臥室。他量度了好一會還要我
帶他進入每一個房間去。他說的一口不純正的國語，有點嚕嚕嗦嗦。我回答他這

是午睡時間，不能把一家人都吵醒，而且一間可例其餘，再從外牆量度，計算一下就行了。我堅決拒絕，他只好悻悻然走了。這人的舉動令我覺得突兀，不過過後也就不再放在心上。

　　我們屋子裏的間隔，上文已經大略提及，我想把屋子裏的人物再加以憶述。除了睡覺的時候返回臥室，平時我們多在二十五號飯廳前的一間起居室裏聚集，一般來訪的客人也在這裏見面，除非有事商量，然後請到二十七號二樓前面的一個房間。那裏擺設着原擬用於新房的另一套新傢具，既可用做臥室，也可見客，是全屋最整齊的一角。十一姑剛自香港到來，十一姑丈也就從旅館回來，住在這個房間裏。後面的一個臥室住了嫩姑和孟濟，十一姑丈的長子，那時年紀只有九歲。二十七號樓下前房一共五個人，八舅父[5]的三個孩子和兩個女傭。後房是汪屺和雷慶。後面的小臥室是陳國琦。前面的一間是陳常燾。二十五號樓上前房是兩位老人家，我們夫妻就住在他們隔壁的後房。至於衛士、司機、廚師、侍應等就分住兩屋的底層，車房旁邊的房間，怎樣分配就不清楚了。衛士之中有戴芸生、陳國星（媽媽的另一房的姪兒），司機阿六、阿甯，廚師何就，侍應老宋、阿王這些名子而已。

　　二十日晚上，大家照常飯後在客廳聊天，到了十一點左右便各自散去，回房就寢。在我的記憶中好像只是剛正瞌眼，便給辟辟拍拍的聲音吵醒。年輕的時候，我是最渴睡的，連我都醒過來，聲音也就一定不小。不用說，妻早就睜着眼了。

　　「是甚麼聲音？」

　　「大概放爆竹罷！」

　　一想不對，農曆新年早就過去了，而且這時候也夜靜無人，這裏離開街市也很遠。我一邊想一邊翻身起牀，走出房門口，這時老人家也正開門張望。

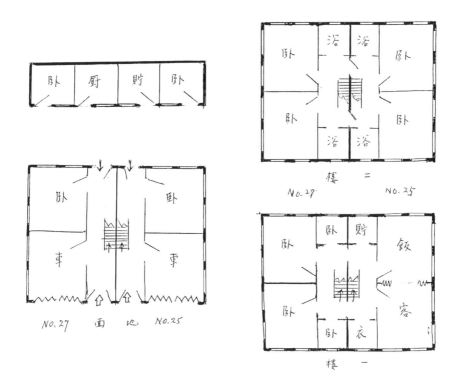

圖示河內高朗街房子的間隔，由何孟恆所繪

「是什麼？」他輕聲地問。

「別是有什麼人來搗亂罷。」我已經開始感覺到有點不對勁。「快回到房間裏不要出來，我去看看。」把妻子也推進了老人家的房間。

匆忙中鞋子沒有穿上，走起路來正好沒有一點聲音。我沿着樓梯往下走了幾步，辟拍的聲音又起，這時已經很清楚知道那是鎗聲，卻一時分辨不出是從那裏傳來的。往下面一望，見到走廊的燈亮着，一樓後面兩屋相通的門口忽然伸過來一隻手，摸索到牆上的電燈開關就一下子把電燈全部關了。我不覺一怔；這

是什麼人的手？已經有人入屋了？馬上縮身走回老人家的房間，把房門關緊，四個人背靠牆壁，坐在地下。這時別無辦法，這樣子已是比較上最安全的了。

這時候辟拍連聲，更夾雜着腳步聲、敲擊聲，感覺上好像有人從天窗跳下來似的。我們噤聲不響，悄悄地走近露台，向外張望，看見對面十字路口的街燈底下有一個人正向我們這邊跑過來，我立刻閃避，免被外面的人看見。同時輕聲囑咐大家千萬不要作聲，不要走動。

歇了一會，再沒有動靜，大概這時候進屋的人都已經走了。

我把妻子和兩位老人家穩住在房間裏再走到外面探視。很明顯的，事情發生在二十七號，我逕直推門進去查看。迎面見到嫩姑腰部以下染滿了血迹，不住地發抖。我問她傷在那裏，她卻連連擺手，説受傷的是十一姑丈和十一姑。走進了打開着門的房間，借着牀腳地上放着一盞燈的微光（臥室裏留着一盞燈是十一姑丈一向的習慣），我摸索到十一姑丈和十一姑躺着的地方。一伸手就觸摸到地上一攤厚厚的、滑膩的鮮血，同時聽到十一姑丈堅忍着的呻吟聲。我不再遲疑，立刻催促嫩姑打電話召救護車，自己不懂法文，真是沒有一樣辦得通，電話裝在二十五號一樓衣帽間外面的牆上，我把她連拖帶抱地送到那裏，好不容易才接通了電話。她事發的時候正在十一姑丈的房間，目睹一切，實在受驚過度了。

這時候二十七號也有人用法語呼救，那是汪屺的聲音。接着國琦兄用手帕紮着左腿，他雖然受了傷，還能夠掙扎着走動。他説受傷的還有廚師何就、衛士戴芸生和陳國星，而情況最嚴重的就是十一姑丈和十一姑。

警察和救護車終於到了。妻和嫩姑幾個人留下照顧爸爸（結婚後我跟着妻子這樣稱呼），我和媽媽跟隨着救傷車把十一姑丈他們兩位，和全部受傷的人送進河內的法國陸軍醫院。

那所醫院的一切設備在當時也顯得落後，人手也十分缺乏，只得一位住院醫生和幾位護士。把情況最嚴重的十一姑丈送入手術室之後，身上中了四鎗的十一姑便只好躺在擔架牀，沒人照料，甚至身上一張牀單也是家人到處找尋方才蓋上的，其他的人更不用説了。

一直到這時候然後才清楚看到十一姑丈胸腹中了許多鎗，因為失血太多，第一件要做的就是要為傷者輸血，否則生命馬上便會有危險，可是醫院卻沒有血液的貯備。記得戰事開始的時候，大家為了準備應變，都做過血型的檢定，以防萬一，現在用上了。十一姑丈和我都是 B 型，於是立刻告訴醫生，醫生也來不及再加鑑定就替我把血液輸給十一姑丈。他用的是一具古舊的複式唧筒，一面從供血者把血液抽出來，同時把血液輸進受輸者的血管。可是這副唧筒毛病百出，一抽一唧，兩面俱漏，弄到淋漓滿地。這時十一姑丈還輕輕地説：「阿傑，浪費了你的血了。」

不知抽出的血究竟輸進了多少，輸進去的究竟又有多少幫助，醫生終於為傷者施了手術，切除了一段尺多長的小腸，洞穿太多，無法縫補了。我一直在場，眼看十一姑丈在不施麻醉的手術中從來沒有高聲哼過，最難忍受的是鎗傷，與手術的痛楚比較起來已是不重要了。

十一姑身中四鎗，一鎗穿過右胸，擊碎一條筋骨然後從背後射出；一鎗穿過左膝蓋，從膝下射出，一鎗洞穿右腿，另一鎗擦過右胸。起先的兩人同在一間病房，後來醫生恐怕十一姑丈有事，對十一姑影響太大，要把兩人分開。媽媽覺得十一姑丈的情況危殆，也不能不讓十一姑知道，這個訊息的傳達又落到我身上了。

　　我真不知道當時是怎樣開口的，不過一開口十一姑馬上就明白了我的真意。她十分鎮靜，鎮靜到我不敢相信。她只要求醫護人員把她的輪牀推近到十一姑丈身邊，讓她說一聲再見，然後離開。

　　十一姑丈這時已經想到向來由他經管的一切，掙扎着叫人把國琦找來，向他吩咐了幾句。又叫人支票簿拿來，讓他簽一張空白的支票，簽了又簽，才選到一張沒有走樣的，以防萬一。這樣一來，已把他累到喘息連連，滿頭冷汗。

　　最令人憂慮的就是傷者一直覺得寒冷，面色灰白，脈搏微弱，醫生也感覺到一點也不樂觀。家裏來了電話，爸爸焦急地問訊十一姑丈的傷勢，而且堅持要來醫院見他一面。到了這時候，連媽媽也無法阻止。不過處處險阻，怎樣出入來往才避過兇徒的耳目，一時實在想不出辦法。唯有先回家裏再算。於是十一姑丈暫由雷慶照顧，媽媽和我返抵高朗街的時候，已是接近廿一日的中午。

　　一位法國商店的經理阿蘭，是十一姑丈和八舅父都認識的朋友，聽見我家發生事故，特地走來探問。這時候他自告奮勇，提議由他駕駛他自己的汽車送爸爸到軍醫院，諒可避免人家的注意。於是爸爸在後座盡量把身體低伏，我和妻子兩人把他遮擋住，媽媽坐在司機旁座。打開大門，車子便一衝而出，雖然還是不少探頭探腦的人，卻總算沒有人跟蹤。到得醫院，見到十一姑丈比較我們離開的時候又更加困頓了。

　　爸爸和十一姑丈的關係，是同志，是師生，也是兄弟。想不到在這種情形之下，見上最後一面。除了執手相看之外，只記得十一姑丈說過一句：

　　「國事有四哥，家事有十一妹，我也沒有什麼不放心的。」

我們催促爸爸不宜多留，他也知道多留無益。於是仍舊用來時的方法，由我夫婦兩人送他回家。到家後，他一面拭着眼淚，一面親自打點，為十一姑丈找出全套乾淨衣服，讓我帶回醫院備用。

雷慶攝於1966年

經過了十多小時的痛苦掙扎，十一姑丈終於傷重逝世，時間是二十一日下午四時。彌留之際，媽媽、我和雷慶一直在他身邊。我跟隨媽媽把這個不幸的消息向十一姑透露，她含着淚說：「在這個年代，抗戰的可以死，致力和平的也可以死，我們要把個人的死亡，換取國家民族的生存！」

十一姑丈穿着齊整，房間收拾清楚之後，由雷慶留下來照料一切，媽媽和我又匆匆趕返家中。

這時園子裏有好些警察，一位法國警官正在用一把手鎗給警員示範如何上子彈。這令我想起十一姑丈先前說過：法國當局對他說，安南地方除了法國人誰都不可能有鎗械，所以不必領取自衛鎗這番話。

從二十日深夜，或者可說是二十一日清晨，遭受到凶殘的襲擊之後，大家一直只顧得救死扶傷，到現在才綜合起各人不同的遭遇，整理出一個事情的輪廓。估計兇徒約三四人，從二十七號後園越牆進入，衛士戴芸生聞聲出視，就遭受鎗擊，彈中手臂；陳國星伏身汽車後面，也被掃射，水泥地面的碎片濺傷了他的胸部。兇徒從底層的樓梯上一樓，國琦已經聽到聲音走出房門，正伸手把電燈熄滅，就被兇徒的電筒照射到，跟着就是一排鎗，幸而只是洞穿右股，被迫退回房間。兇徒繼續登上二樓，那時十一姑丈和嫩姑同時從前後兩房間出視，見到兇徒已經迫近，只得一齊退入前面十一姑丈的房間。僅僅把房門鎖上，兇徒即已趕到，用利斧把房門劈開了一個洞，伸手進去放鎗。這時朱嫩剛在門側的一個死角，避過了鎗擊，所有的鎗彈不幸都射到十一姑丈和十一姑的身上了。事後兇徒

Né en 1901, à Foochow (Fu-Kien) M. Tsen avait fait ses études supérieures en France où il avait obtenu le titre de docteur ès-lettres. Nommé dès 1922 secrétaire général de l'Université franco-chinoise de Lyon, il devait rester à ce poste jusqu'en 1924, date de sa rentrée en Chine où on lui donnait, dès son arrivée la chaire de professeur de lettres à l'Université Nationale de Kwangtung.

Devenu secrétaire général du gouvernement national de Nan Kin, puis admis au Conseil politique en 1927, il rencontra Wang : un pacte à vie scella tout d'un coup les deux hommes.

Avant d'être nommé Ministre des communications en décembre 1935, Tsen avait occupé successivement les fonctions de Secrétaire général de l'Assemblée du Kuomintang à Pékin, sous-secrétaire d'État aux chemins de fer, membre suppléant du Comité exécutif central du Kuomintang. Il était également auteur de livres écrits en chinois et en français et rédacteur en chef de la *Revue Mensuelle du Hua Nan* à Shanghai.

Autour de l'attentat de la rue Colomb

D'après les renseignements recueillis, l'un des meurtriers de M. Tsen tso Meng se serait d'abord assuré dans la journée du 20 courant de la présence de Wang ching Wei à Hanoi, rue Colomb. Une fois le fait confirmé, il en aurait averti aussitôt ses compagnons Yo tong Sam, Yuan peh hsun et Yong ve Ho qui logeaient à l'Hôtel Ceylan. Les quatre, après discussion se seraient donnés rendez-vous à la gare à deux heures du matin.

De la gare ils se dirigèrent vers la maison de Tsen tso Meng dont ils aperçurent la fenêtre ouverte. Tandis que deux d'entre eux postés en bas immobilisaient les gardiens, deux autres montèrent vers la chambre de Tsen. On sait le reste.

Les meurtriers prétendent que leur crime n'aurait pas été conçu avant leur arrivée à Hanoi. Néanmoins, il est établi qu'ils étaient tous venus ici le 7 mars et que par conséquent un rendez vous devait être convenu entre eux avant leur départ de Chine.

En tout cas, le crime est bien prémédité. La Sûreté a arrêté également Lui cheng Chi, soupçonné d'avoir été impliqué dans l'affaire Chi, en effet, s'il n'était pas présent au lieu du crime, aurait logé avec les assassins dans un même hôtel et aurait quitté avec eux la Chine le même jour. Même s'il n'est pas un complice, Chi sans doute peut donner des renseignements précieux à la Justice sur l'activité des coupables et sur le développement des événements.

Enfin, Sam, Hsun et Ho ont déclaré que l'objet de leur crime serait non pas Tsen tso Meng mais Wang ching Wei.

Les quatre meurtriers de M. Tsen tso Meng sont défendus par Me Mayet.

Ils ont été écroués à la Maison centrale.

Un attentat politique

Dans la nuit du 20 au 21 courant, vers 2 heures et demie, des Chinois pénétrèrent dans la maison sise No 27 Rue Colomb, logement de M. Wang ching Wei, ex-président du Yuan Exécutif du Gouvernement chinois, réfugié à Hanoi depuis plusieurs mois. Ils franchirent la clôture, montèrent un escalier, forcèrent la porte d'une chambre à coucher, s'y engouffrèrent et tirèrent 30 à 40 coups de mitraillette dans la direction du lit.

Les balles atteignirent M. Tsen tso Ming, secrétaire général du Koumingtang, ami et confident de M. Wang ching Wei, sa femme et trois gens de la maison. M. Tsen tso Ming fut le plus grièvement blessé. Évacué par la suite sur l'hôpital de Lanessan, il y décéda hier après-midi, ayant eu l'intestin perforé en trois endroits.

Les agresseurs, après l'attentat, prirent la fuite, mais trois d'entre eux, après une longue poursuite, furent arrêtés à hauteur du dispensaire municipal. Interrogés, ils n'ont rien voulu déclarer pour le moment.

Dans la chambre du crime, on a retrouvé six révolvers Mauser ainsi que des gants en caoutchouc.

Autour de l'assassinat de M. Tsen tson Ming

Nous avons annoncé l'attentat commis le 21 courant par des Chinois au No 25 rue de Colomb, domicile de M. Tsen tson Ming, ancien ministre chinois, secrétaire particulier de M. Wang chin Wei, ancien président du Yuan exécutif.

Dans la nuit du 21 au 22 mars, on a arrêté, dans un hôtel, No 65 bis rue Reinach le quatrième auteur de l'attentat.

Les trois Chinois, arrêtés aussitôt après le coup, ont été interrogés par la Sûreté et le Juge d'Instruction. Ils s'appellent Sun ya Tong, Yong we Ho, Yuan pin Hsun, et Lui chen Chi. Ils étaient venus à Haiphong depuis le 7 mars.

Les obsèques de M. Tsen tson Ming, ont eu lieu hier à 17 heures.

Une douzaine de fonctionnaires de la Sûreté, commissaires, inspecteurs et agents, suivaient le convoi funèbre.

Le corps fut placé dans le dépositoire.

M. Tsen tson Ming est décédé dans sa 41e année. Voici sa biographie :

Né en 1901, à Foochow (Fu-Kien) M. Tsen avait fait ses études supérieures en France où il avait obtenu le titre de docteur ès-lettres. Nommé dès 1922 secrétaire général de l'Université franco-chinoise de Lyon, il devait rester à ce poste jusqu'en 1924, date de sa rentrée en Chine où on lui donnait, dès son arrivée la chaire de professeur de lettres à l'Université Nationale de Kwangtung.

Devenu secrétaire général du gouvernement national de Nan Kin, puis admis au Conseil politique en 1927, il rencontra Wang : un pacte à vie scella tout d'un coup les deux hommes.

1939年3月22-24號，發行於河內的報紙《海防快訊》（*Courtier d' Haiphong*）接連報導此次暗殺事件，包括兇手被捕、曾仲鳴的葬禮等內容。

仍循原路退走。因為我們實實在在的手無寸鐵，所以來去之間絕未受到阻擋。他們離開的時候還留下膠鞋手套，和兩排全未用過的子彈。

這次行兇的目標，自然是爸爸。可是為什麼會有個差錯呢？從兇徒進出，從未踏足二十五號，估量他們可能不知道兩屋連接相通這一回事，而且肯定二十七號二樓前房是爸爸的臥室。於是倉卒之間，在黑暗中無從細認，便下毒手。其實爸爸媽媽他們一直都住在二十五號二樓前房，從未移動過。至於二十七號前房除了十一姑丈兩位入住之外，就只用來見過客而已。不過如果從遠處窺伺，倒很有可能見到會客的情形，而且佈置比較整潔，也可能是錯誤的原因。我很懷疑兇徒曾經猱升屋頂，用倒捲珠簾式的身手察看過目標人物居此不惧的說法。[6]因為爸爸連寫文章都在自己房間起草，晚上不可能在二十七號前房出現。還有一樣湊巧的就是二樓前後兩道兩屋相通的門在當晚都掩上了。否則，看到兩屋相通，很可能會過二十五號這一邊來的。

這時候我才再次想起那油漆店東主，至今我還是不敢斷定他的真正身份。不過我沒有讓他進入其他的房間是對的。

為了要讓留居香港各人清楚這回事變的經過，我親歷其境，便成為最適當的傳達者。於是在兩三天之內便啟程離開河內，前往香港。我們夫婦只好暫時分別，直到後來到了上海，再復相見。

後來閱報知道，三名兇徒陳邦國、余鑒聲、張逢義當時就給警察捕獲，他們化名楊衛河，孫亞東和袁伯勳。他們還詭稱是小商人，激於愛國心，憤而殺人。一年之後，在上海再陸續捕獲兇徒王魯翹[7]和陳恭澍[8]，根據證供，很清楚的這是一樁政治暗殺。為了政見不同，要排除異己，便下毒手。這是卑鄙的，見不得光的行為。於是把它推諉在「民眾」的身上。民眾是最好利用的個體，民眾是你也是我，同時不是你也不是我。誰都可以分享榮譽，誰都不用擔負責任。有事

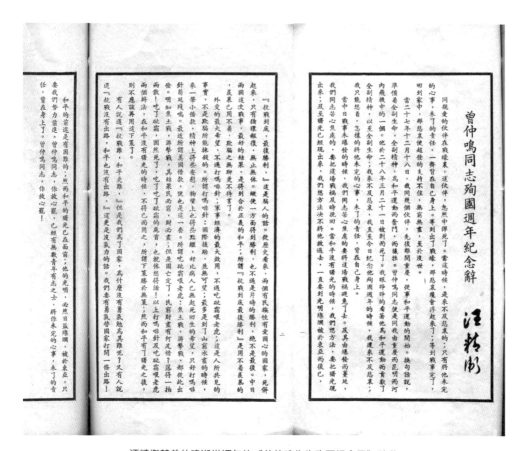

汪精衛替曾仲鳴逝世週年的《曾仲鳴先生殉國紀念冊》致辭

推在民眾身上，不會有人挺身反對的。可是，就算真的是發自民眾，如果有人認為自己才愛國，別人不愛國，就把別人殺了，這是一個文明的、法治的國家所能容許的嗎？

　　事情已經過去了將近半個世紀，一個自稱當年策劃殺人的人又重新提起這一件事。這次不同於以前的説法，而是公然承認奉命暗殺，還冠冕堂皇地説是執行國法。可是這些自稱「執法人士」有沒有弄清楚這是什麼法？幾曾依據這「法」來審判過？要殺的人是幾時宣判死刑的？其實只要能夠指揮此輩，便可以

隨時和隨意殺人，稗史中的滿清皇帝派遣「血滴子」[9]取人首級，實在不能專美於前了。

我懷疑今日是否真的民主到這樣的地步，特工人員可以單憑己見，把辦案經過抖露出來。我覺得奇怪，兩種不同的說法為什麼會在同一統治之下出現，前後不符。既然是執行國法，為什麼不光明正大，早早的公佈，一直要推諉在民眾身上。既然久矣諉為民眾激於義憤，因而發生的事件，又要在幾十年後招認是出於當局的指令，硬要使它合「法」化。更奇怪的就是，自從事發至近今殺人者以英雄姿態出現，人們只知以觀看《水滸傳》回目一般的心情來欣賞，卻從沒有人有「史」和「法」的警覺。是漠不關心還是噤不作聲呢？我不禁為中國的歷史，中國的法治，中國的民主，中國的前途，感到無窮的悲痛！

這次兇殺事件是我自己親身的經歷，經過和當時在場的另一些人印證，與事實不會有大出入。

許多人提出這事件有政治上的重要性，認為組織政府，還都南京，都和這次的事件有關。因為爸爸和十一姑丈（汪與曾）情同手足，十一姑丈被殺才激起組織政府的念頭[10]。我對政治沒有認識，只知從理念上來判斷。不錯，我也認為兇殺事件直接引起組織政府。但只著眼於二人的感情關係，就覺得只知其一，不知其全了。汪氏抱著救國主張，願意犧牲一切以求貫徹。所以如此者必然認為此主張對於中國更重於其他的一切。起先以為可以說服當局，加以採納，不意備受唾罵，並遭追殺，移居外國亦不可免。最親近的一個已遭毒手，任何一個追隨者甚至自己都隨時可以被殺。身死所不足惜，奈救國的初心將從此湮沒，救國的途徑從此阻塞，這是汪氏和他的追隨者所不能堪的。所以必須尋出可以貫徹救國主張的一條途徑——組織政府，樹立力量，這才是合理的解釋。

1　即彼時已成為作者岳父母的汪精衛與陳璧君夫婦。

2　即曾仲鳴與方君璧夫婦。

3　朱媺，朱執信與楊道儀的次女。嫁於汪精衛之侄汪德璇。在汪精衛廣東家中負責處理內務。

4　此處應指龍編橋，即位於越南首都河內市市區的一座橫跨紅河的懸臂橋。此橋建設於法屬時期（1899–1902）。

5　即陳昌祖。

6　有關兇徒從屋頂倒掛觀察屋內的說法，出自陳恭澍的回憶錄《河內血案：行刺汪精衛始末》（北京：檔案出版社，1988年），頁192。

7　王魯翹，軍統殺手。1949年後赴台灣，曾任台北市警察局局長。

8　陳恭澍（1907–1994），本籍福建，出生於河北省，畢業於黃埔軍校第五期警政科。晚年在台北出版《英雄無名》系列叢書。

9　傳說中始於清朝雍正時期，稱雍正帝在尚虞備用處（俗稱粘竿處），組織了一支以「血滴子」為武器的特務暗殺隊，能在百步之內敵人毫無防備之下，迅速取下敵人的頭顱，隊員也因而被人稱為「血滴子」。

10　據汪精衛寫給方君璧的書信，致書問候之餘，特提及「至兄如縱如何傷心切齒，救國步驟必不敢因之而亂」，證明汪精衛悲痛之餘，對國事仍保有清醒的判斷。何孟恆認為此書信最足反證「因曾之喪，激怒而組織政府」之說。

第十六章：星沉

這段時期爸爸常常覺得精神困倦，容易疲勞。起先以為是工作忙碌的原故，可是過了相當時間，仍然不見好轉，尤其是元旦演講之後[1]，更覺不支。於是不得不暫時放開工作，臥牀休息。同時為求環境比較清靜，便搬到北極閣[2]小住。這時爸爸的心脈間歇加劇，還有一樣就是晚上睡着了的時候，雙腳不時跳動。又會睡中突然坐起來一會，然後躺下再睡，這都是不自覺的動作。再過幾時，更感覺背部當中一部份的肌肉有點麻木，這就顯得情形有些嚴重，為的是八年前在中央黨部受到鎗傷[3]的就正是這個部位。當時爸爸身中三鎗：左眼側一處子彈已經取出，左臂子彈穿過，傷勢不重，唯有背部一鎗雖然幸被吊袴帶阻擋，子彈轉向上方停住，沒有傷及脊骨，當時屢經手術，都不能成功取出，卻把病人弄到元氣大傷，引發了心脈間歇的毛病。從此醫生們再不敢嘗試，直到這時候，又覺得對這一顆藏在體內的子彈，似乎不能夠再漠視了。

一個日本軍醫官桃井中將[4]，在診視之後認為手術不會太困難，很有把握把子彈取出。到了這時候，只好聽從他的提議。果然他在不到一小時的手術裏，就把子彈取出。那是一顆鉛彈，因為日子久遠，顏色已經變黑，而且裂為兩截了。

子彈取出之後，滿以為病根已除，可以從此康服。可是雙腳的力量反而日漸減退。病人雖然能夠勉強起牀，但走起路來，腰背有針刺般的感覺。這時爸爸的私人德國醫生諾爾，從上海來到南京。要求病人走幾步讓他看看，見到爸爸走路的姿態，他竟然忍不住失聲哭起來。在座的人都為之變色。我更拉着他走到外面，責備他怎可以這樣對着病人動感情。他凄然道歉說他實在不該。只是感情上不忍見到多年來的朋友罹此沉疴，才這樣失儀的。他說，根據書上形

孟晉大兄（汪文嬰）

黎福攝於1982年

周隆庠

程西遠攝於90年代

容，這種蹣跚的步武正顯示脊骨受到壓迫，而脊骨的壓迫很可能就是瘤腫之類。脊骨的瘤腫，其嚴重性可以想像，所以不禁悲從中來，按捺不住。當時我還覺得他在掩飾自己的粗心大意，而且判斷未免太過輕率，心裏大不謂然。後來再細想這番說話，才覺得諾爾是一位真正有感情的朋友，也是最先判斷正確，肯說實話的醫生。

這時有一位日本著名內科醫生黑川[5]教授，本來是給媽媽診治胃出血的，也替爸爸檢查一下。他覺得病情嚴重，立即從日本邀請外科專家齋藤[6]到南京來。齋藤提議儘速到日本割治。經過一番商議，大家覺得到日本醫治，已經急不容緩。於是爸爸不得不將所負責任暫時交卸，在最短期間之內做好一切準備，便飛赴日本名古屋就醫。日期是一九四四年三月三日。家人由媽媽、孟晉大兄[7]、文悌六弟[8]和我夫婦隨行；醫務人員有日本醫學教授黑川內科和齋藤外科，中國的南京中央醫院院長黎福和兩位張姓女護士，秘書有周隆庠[9]、陳常熹、程西遠[10]等幾位同乘海鷗號飛機直飛日本名古屋。

抵達目的地之後，即入住名古屋帝國大學醫院。當日就做X光透視檢查和種種準備功夫。略事休息，隔天一早就由外科齋藤施手術。他的解釋是八年前一直留在脊骨外的鉛質子彈發生變化，引致脊骨部份瘤腫，脊髓受到壓迫，所以影響雙腳無力，不能行動。現在的手術是要割去兩節脊骨背面的一部份以放鬆脊髓所受的壓力，希望雙腳可以恢復力量。手術進行兩個多小時才完畢。

且說齋藤此人身材壯碩，舉動豪邁。他有一樣特殊的習慣，就是動手術的時候要把手術室的溫度調節到華氏九十度以上，然後穿上木屐來做手術。他一

名倉重雄

高木憲次

面奏刀，一面要特地由一位護士在旁替他拭抹雨一般的汗水。黑川教授中人身段，臉龐圓滿，戴一副黑邊眼鏡，他專責照料病人的一般健康狀態。名倉[11]教授是帝大醫院的整形外科主任。勝沼[12]教授是名古屋帝大醫院院長，還有我們的中央醫院院長黎福，這幾位醫生在手術之後，每天早午晚各一次都聯同一起檢查病人的情況。尤其是黎福醫生是自己人，更加隨時在側。手術兩天之後又來了一位高木教授[13]，此人似乎來頭很大，其他的醫生對他都很尊重，他儼然成為一群醫生的領袖。另有軍醫少佐中澤[14]，大尉太田[15]跟在後面，專門擔任紀錄。護士方面，平時總是由南京和杭州兩位張小姐輪值，醫生檢查時才另有日本護士參加。一行人等，集中了當時醫學的權威，甚至護士也是由南京中央醫院選出最能體貼病人的兩位。全部人員都長駐名古屋醫院和離開不遠的觀光飯店。醫院東廊的三樓和四樓，每層劃出部份房間專用。病房位於四樓，其餘的讓隨行人員居住和辦事。周隆庠負責聯絡，所以和日本醫生一道住旅店，每天仍像上班一般到醫院辦公。

當時由我負責向觀光飯店提供伙食方面的意見，然後斟酌辦理，以求適合病人以至從南京到來各人的胃口。在戰爭之中，名古屋食物缺乏，常吃的只有雞肉和豬肉。卵用種的小公雞肉粗而無味，幾餐之後，想轉換一下，而豬肉的臊味極濃，令人難以忍受，和我們江南豬種的肉味實在相差太遠了。日本的甜點心看來十分精緻，五花八門，幾乎日日不同。可是細嚼內容，不外是內餡紅豆，外裹糯粉而已。病人臥牀既久，胃口自然更差。何況平日患有糖尿症，更多一重禁戒，所以日常所吃的只是一碟剁碎雞肉或鵝肝，加上一點甘筍、菠菜磨醬而已。

手術之後，病人雙腳肌肉果然稍有進步，躺在牀上可以自己把雙膝提起數寸高。大家都覺得眼前一線光明。東道主為使夫人以下一干人銷散一下心中的

憂鬱，還安排了一些節目。記得有一次是到野外去撿松蕈，那是一種美味的菌，生長在松林裏面。在一定的地方，一定的季節，就從覆蓋着厚厚的松針下面的泥土裏拱出來。趁着菌傘未開，即便採摘，最是珍品。我們一批人分成數組，每組由一位熟練的人帶領。此人手執竹杖，發現在松蕈的地方就用杖一點，我們依照方位一撥底下的松針就必有收穫。有時自己想不必依賴他的指示，可是見到的多是菌傘大張，正在躊躇張望，領導人的竹杖已經連連指點了。我們沿着小徑撿拾，時間已近中午，每人的籃子都差不多裝滿，就到了一處風景優美的去處。這裏疏疏落落地蓋了幾座茅亭，那時正需要休息的地方，於是大家分頭就坐。原來桌上已經擺好了瓷壺瓷杯，連同竹筯，每人一份。瓷壺和我們廣東式樣的相似，壺中倒出來剛好一杯，卻不是茶而是松蕈和雞肉熬的汁。試想一滿壺的松蕈和雞肉熬成的汁，該是怎樣的美味了。這一地區是特地留給我們去撿拾的，各人的收穫可以帶回去慢慢受用，先在這裏準備好，讓我們嚐嚐新鮮的滋味。

因為這次隨行的人員都是臨時提調，離開原來居住地點的，所以每人每月都發有津貼，以補零用。其實我們個人絕少機會外出，午飯後一段短時間多是逛逛附近的舊貨店和舊書攤。程西遠卻意外地搜購到好些古典音樂唱片，我卻專買歷年文部省的繪畫展覽圖錄，數達二三十本之多。早一輩的日本畫家如竹內棲鳳[16]、橋本關雪[17]、荒木十畝[18]、池上秀畝[19]等名家都是從那時候首先認識的。我覺得橋本的畫與我們嶺南畫派高氏兄弟[20]十分接近，說不定他們是同出一源的。我妻也購得《南畫大全》一套（日本稱漢畫為南畫），新舊畫冊，合起來盛滿兩隻箱子。可惜歷遭劫難，都已不復存在，以後恐怕也不會再見到這樣的蒐集了。

還有一樁值得一記的就是初到名古屋醫院時，就已經見到病房對下的院子裏挖了一口防火用的蓄水池，大約三十尺長，十尺闊，深及可肩。這池子用白色黏土築實，看起來十分整潔。名古屋的自來水來自地底二百尺深的地層，十分

A　橋本關雪　　（二）國　南　賞等二　（第八回文省部美術展覽會出品）

清涼澄澈，在陽光底下更顯得蔚藍可愛。我看見了，當時不禁失聲讚歡說：「如此好水，能夠縱身一泳，不知多麼舒暢啊！」

程西遠適在身旁，連聲說道：「三月天氣，雖然沒有冰雪，也不是開玩笑的。跳下去豈不冷僵？」

「不見得罷！」

「我敢打賭你就沒有這個膽量下水！」

本來順口說說，這時倒真有點賭氣。我問：

「賭甚麼？」

於是約好以一個月的零用津貼作賭注，說好從蓄水池長的一面下水，到達另一面為完成合約。於是等到入夜之後，步往澡堂的途中，二人悄悄地走到池

邊。我脫下手錶、眼鏡和浴袍交給程西遠，並且促使他立刻到另一面接應，然後縱身入水。體溫由室內轉為室外，又再迅速變為冰凍的水溫，一時之間只覺得一陣麻木，再沒有其他知覺。才透得一口氣便已手觸彼岸，程西遠也不過剛正回頭站穩而已。於是穿上浴袍，直趨澡堂，先用冷水按摩，再沖熱水，直至渾身發紅，方才恢復知覺。到了月底，手上卻多了一件紀念品，那是舊貨店裏得來的一支法國製的銀笛。這件有趣的紀念品留在身邊，一直到前赴魚渦頭[21]才丟下的。

我記述這些瑣事，無非是想反映出那時候大家有了希望的輕鬆心情。可惜病人情況，仍然沒多進步。這時醫生們已經對褥瘡[22]的形成，開始加以防範，每天上下午各一次來替病人按摩背部，每次大半小時，都是全體醫生參加。名倉教授主其事。其餘諸位醫生都凝神注視，十分慎重。而高木教授更加肅然斂容。那時候我們才知道褥瘡的嚴重。原來病人久臥不起，背脊尾閭，凡是和牀褥緊貼的地方，因為血液流通不舒暢，很容易潰損，而這種創傷是極難調理的，尤其是病人原本有糖尿病，潰損更不易癒合。不少症例竟會因此致命。難怪各位醫生這樣擔心。可是即使早為防範，褥瘡仍難倖免，只是沒有造成大患，已費盡醫生們的心力了。

一方面病人的表現也着實令到醫生們感動不已。無論怎樣辛苦，怎樣不耐煩，總是強自忍耐。有時胃口不好，食不下嚥，經人勸慰，總是勉強把食物吞下去。獨自一個的時候不免時常皺起眉頭，在人前還是強展愁顏，予人安慰。病人的這種度量，大家都看在眼起，連到外人、日本的醫生們，都寫過回憶文章[23]，懷念這偉大的病人對他們的感染。

林柏生

這時國內的同志和親友，凡是能夠暫時放下工作的都曾經東來探望，記憶中有八舅父陳昌祖、我的父親、林柏生[24]、梁汝芳[25]等先後來過一次以至數次。孟晉大兄因為有職務在身，不時往來南京和名古屋之間。

我的妻子除了到箱根休息了幾天之外，也於八九月間回過一次南京，因為冰兒[26]才八個月，我們便把她交給保姆阿娣帶領，自己跟隨着來了名古屋。這幾個月當中，幸得八姨舜貞姑[27]和任兄夫婦[28]不時照顧，這是我們銘感於心的。

手術以來，病人情況時常起落不定，令人一則以喜，一則以憂，大概有過至親的人久病不癒的，都會有過這樣的感覺，感情一直追隨着病情起落。不過無論情形怎樣不如意，卻不由得不朝着前面閃出一點點的亮光，寄託着自己的希望。

這時醫生發覺到病人血色素[29]低降，藥物對此幫助不大，最有效的辦法就是輸血。血液同屬O型的有六弟、程島遠、西遠兄弟，韋東年[30]和凌啟榮[31]等，每隔二三星期就輪流輸血一次。我的血屬B型，這一次有心無力了。輸血顯然有一定的功效，不過病人卻不免受到外來血液反應的痛苦，和注射破傷風針相似的發風疹，而且輸血後的血色素也維持不了多久。究竟病人所患的是一種甚麼病，醫生方面遲遲未作確切的斷定。據說世界上少有這種病例，而且病情複雜，關係特殊，他們也不敢輕下判斷，這是可以想像的。手術後一段相當長的時間，他們終於提出一個病名：「多發性脊骨瘤腫」[32]。即使不是醫學界人士，從「多發性」和「瘤腫」看來，也知道是嚴重的症候了，何況患在人體中樞的脊骨？大家聽了，心情大為低沉。不過看見病人每天努力操練腳力，醫生繼續沉着調治，大家不覺又幻出另一線的希望。醫藥一天一天的進步，新的發展說不定可以解決到舊的癥結。果然，醫生說那時候新發明的硫胺[33]劑可能對這個病有幫助，不過日本對這類藥物還未發展成功，上海方面倒可能已有流通。於是孟晉大兄特為此藥返回上海，會同他的朋友湯于瀚[34]醫師設法搜購，不久就由飛機送來了幾盒。醫生們仍由高木率領，開始研究使用。

這時候另一個不利的消息就是病人的血輸沉降測驗結果，顯示沉降速度比正常的快了幾倍。黎福院長解釋說體弱的病人固然有此現象，但這也是癌症的

徵象之一。醫生們至此也不再作保留，坦白地說所謂瘤腫就是 Carcinoma[35]，癌症之一種。到此不得不開始作種種的準備：第一就是政府方面的交代。病人自己也覺得病情嚴重，曾經要求知道病勢的詳情，他說過他負有領導的責任，萬一有甚麼不虞，應預先知道，早作安排。媽媽認為當初來日本的時候就把職權交付給陳公博和周佛海兩位代理。到現在兩位仍是最佳的人選。既然現時不在其位，也就不宜遙控指示。而且病人的精神和體質，又實在能夠幫到些甚麼呢？另一個原因就是病人的情況既然如此，又怎能向他宣佈實情，令他傷心絕望呢？更加怎能忍心令他在這樣的情形之下，掙扎着負起明知無可為而為的重擔呢？事情就在這樣的情況之下拖延。等到有一次林柏生東來探望，就由他技巧地提出「先生還有甚麼吩咐？」這一類的問題，病人聽了，沉默了好一會然後回答，大意是：

「生平的思想言論，都跟隨着時事的變遷，陸續發表，大家都可以看得到。而真正可以留存後世的，就是『雙照樓』詩詞[36]了。」

這話正與爸爸多年前在《東方雜誌》登載的〈自述〉[37]中所寫的一樣。詩言志，詩篇裏呼喚着的正是他的心聲！

美軍飛機已經開始有空襲日本本土的跡象，為這一位身份特殊的病人專用的防空洞已收拾乾淨，負責擔架的軍醫兵也演習過好幾次了。為了明瞭國際新聞和戰爭近況，我們由八舅父陳昌祖專責收聽無線電訊，日軍作戰不利的消息，也不時傳到我們的耳朵。一天晚上，他報告美軍已經在塞班島[38]登陸，跟着防空洞也用到了。軍醫兵雖然經過操練，但是把病人從四樓一道特製的木梯搬下來，送進地下室裏，顛簸是免不了的。病人體弱，這就很難禁受得住。加以天時已經由春而夏，由夏入秋，名古屋已有寒意。於是病人在一次空襲之後着了涼，就發高熱。接着，醫生們最恐懼的，也是久臥病牀的人最常患的肺炎終於來臨。一九四四（民國三十三）年十一月十日下午四時，這一代偉人就此與世長辭。

　　或者有人會以為我這樣說法是阿私所親，我想有需要說明一下。我認為成敗利鈍是另一回事，單就抱着不忍人之心，不惜性命，不惜生前身後的名譽，鞠躬盡瘁，死而後已，這一點就夠偉大了。自從投身革命以來，無時不秉承着這種心志，從他代表心聲的詩篇裏隨時都看得到。一九三二（民國廿一）年之後我便追隨左右，一切起居生活都看在眼裏，記在心頭。可以說他一切都是為國家做事，完全忘記了自己。我所眼見，一人而已。

　　自從三月三日到名古屋，十一月十二日返回南京，這二百五十四天裏我沒有一天離開過名古屋，其間病人的痛苦和堅忍，醫護人員的竭誠和努力，親友的焦灼和冀望，都是無法形容的，因此我也不在這方面費辭。只是盡力把這一段的經過從記憶中搜索，敍述出來罷了。

筆者攝於汪精衛葬禮，右邊是他妻子汪文悺

　　當病人最後一次發熱之前，六弟有一天拉着我兩個[39]談，他做了一個很可怕的夢，夢見爸爸靠牀坐着，眼垂口弛，神氣非常之壞。到後來易簀[40]之際，他猛然記起前夢，夢中所見與眼前一般無異，連到親人和醫生護士站立的的位置都沒有差錯。難道真有預感這一回事嗎？

在汪精衛病逝的名古屋醫院前，陳璧君為他種了一株紀念他的梅花，
此圖為汪精衛秘書程西遠拍攝後寄給筆者

　　還有一事，雖然違背我妻的意願，還是要寫出來，以存真實，希望她看見了也不要生氣。正當病人危急的時候，媽媽和我妻母女二人離開了病房好一會，然後端來一小碗顏色深暗的羹湯餵給病人吃。病人這時已食難下嚥，只是勉強吃了一口就嗆起來，只好作罷。後來我見到黎福醫生為她們母女包紮手臂。原來她們竟然各自用利剪剪下一片臂肉作羹，餵給病人，希望回天有術。她們都有

現代的醫學常識，豈不知道那樣做無濟於事？但情急之下，只知盡其所有以圖挽救罷了。這事情知道的沒有幾個，她們絕口不提，我也從來不敢細問。這就是我妻多年以來，雖然盛暑，仍衣長袖的原因。

1　即〈傾全力於決戰第一，完成興華保亞使命〉的演講，全文參閱汪精衛紀念託管會編，《汪精衛政治論述》匯校本下冊（台北：華漢出版，2023年），頁666–669。

2　北極閣通稱雞籠山，是江蘇省南京市城北的一座丘陵。汪精衛所居之處為宋子文公館，位於南京市玄武區雞籠山北極閣一號。

3　即1935年11月1日汪精衛於國民黨的四屆六中全會時遇刺一事，見本書章節〈黨部的狙擊〉。

4　桃井直幹（1888–1971），畢業於東京帝國大學醫學院，曾任陸軍軍醫學校校長、陸軍軍醫中將。

5　黑川利雄（1897–1988），日本內科病專家，曾任東北帝國大學教授、校長。

6　齋藤真（1889–1950），畢業於東京帝國大學醫學院，乃日本腦神經外科學的開拓者。

7　即汪文嬰。

8　即汪文悌（1925– ），字幼剛，汪精衛幼子。畢業於南京陸軍軍官學校，曾任廣東省教導隊隊長，1945年在廣州被拘禁，數月後釋放。在香港從事建築工程。

9　周隆庠（1905–1969），江蘇無錫人。留學日本，精通日語。抗戰時期任外交部情報司司長與外交部專員。1944年陪同汪精衛赴日就醫。汪精衛逝世後，擔任代理國民政府主席陳公博之翻譯，並任國民政府文官長。抗戰後曾隨陳公博等人前往日本，被引渡回國後，判無期徒刑。

10　程西遠，為汪精衛日文秘書。

11　名倉重雄（1894–1985），畢業於東京帝國大學醫學院，曾留學於柏林大學和慕尼黑大學，1927年成為名古屋大學整形外科學的首任教授。

12　勝沼精藏（1886–1963），畢業於東京帝國大學醫學院，曾於法國留學，曾任名古屋帝國大學醫學院教授、第三任名古屋大學校長等。

13　高木憲次（1889–1963），畢業於東京帝國大學醫學院，曾任東京帝國大學教授。

14　中澤由也，曾任陸軍軍醫少佐。

15　太田元次，曾任陸軍軍醫太尉。

16　竹內棲鳳（1864–1942），近代日本畫先驅，第二次世界大戰前京都畫壇代表人物，曾任帝室技藝員。

17　橋本關雪（1883–1945），本名貫一，日本名畫家，曾任帝室技藝員。橋本關雪從父親處接觸中國文化，其畫亦深受中國文化影響。

18 荒木十畝（1872–1944），本名悌二郎，一八九五年加入日本美術協會，一九三七年成為帝國藝術院會員。

19 池上秀畝（1874–1944），本名國三郎，日本名畫家，擅長山水、花鳥畫。

20 即高劍父與高奇峰。

21 關於何孟恆日後在魚渦頭的經歷，見本書第十八章〈樊籠〉。

22 褥瘡，又稱壓瘡，是由於人體皮膚組織長期受壓迫（有時伴隨擦傷）導致缺血壞死、潰爛，常見於因癱瘓或手術而長期臥牀的人。

23 軍醫太田元次軍醫曾寫下《太田元次軍醫の汪兆銘看護日誌抄：汪兆銘客死抄から拔粹》，出版於1988年。

24 林柏生（1902–1946），字石泉，廣東人。自1925年起任汪精衛秘書，與汪同進退，且長期主持汪派言論機關如《南華日報》、《中華日報》等，後任汪政府要職，負責宣傳工作。戰後被處決。

25 梁汝芳，為作者十舅父李浩駒的妻子。

26 即作者女兒何重光，乳名冰冰以陳璧君表字「冰如」命名。

27 即陳舜貞，陳璧君之妹，褚民誼之妻。

28 即筆者摯友任孟雄夫婦。

29 血色素，即血紅蛋白，是體內負責運載氧的一種蛋白質。

30 韋東年，汪精衛侍從官。

31 凌啟榮，汪精衛侍從官。

32 多發性脊骨骨腫，是一種漿細胞（一種專責製造抗體的白血球）不正常增生，致使侵犯骨髓的一種惡性腫瘤（癌症）。多發性骨髓瘤一開始多半沒有症狀，若病情加重時，會有骨痛、常被感染、貧血的症狀。

33 硫胺，又稱維生素B1、維他命B1，是人體必需的十三種維生素之一。主要參與碳水化合物、脂肪的代謝，能量、生長、學習能力、肌肉韻調的維持（小腸、胃、心臟）。

34 湯于瀚（1913–2014），早年畢業於上海醫科大學，獲醫學博士學位，後留學比利時。為香港醫學家，癌學專家。

35 Carcinoma，翻譯為惡性上皮細胞腫瘤，是癌症的一種。在醫學上專指由上皮組織來源的惡性腫瘤，其它由結締組織來源的惡性腫瘤只稱作惡性腫瘤。

36 參閱汪精衛紀念託管會編，《汪精衛詩詞彙編》全二冊（台北：華漢出版，2024年）。

37 汪精衛，〈自述〉，《東方雜誌》卷31第1號（1934）頁1–3。

38 塞班島是美國北馬利安納群島之一，即位於西太平洋上的戰略要地。距離關島北方有二百公里。

39 指作者與妻子汪文惺。

40 指人臨終之際。

第十七章：漱珠崗

到了戰事末期，形勢顯示出日本必然落敗，國軍指日光復。老百姓經過八年的困苦，眼看就可以脫離悠長的淪陷生活了。這時六弟[1]仍在廣東省教導隊帶着兵，大家覺得當前軍隊訓練的工作已經失去原來的意義。為着應付時勢的轉變，不如辭去職務，回家靜候新的發展。不過六弟覺得身負軍職，在動亂中責任更加重大，不肯輕於放手。因此法政路和漱珠崗（家和教導隊的所在地）之間，依然爭持未決。

一天我剛吃過早餐就接到一個電話，是教導隊大隊長紀士賢打來的。劈頭一句就是「你來接阿悌（六弟）回家吧！」這正是幾天以來我們放心不下的事，卻由他的上級提出，豈不是甚合我心！我馬上請他讓我和六弟說電話，紀士賢卻囁嚅地說：「他睡在牀上。」

這時我立刻起了種種反應，覺得他的說話有點奇怪。為甚麼六弟回家要我接呢？他已經打電話要我接，為甚麼六弟還睡在牀上呢？難道他生病了嗎？一想到「睡在牀上」的種種可能，我立刻不再遲疑，吩咐衛士龍飛陪同，就駕了一部車趕到河南，往教導隊駛去。臨行時匆匆在牀前告訴媽媽說去接六弟回家。她那時正在患病，也不及細問，只覺我親自去接，再沒有甚麼不放心而已。

教導隊在河南漱珠崗，即是往日嶺南大學的南面，大約半個多鐘頭便可抵達。轉入大門，向南數十步就是一幢獨立的二層樓房，大隊長辦公室就在樓上。進門我已感覺到守衛的眼光有些異樣；為了謹慎起見，我並沒有逕直駛向六弟的中隊部，就先在大隊辦公室前下車，準備向紀士賢招呼一聲。一下車就有一

名副官迎面走來，也不開口，只打手勢讓我看貼在門上的告示，規定凡是要見大隊長的都要先解除武器再上樓，這顯示出正在採取非常措施。我讓龍飛在車上等候，然後解下佩鎗，走上紀士賢的房間。他的臉色一向蒼白，這時更加發青，而且頭髮蓬鬆，兩隻眼睛紅筋滿佈，顯然一夜沒有好睡。他身上只穿一件襯衫，連鈕扣沒有扣好。我對他的非常措施提出疑問。我說我是因為他的電話才來的，何以有這樣不友善的表露？究竟文悌現在甚麼地方？他含糊地說文悌與他意見不合，不能夠再相處下去，希望我勸他辭職回家。我心想：上司要攆走下屬，要我幫忙，實在太笑話了。不過到了這樣的地步，也再不必多說，還是儘早離開吧。順便關照一聲，回頭離開隊部，不再告辭了。我這樣說法就是想避免再有留難。下得樓來，副官交回佩鎗，我便開車直駛文悌的中隊部。

六弟的一個中隊駐在整個範圍中的最南端。先進營房，六弟果然在牀上未起。他聽得我到來，反問我有甚麼事，來得這樣早。原來前一晚大夥兒高高興興的多喝了點啤酒，今天起得遲了。我簡單地告訴他紀士賢的話。他搖搖頭，笑着說：「神經病！」臉上又是那一副頑皮的，卻帶着幾分神秘的笑容。

我說：「本來就叫你辭職不幹，早點回家。你卻說職責在身，不可輕卸。現在你上司都那麼說了，算了罷！」

他側着頭想了一想說：「好罷。」一轉身起牀洗漱，然後叫我稍等一會，他馬上就來。

這時忽然眼前一晃，窗外有人急急跑開。我還不大在意，卻看見幾名士兵把兩桿重機鎗放置在六弟自用的小汽車上。六弟返回營房，我便問他為甚麼要把機關鎗帶在車上。他說那兩桿白朗尼重機鎗是他親自向特務營陳泰借用的。如今離職不幹，理應親自交還，以清手續。我心中暗想：手續清楚是對的，但把武器

從軍隊中帶走是一大忌，不要又生枝節了。果然，營房的電話鈴響起來，是紀士賢找我說話。

「文悌為甚麼把機鎗帶走？」

我雖然告訴他那是文悌自己去借來的，他說這正是部隊裏需要使用的時候，但會向特務營交涉，現在怎樣都不能帶走。我怕事情弄僵，勸六弟暫時容忍，把機鎗留下，儘早回家要緊。他只是微微地笑笑，不再堅持。

六弟這人童心很重，幾時都懷着滿肚子頑皮主意，同時很少有貼貼服服聽人擺佈的。我卻一心一意想早早帶他回家，別再出亂子就好了。我自己開一部車，安排六弟坐在我旁邊，讓龍飛開六弟的車子。我一路駛向大門，一面留心周圍的情勢，馬上覺察到各處都籠罩着緊張的氣氛。大隊部多派了些守衛；操場上空無一人，人都在營房裏，卻不時往外面張望；大門口也增加不少站崗的士兵。忽然看到原來大門對面架起了三桿機鎗（一樣是白朗尼。那時廣東一共有五桿，三桿分給教導隊，兩桿特務營，也讓六弟借過來了），鎗口正對着出路。假如那時真的開火，我們兩部車是無可避免的。這時車子已經越過了大隊部，我馬上把車慢下來，向前面指揮守衛的軍官打招呼。六弟已經忍不住要拔出腰間的武器，我連忙把他按住。一看前面那軍官上唇長了一撇小鬍子，認得是六弟的軍校同學何成光。我說大隊長已關照過，應該通行無阻。為甚麼又如臨大敵似的架起機關鎗呢？他也茫茫然，不明所以，只讓我自己到崗亭撥電話給紀士賢。我覺得紀士賢此人拖泥帶水，翻覆無定，實在令人不耐煩。我問他到底打算把我們怎麼辦，他囁嚅地說他就是不能讓文悌把機鎗帶走。我告訴他機鎗已經留在營房。他讓我等了好一會，然後找何成光聽電話。接着門前的機鎗和加班的崗兵靜靜地撤走，我們的兩部車才駛離漱珠崗。一時間覺得這陣子空氣特別清新，不禁深深地多吸幾口。

　　路旁一棵白花羊蹄甲2盛開着洋蘭一般的花朵，這時比較稀有的，我很清楚的記得它的所在，不覺把車子慢下來。這時六弟從口袋裏掏出兩件織機上的梭子似的東西，問我可曉得這是甚麼。我搖搖頭。他笑着說是機鎗上卸下來的鎗機。

　　「他不讓我帶走機鎗，我也教他得物無所用。而且把鎗機交給陳泰，雖然不能原物歸還，不過在這樣的環境之下，他也會原諒我的！」

　　我說六弟不會貼貼服服地任人擺佈，這是沒說錯的。

1946年時年21歲的汪文悌昂首闊步前往接受審訊

　　後來六弟還埋怨我太怕事，如果是他駕車，一拐彎駛進陳汝鑾（另一中隊隊長，也是他的軍校同學）防地，紀士賢是拿他沒有辦法的。我心想你對軍旅廝殺有興趣，可別預我這一份。我只問他和紀士賢怎麼鬧到這樣的地步。他說紀士賢不是一個好長官；膽子小，疑心大，終日以為別人會對他不利。他還告訴我在

不久之前甚至叫他（六弟）把大隊副郭世祺拘押，跟着還吩咐六弟把他「解決」了。六弟把郭關在漱珠崗上的一間小屋裏，那裏是他自己的防地，過了幾天，暗中放他返回廣州。卻報告紀士賢說他逃跑了事，誰知終於攪到自己身上了。又說他不佩服紀士賢是事實，卻無論如何不會謀反，這樣不成體統的事他是不幹的。

後來六弟在香港和紀士賢遇上，大家笑談往事，紀士賢依然不痛不癢，拖泥帶水，說不出一個所以然。到如今已經四十多年，當時為何一下子如臨戰陣，一霎間雲散煙清，連我也捲入漩渦，卻始終得不到一個解答。只留下一絲滑稽的感覺，長在心頭。

---

1 即汪文悌，同第十六章〈星沉〉註8。
2 白花羊蹄甲，又名老白花皮，羊蹄甲屬，原產地為廣東一帶。

第十八章：樊籠

兩枚原子彈先後落過，中國驟然間得到了勝利，廣州城裏人人都歡欣萬狀，等待着更好的日子來臨。旬日以來媽媽身體一直不舒服，這兩天也覺得精神好些，可以起牀了。

褚省長（褚民誼）

一九四五年九月十一日晚飯後，門房報告有人要見夫人，説是軍統局[1]派來的，吩咐過讓客人進來之後，大門開處，只見一部吉甫車駛了進來，幾個穿着卡其軍服的軍人，一律是美式裝備，腰間配有聞名已久的航空曲尺[2]。為首一名軍官看來年紀不到四十，單獨進入客廳，自報姓名叫鄭鶴影[3]。他説收到委員長[4]電報，命令他安排夫人和褚省長[5]到重慶和委員長面談。隨即掏出一紙中文打字機打就的電報。媽媽當即着人請褚先生過來（八姨丈公館就在我們家的對面）。一會兒褚先生來到，看過電報，就説好極了，大家正在等候這個機會。於是鄭鶴影便安排第二天早上乘專機前往。起先他説飛機只能乘載夫人和褚先生，後來媽媽堅持她需要有人照料，並指明要我作隨員，游敬蓮[6]為護理。褚先生也要帶高齊賢[7]和徐義宗[8]二人做他的隨員。鄭某初時似感為難，終於也照辦了。於是約定明早九時，再來陪同出發，隨即離去。

因為行期匆促，馬上要準備上路，大家不久也就各自散去。這時六弟已經辭職居家，我們一走，整個法政路公館[9]上上下下許多人都只有交給他照顧了。向媽媽道過晚安，走出房門之後，六弟問我對明天的旅程怎樣看法，我説猜不透。就算猜透了又如何？往最壞處想：甚至可以在我們上飛機的時候來一輪機關鎗，説是追捕逃亡，豈不乾淨俐落？還是不要想罷。

　　回到自己的房間，夫妻默然相對，真是千言萬語，不知從何說起。過了好一會，心底下才漸漸波瀾平伏，眼前頓覺一片清明澄澈。我不知道當時怎會有這樣的心境。但願將來溘然撒手的一煞那，我們仍然保持得這樣的境界，那就真正修得到了。

　　十二日一早大家就準備停當，同在客廳等候。鄭鶴影安排好兩部汽車，夫人和褚先生坐一部，由鄭本人陪同照料，其餘隨員人等另乘一部，前後警衛擁簇，不在話下。車隊出門後先向東行，然後轉入漢民路南下。等到望見珠江河岸，便停了下來，那裏正是著名的「天字碼頭」[10]。大家正奇怪為甚麼不到「流花」或者「白雲」機場，鄭某的解釋就是我們要乘的是水上飛機，所以從這裏由電船轉駁。於是我們眾人便登上一艘保衛森嚴的汽艇。鄭鶴影說他乘坐另一艘船跟着走，說罷離去，船也開行。

　　我們好久沒有眺望江景了，不到一個月的時間，世事已經發生了如許的變遷，可是珠江兩岸依然是那些慣見的景物，江裏流着的水依然是那麼半清不濁，水面划着的依然是那些舢板和沙艇。這時另一艘汽艇靠攏來，鄭鶴影跨過船舷，手中揚着一張電報紙說委員長因為軍事關係，離開重慶，暫時無暇晤談，着鄭某安排夫人和褚先生到安全地點候命。話剛說完，媽媽馬上說我們的家就十分安全，不必另找地方。鄭鶴影只是以奉命行事為辭，吩咐汽艇繼續前駛，便回到另一艘船上去。

　　這時候任你怎樣都沒有辦法，而這次行動的真意也漸漸明白地顯露。

　　電船駛進珠江的支流，小河兩岸除了田畝之外多是高過人頭的蘆葦。電船兩旁站着的守衛不知幾時開始增加了人數，幾乎把我們從艙裏對外面的視線都全部擋住。我開始看清楚這一批人：一個個都是面目黧黑、眼光閃爍、體格精壯；身上穿着深綠色的軍服，卻看不出部隊的番號。他們佩帶着自動步鎗、手榴彈，

長短火俱備，看樣子近乎綠林多於正規。我們在艙裏説話，他們總是探頭探腦，有些還故意略帶威脅，晃動手中的鎗械。媽媽再也按捺不住，高聲喝道：

「你們的委員長也不曾對我露過鎗桿子，你們這算是甚麼！」

我趕忙勸她息怒，不必和他們計較。從這時候開始，他們也再沒有向艙內張望了。

過了不知多少時間，電船靠了岸。我們由鄭某帶領，經過一些小店鋪和人家，似乎都是為了我們而暫時關上門的，走了不遠，就到達一處圍口（廣東對農莊稱為「圍口」，其結構大抵四圍短牆，牆內一片灰沙地，平整光潔，備作曬穀場之用。當中一座堅固的主要建築物，在堅厚的木門之外還有一道硬木製成的橫檔，稱為檔櫳。遇到土匪來襲就關上門窗，退到上層的更樓，居高臨下，用自衛武器作抵抗。這一處圍口就是這樣的標準建築），這裏的防衛設施，比較一般的更加嚴密，下層的窗口都特別加裝鐵枝和鐵皮。我們進入屋內，經過廳堂，從後面一道樓梯上二樓。一路上除開遠處約略見到站崗的守衛就未和任何人打過照面，而廳堂桌上一副留聲機卻不斷高唱着粵劇唱片。我感覺到兩邊廂房都是住着人的，只是避不見面罷了。

這時鄭鶴影沒再露面，換了一位更年輕的青年，自報姓名叫溫文，説現在這裏歸他負責。溫文身材細小，態度有多少靦覥，卻為了顯示負責人的身份，一開頭便定下規矩：第一、居住在這裏的人不得越過接近樓梯的界限。第二、夫人和褚先生各住後進的一間房間，隨員分住前進的兩間房間，不得越過前後界限。他們的一名工作人員會輪駐樓上，執行規定。那知他這一套馬上碰了壁，媽媽給他的答覆就是：第一、如非邀請，此間各人絕不下樓。第二、隨員們各有職務，隨時受命，前後來往，才可以發揮隨員的作用。來去之間，我們自有規矩，不煩

代籌。反倒是「工作人員」對我們毫無作用，還是不要到後進的好。溫文拗不過，也就只好默認。

「大天二李朗雞」李輔群

這座建築物坐北向南，前面隔着曬穀場便是通到外面一條窄小的石板街，後面不遠是一大片蘆葦蕩。蘆葦高出人頭，水道連接着珠江。西面天邊隱約看見好些高樓大廈的側影，原來廣州市離開此地還不太遠。後來才知道這就是響噹噹的「大天二李朗雞」（李輔群）[11]的老家——市橋魚渦頭。

我們在那裏一住就超過一星期，溫文有時也來聊聊天，只是絕口不提目前的一切。此外我也跟幾個「工作人員」談過天，他們年紀多是二十來歲，外貌從學生以至機械工人模樣的都有。衣着不是恤衫西袴就是道地的廣東黑膠綢；並不是每人都有佩鎗，卻各有自製的專用武器，例如匕首、劍仔，甚至武俠小説裏描述過的鵝毛刺、飛鏢等等，以頗為巧妙的方法隱藏在腰間、脅下、股裏和臂彎等地方，熟絡了之後都對着我抖露出來了。我問他們為甚麼捨棄新式鎗械，寧願使用這些頑意，據說好處是深藏不露，殺人無聲云。其中一位青年，輪值時還跟我下過象棋，他棋藝不高，我可以應付得過，問及姓名，説是郭英Ｘ。我知道在香港當時有一位頗為知名的足球員[12]，姓名和他只差一個字，原來他就是那位球星的兄弟。

自鄭某來見以至入住魚渦頭，很明顯全盤都是計劃好的騙局。一員中校軍官便可以輕而易舉地完成偌大的任務，效力的確驚人。細想鄭某之上自然有他的上司，上司之上更有上司。上頭不必親自出面，只要吩咐一聲，自有鄭某一般的人員去「奉命行事」。有必要時上頭還可以撇得乾乾淨淨，若無其事。而下面不論做了些甚麼勾當，都可以捧出「上峯」作為憑藉，還可以説「為國家服務」，你還能問他的「上峯」叫甚麼名字，甚麼是他的國家嗎？有一點可以肯定的，就是自有這種制度，就開始了國法動搖的危機！

八姨丈褚民誼書法

遭受到這樣的對待，媽媽初時十分氣惱，可是這時接觸到最高級的「工作人員」也不過是一個鄭某而已，說甚麼都可以用「奉上級命令」來推搪，所以生氣也是徒然，於是漸漸也不再和他們計較。這次帶着敬蓮同行，有人照料，方便許多。日間看看書，《陽明與禪》[13]是其中之一，也寫幾個字教敬蓮認讀，不然就同八姨丈閒談，或者邀同高齊賢，徐義宗和我，大家聊聊天。八姨丈隨身帶着筆墨，這時也每天寫寫字。他寫的是柳公權[14]，很熟練，很工整。高齊賢擅行草，他的筆順很特別，很多地方都與人不同，我還存着他的字跡[15]。徐義宗畢業日本東京帝大[16]，日文很好，幼時在北京美國學校讀書，所以兼長英語。我臨行前隨手帶了一本龍榆生[17]編的《唐宋名家詞選》[18]，每日背誦一些來打發日子。

九月二十日那天，溫文忽然通知我們下午返回廣州，說話就是那麼簡單，也沒有再加解釋。我們知道多問也是沒有用，也就索性任他安排。果然中飯過後便離開更樓。經過樓下的時候，似乎有點人去樓空的感覺，怪不得這一兩天沒有聽見喧鬧的留聲機響了。我們仍舊乘坐電船回去，雖然歸心似箭，時間會感覺到特別過得慢，不過這一次路程的確縮短了。我們和來時一樣的在「天字碼頭」上岸，轉乘汽車，由漢民路北上轉入法政路，於是家門在望。按捺着多日來的思家情懷，一時迸發，這一次可

真的回家了。我相信兩部汽車上面，除了「工作人員」之外都是一般的歡喜莫名。這時已經來到我家大門，車子也慢了下來，可是卻沒有拐彎，仍然向前滑進！我幾乎脫口呼叫，車子卻駛進我們家的西鄰。這地方我認得，那是日本航空公司的宿舍。此時滿腔熱烈之情頓時冷卻，我知道我們被投入牢籠的第二重了。

龍榆生

這所宿舍和家園的懷親閣只隔着一堵牆，而其間的距離就難以測度了。我們仍是安排住到樓上去，樓下的一層似乎已經住了人，可是住些甚麼人就沒有辦法得知。就讓我們回到家裏等候不好嗎？這想頭自然是多餘的，依然是「奉命行事」幾個字就擋過了。家園在望更加深了家的懷念，可是怎樣伸長脖子都高不過牆頭，望眼欲穿也只見到懷親閣屋頂灰色的瓦片，誰又會知道屋宇底下的妻女親朋也遭遇到同一般的困厄呢？

這時鄭鶴影和溫文都不常見得到，平日負責的就是輪值的幾個「工作人員」，另外加入一位鄭太——鄭鶴影的妻子。原來他們倆不單是同林，還是同志哩。鄭太隱隱以同情的姿態出現，不時來寒暄幾句，還帶領高齊賢和敬蓮分別回到我們兩家添取衣物，於是知道兩家都被搜掠過，家人都已離開。鄭太還安慰我們，叫我們不用擔心。她屢示好意，究竟是否別有用心就不得而知了。

周應湘

在日本航空公司宿舍又住了一段較長的時間，等到鄭鶴影再次出現，便通知我們次日一早便飛南京。動身的一天就是一九四五年十月十四日。起牀後向樓下一望，便見到下面的住客解了禁，准許在小園裏走動，立刻便見到周應湘[19]、汪宗準[20]、陳良烈[21]和李蔭南[22]四位廣東省廳長。他們分掌民政、財政、教育和建設，最近失蹤之謎，終於有解答了。原來魚渦頭樓下的住客也就是他們四個，他們早知道我們到達，只是瞞着樓上客罷了。

汪宗準

一會兒大家分別上車，這一次不是水上飛機，而是實實在在的到白雲機場去了。另一卡客車也停在那裏等候。上了飛機，一架改裝的 C-47 型運輸機，就知道終於來一個大團圓：除開原先我們六個人之外，加上周、汪、陳、李四人，還有我妻我女、六弟、澄輝[23]、德靖[24]和陳國強，連同鄭鶴影率領着曾經參與這次行動的「工作人員」，一行人等，真可謂濟濟一堂。

原來我們離家前往魚渦頭，家裏便來了大隊官兵，把所有文件和衣物家具全部查封，然後用大卡車把家中各人，上下大小，一概送到沙面一所舊洋房拘押起來，甚至幼小如我的女兒，當時才不過廿六個月，也沒有放過。當時一名電燈修理匠、一名清理垃圾的老婦，恰巧到來工作，也同墮網羅。在沙面度過了幾天，再移押軍法監，逐一點名過堂。不問緣由，每人的姓名當中先加一個「逆」字。點到「何逆冰冰」，女兒瞠目不知所對，在連聲催促之下，女兒由別人推着走出來，才明白原來是叫她。走到堂前，卻把堂上坐着的怔住了好一會，然後才揮手示意，退了下來。以後有人問她名字，總是脫口而出的以「何逆冰冰」對，好不容易才改正過來。一干人等就此禁閉在軍法監又黑暗又潮濕的牢獄。直至來到白雲機場，與我們會合，才吸得一口新鮮空氣。而那一名清潔老婦，湊巧進來我家倒垃圾，可憐無辜入獄，竟在獄中病死。這都是在飛機上妻子和我交談所得，更詳盡的記載，還得留待日後的補充。

抵達明故宮機場[25]之後，放眼四望，南京別來無恙。載着我們的汽車向西直駛，到達的地方也是我們住慣了的住宅區。這時寧海路廿二號已經改為軍統局看守所，這是拘禁我們一批人的地方，也就是我們的第三道牢籠。

鄭鶴影幾個人的任務已完，在移交之前，他還很負責地叫我們眾人把身邊的細軟暫時交他保管，因為看守所的規矩是不准攜帶手錶、戒指、墨水筆這一類東西的。他還寫了一份清單，把每人名下的東西列明，留待他日照單歸還。許多人都照繳如儀，有些人就覺得太教辦事人費神了，脫下戒指，掏出水筆，向窗外

黑暗的夜色中一擲了事。可惜始終沒有一個人能照單領回託管的東西，因為誰都不曾再見過鄭鶴影其人和他的一班手足。自從完成任務之後，不到幾天，他們大夥兒就乘機南返，不幸飛機失事，全部喪生。一九四八年夏天，我們夫婦在香港渡海小輪上遇到一位穿黑衣服的少婦向我們走過來，說她是鄭太。打過招呼才依稀認得。她告訴我們鄭鶴影一班人失事了，言下不禁淒然動容，也表露出一絲絲的愧悔。事情已隔兩年多，難得她還記起我們，並且自動報上姓名，我們也接受她這份意思。以後在她任職的連卡佛公司[26]買東西還見過她幾次。

　　寧海路看守所所長徐文祺[27]是廣東人，身材瘦小，舉動斯文，對我們相當客氣。覷着左右無人，就說他是孟晉大兄的朋友，在和平政府[28]擔任過一名小職員，大的忙幫不了，小事情也許可以方便方便。一面說，一面頗有顧忌地把聲音壓低。他還說孟晉大兄明天也要進來的。孟晉一直留居南京，家人當中，未入住寧海路的要數到他了。到我們這裏來的人必定有許多，我只知道二樓這一角是特別為我們來自廣東這一批人而設。這裏和其他部份隔着一扇門，當中是走廊，兩邊是房間，媽媽、八姨丈單獨一個人住一間，其餘視房間大小，各容三四人不等。入住第一件事就是自己安牀；每個房間原堆着好些小鐵牀和套上原色土布的稻草墊子。上面都蒙上厚厚的一層灰塵，幸好每人都帶了牀單，才對付過去。這時天氣還不冷，各人和衣倒頭便睡。可是不到一會，馬上受到臭蟲的侵襲。原來這種南京名產，雖然在銹硬的鐵牀和乾癟的枯草中捱着長期飢饉，一旦親炙我們的溫暖，便立刻活躍起來，向我們捨命進攻。一頓飽餐，雖然受到抽打而犧牲的也有相當數目，可是我們從廣州白雲機場以至南京寧海路一段艱苦旅程之後，疲兵再戰，血染征袍，就困頓不堪了。

　　第二天加入我們行列的除孟晉大兄之外還有褚夫人——八姨舜貞姑，她是一個家庭主婦，為甚麼也弄了進來，真是莫名其妙。不過我妻和女兒也招收不誤，也就不必再問了。這時舜貞姑和我的妻子接管照料媽媽的職責，卸下了敬蓮

陳璧君請龍榆生選取宋代文人詞作彙編成
《天風集》及《天風集續》作為何孟恆生日
禮物，詞選全文見《獅口虎橋獄中手稿》
（八荒圖書：2024）

肩膊上的擔子，不必要她困守牢籠。屈指一算，從魚渦頭數起，我們一批共達十七人之多。自從到了寧海路，大家更明白這不是甚麼約見和談話，老老實實就是拘禁的開始，也就得打算如何度過這不可知的悠長的日子。各人除了選讀自己愛讀的書之外，最多人喜歡的就是習字。自從離開學校以來就不曾提過毛筆，我這時也跟隨着大家臨起帖來。媽媽寫的是李北海（李邕）[29]《雲麾將軍碑》，孟晉寫顏魯公（顏真卿）[30]《爭座位帖》，六弟和我是董香光（董其昌）[31]的寶鼎齋，八姨丈自然是柳公權了。後一輩當中要數澄輝最有功力，他的字體在趙、董之間，信筆寫來，已是頗有可觀。這時候在押人等都有家人跟着來照顧，除不時遞送衣服之外，普通的書本和字帖之類最易通過檢查，所以住在裏面的差不多人人都以讀書習字來消磨時間。八姨丈心思細密，手工精巧，閒來他還利用早飯剩下來的粥漿和習字用過的紙，製成許多筆筒，紙盒和茶葉罐等小器皿。一時之間大家都學他這就地取材的玩意。八姨為了消磨時間，每天都念幾遍心經。一天見到冰冰閉起眼睛，口中念念有詞。細聽之下，原來她也「……色即是空，空即是色……」的念起來，引得大家為之展顏。這孩子每每聽到別人談話便記在心裏，一位所裏的朋友見她聰明伶俐，搖搖頭說等到她長大了怕不見得也會出人頭地，她竟應聲脫口而出，說：「想君少時，定必了了。」

閒時談論《世說新語》都給她撿拾用上了。記得那時教她念些簡單的詩詞，張志和[32]的〈漁歌子〉——「西塞山前白鷺飛……」只須跟着讀上三遍，便略

可背誦。在拘押中許多時間都是給她一支鉛筆一張紙，就可以渡過幾個小時，她那小小的指頭僅能勉強把鉛筆移動，就聚精會神地學畫小魚兒。我曾把她那種神情速寫下來，到現在她已經是兩子之母，兒子已比她高得多了。

八姨陳舜貞

　　居住在看守所中，轉眼已由秋入冬，由冬轉春。一天早上「開封」就發現媽媽和八姨丈兩人都不在自己的房間。原來半夜裏大家睡熟了之後，兩人已移往蘇州獅子口監獄[33]，後來聽説那天一齊移交蘇州的還有陳公博，他們一去就沒有再回來。這時風聞我們一批人每一個都要經過審判，然後才能了結。於是幾個被認為沒有可能提出控訴的就先行釋放，這就是八姨舜貞姑、六弟、我妻、我女、澄輝和德靖六人。得到預先一天通知，我妻還來得及遍請同囚親友每人寫幾個字留作紀念，大家寫的都是唐詩宋詞，我也寫了一首王觀[34]的〈卜算子〉。「……才始送春歸，又送君歸去。若到江南趕上春，千萬和春住！」母女二人禁受諸多磨折，這一回脱離樊籠，真該好好的將息一下，這是我衷心祝禱的。

汪澄輝手書汪精衛詩〈菊〉

　　自從妻女被收捕以來，親友們都為她們無辜受罪而着急，友人張曾賢、李桂蘭夫婦更想盡方法，希望就算對大人無能為力，把小的救出來也是好的。他們的想法自然行不通，這一點意思我們卻永遠銘感於中，現在他們可以放心了。另外一件事也值得一記。且説看守所的建築：圍牆之內，房屋居中，樓上各室的窗

戰後汪精衛政權及相關人物的
受審頗受關注，報紙屢次報導

戶望得到的都是院子的範圍。單獨走廊末尾的一個窗戶僅僅可以看見一角街景。一天早上，同囚的一位朋友悄悄地走告我，街上好像有人要向我們打招呼的樣子。我們一個個躡手躡腳走到後面窗戶，果然看到一位壯碩的男子隔着牆仰面張望，並且不時打着手勢。可是距離太遠，目力不勝，認不出是甚麼人。於是我們輪流出現，讓外面逐個見見，也各自猜認。這時看見文素[35]大嫂和文恂四妹出現了。因為怕時間長了會被看守的發覺，惹起麻煩，便揮手示意外面的人離去，不要再來。往後才知道那一位壯碩的漢子就是從前任我們游泳教師的史興隆。他知道了我們的事情，特地在離開南京之前來打個招呼。我們深感他的情意，可惜以後再沒有他的消息。

看守所長換了人，徐文祺的職務由一個姓張的接替。此人似屬行伍出身，沒有前任那麼斯文，有時還似真似假地給人難看的嘴臉。除了用飯的時間，房間都開始上鎖。張某還不時打從門上的小窗往裏張望。看守所也更像一間看守所了。這裏時常會調來新人，也有人從這裏調走，一室之內住的人數就愈來愈多，只好捨棄鐵牀，改睡地鋪。以前的伙食雖然離開水準尚遠，但還算過得去；這時愈來愈差，竟然吃到「原子彈」了。這是我們特有的食品，用麵粉煮糊，裏面攙了也是麵粉搓成一顆顆直徑大約一寸的丸子。奇特之處就是顏色並非乳白而是灰黃。仔細一看，原來除了陳舊麵粉應有的灰色之外，麵糊和丸子都佈滿了褐色的「穀象」（廣東叫穀牛）的屍體，為數何止千萬！居然有人運用巧思，替這一味珍品兆錫嘉名，實在不能不教人擊節讚賞。

何炳賢

這時，原住另一處地方的林柏生和何炳賢[36]都搬到我們一道，還有一位以前不認識的胡均鶴[37]，舊日是中統局的高級人員。他中等身材，黑瘦個

胡均鶴

子，雙目閃閃有光。據説此人有真本領，也就為了這原因，看守所特地給他戴上腳鐐。他怕傷了皮肉，就用布條把鐐和鐵鏈細心纏上，可是走起路來仍然有點鋃鐺聲響。他只好慢條斯理地踱方步，卻正好配合他的一口江浙官話，倒沒有顯出一點兒狼狽。晚上臨睡之前，他總是籠着被，定神地在地鋪坐上一會才躺下，晚晚如是。熟絡了之後，問他是祈禱還是念經，他撲嗤一笑説：

「整天戴着這勞什子，不舒齊一下能睡得着嗎？」

説着，他略微掀起被角，伸出一隻瘦骨嶙峋的腳，腳踝上竟然沒有腳鐐。

接着，一面弄着一根牙籤長短的鐵絲，一面冷冷地説道：

「這頑意兒難不倒我的！」

自從離開寧海路，再不曾有過此人的消息。不知怎的，腦海中卻深深留下難忘的印象。

消息傳來，梅思平宣判了。判決之後，就隔離獨居。他每天在一定的時間由看守人員陪同在院子裏散步。我們圍到窗口張望，想知道一點消息。看見他舉頭微笑，右手大拇指一翹，表示他判的是天字第一號的極刑。我對梅氏認識不深，只覺得一個人大限來臨，依然是一派氣靜神閒、雍容大度，必然是有一種思想和信念在支撐着的。這時風聞有些人出庭時都戴上手銬，林柏生狠狠地沉着聲音説：

「我可不受這一套！到時候你們看先生底下的文人是怎樣的一副骨氣吧。」

鐵銬始終沒有縛束他的一雙手。

林柏生受審時攝影

　　看守所中已經傳遍，牽涉到和平運動的人即將正式開審。許多人都盡心致力於申訴的準備功夫，如林柏生對青年運動的發動，何炳賢在經理總監任內對軍隊的經理建設，對日方的折衝交涉……各人都就自己分內盡量把有利於國家民族的事實提出。一方面為自己辯護，另一方面也希望為這一階段的歷史留下一些真實的片斷。不過，自辯也好，歷史實錄也好，結果只管你說你的，他說他的，又有多少人講過的話，寫過的文章真正為人重視呢？歷史的正確性，究竟又有多少人關心呢？至於我自己，既未做過事，也就沒有任何事實可提。但是許多場合我都親身經歷過，對於汪先生——和平運動的領導者，其為人，其行事，我除了敬佩之外更無話說。如果說我參加和平運動，我實在不敢當，但卻以此為光榮。因此，我對辯解和申訴，從來就未曾加以思索。

　　後來才知道家人究竟不放心，等到開庭的日子，還是請了端木愷[38]律師的搭檔王文浩律師為我辯護。法庭設在夫子廟，印象中只覺一切佈置和服飾等等都

有點像上台演戲似的，毫無尊嚴的感覺，審訊過程也無足敍述。一切都已擬定，開庭只是形式，虛應故事而已。庭上的指控不必根據事實，卻要你提出無罪的證明。而你的答辯他也不必理會。總而言之，就是你說你的，他說他的。我陳述的時候，辯護律師不時起立發言，打斷我的話。起先頗覺不快，後來才知道像我這樣的身份，估量怎樣也不會判成大罪。可是任你怎樣有理，也依然脫不了關係。既已進入牢籠，就不容你拍拍手便走出去。多說無益，少說為佳。且再坐上個把年頭再回家吧。如此這般，我便被判了兩年零六個月。判決之後，馬上由看守所移送老虎橋監獄[39]。這時，我轉入第四道牢籠了。

入住監獄的好處就是可以定期接見家人，不必再像看守所時偷偷張望。看守人員到時來通知接見，便馬上跟着獄吏走。經過管理中心，走到外面一間像人家門房似的小屋子。裏面空無一

何孟恆手繪記憶中的老虎橋監獄

端木愷

物，牆上開了一個蒙上鐵絲網的小窗口，從這裏外望，你心中想念着的人就會出現。在看守人員監視之下，千頭萬緒，不知從何說起。除了互道平安之外，只是盡力找些鼓舞對方的話來互相勸勉。

接見時間一下子就過盡了。附帶着接見就是家人送進來飯菜和衣物書籍。返回監房的時候看守員會給你遞送已經檢查過的東西。這些東西多是用一隻線網袋着一提搪瓷飯格，飯格除底層放着白飯之外，其餘兩三層都是種種不同的小菜，依照平時的口味，細心調製。有些應該即時吃完，有些可以留着幾天慢慢吃。飯格之外還有一個熱水瓶，裏面盛着熬好的熱湯。我們廣東人最重視湯水，認為是最易吸收的營養。熱水壺還有特殊的用途，在接見時，家人吩咐要把水壺徹底洗淨，然後在下次接見時取回。當時我就悟到其中的真意。喝完湯就把

何孟恆將妻子寫給他的信命名為
「一片冰心在玉壺」，取自唐代詩人王昌齡〈芙蓉樓送辛漸〉一詩中名句

暖壺細心清洗，在打開壺殼的時候就見到在夾層裏面用玻璃紙包裹着蠅頭細字的家書。於是下次接見時就以同樣的方法作覆。從此，我和家人雖然隔着一堵高牆，卻依然魚雁不絕。另外家人每隔兩三次就送來一瓶麻油，藉口是防止餸菜餿敗，而且佐膳食品不多，加上幾滴麻油，就算餸菜不夠也可以勉強下飯。其實麻油另有妙用：找一個香煙罐，把蓋子打幾個孔，穿上些棉紗線就可以用麻油來點燈，燈火可把搪瓷飯格裏的飯菜弄熱了吃。這都是背地裏躲在房角落裏做的，卻從來未收到監獄方面的干涉。每人家裏送到的東西差不多都少不了這些玩意，大家看見，總是心照不宣。可是管理方面究竟是真的蒙在鼓裏，還是一雙眼睛半開半閉呢？那就不得而知了。

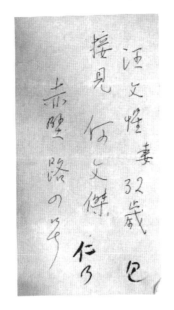

昔年虎橋幽居，家人每於接見時攜餽壺漿以佐營養，而圍扉內外只亦屢藉壺中溝通消息，五十年後，偶翻舊冊，復觀斷簡零篇，因為題記以誌不忘。

孟恆，時年八十又四（作者手書）

何孟恆在獄中期間，妻子汪文惺通過暖壺傳遞家書

入獄之後，我的父母親特地派我的二弟老遠從香港到來，第一是看看兒子有沒有吃苦頭，第二就是傳達他們的意思，希望我一旦脫離厄困，便立刻南歸相聚。我告訴他一句廣東俗語「無穿無爛」[40]。並且答應幾時離開老虎橋便剋日歸航。其實那時候我已經沒有家，香港將來就是我唯一可去的地方了。講到獄中的壞處，自然是數之不盡。第一件令人反感的就是強

老虎橋監獄正門

制剃光頭。中國人多少還受到「身體髮膚，受之父母」這觀念的影響；自己愛剪個甚麼髮型是一回事，讓別人把自己頭髮剃光就覺得是天大的侮辱。為了這事，幾乎激起鼓噪，結果改「剃」為「剪」，改「光」為「短」，雙方談妥，才算沒事。初時剪短了頭髮都覺得不習慣，其實獄中既不可能勤加修飾，來個「平頭」倒也清爽俐落。到後來，只要關照一聲操刀的難友，就無不修短合度了。

　　老虎橋監獄是磚砌的舊建築，五道長廊排成掌狀的半圓形，從前用「園扉」代表監獄，也就是這個意思。掌心是管理員的所在，從此瞭望，五個指頭的動靜都可以一覽無遺。每一道長廊兩邊都是獄舍。獄舍的門很矮，要弓着腰才可以進出，門腳有一道半尺見方的小門，活像狗洞一樣的就是伙食的進出口。每一間獄舍大約八尺寬，十二尺長。木門偏在一面（我住的一間門偏在右），門對面正中有一面窗，高過眉額，除了天空之外頂多可望到對過一截牆頭，牆底下的一切無法看見。窗口上鐵枝鐵網是少不了的。窗下一方水泥地就是盥洗的地方，左邊兩尺半見方凹下地面，上蓋木板，揭起木板蓋就是馬桶的所在。房間裏的地板洗刷得相當乾淨，我們晚上就在上面打地鋪。通常一室可容四、五人，對着木門

的一面直着安排兩個鋪位，靠近馬桶的一面橫排三鋪，睡下來就再無空檔。所以
我們白天都把被褥捲起，一方面可以當作桌檯，一方面也讓出多些走動的地方。
初到的時候我是一室中的第五人，很自然的就派上最接近馬桶的一個鋪位。不過
同室諸人以及負責清潔工作的難友都很努力，始終不曾有不潔的感覺，我想也不
一定是久居鮑魚之肆的原因罷。

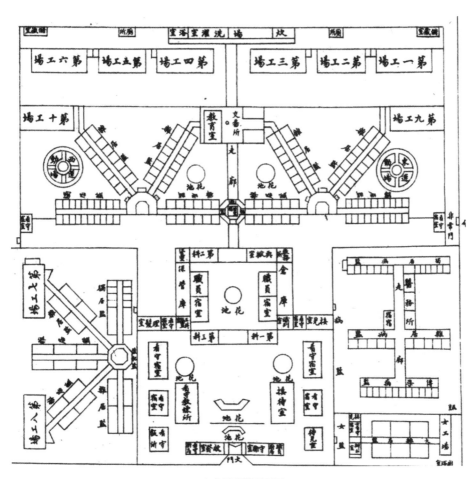

老虎橋監獄平面圖

獄中「放風」時景況

　　在看守所的時候，常覺心神不定，進了老虎橋，生活轉趨平靜。每天兩頓飯，兩次沖開水都是從門底下的「狗洞」送進來的。房門只打開一次，讓大家到院子裏散散步，這就是所謂「放風」（或者應該是「放封」）。院子可由長廊盡處進出，不必經過管理中心，只要有鑰匙開門便可以走出去。寫到這裏，想起「放風」也有一段小插曲：一位新上任的張姓看守長，興致勃勃地要督促我們在放風的時候跑步，鍛煉身體。為了整飭紀律，提高士氣，他還要我們高聲叫喊「一二一……一二一……」。他原意本來不錯，可惜實在不適合我們這一批老爺兵。叫口號已經討厭，何況他又是一副頤指氣使的神氣實在令人難以忍受。再加上跑步的時間又是午飯飽餐之後，簡直不合衛生。於是弄到怨聲載道，卻又不能不跑。不知怎的我突然冒起一股戇勁，在打開門房放風的時候，我只是留在房裏不出來。張某知道了就來問為甚麼。他向我解說跑步是良好的運動，放風是我們應有的權利……我坐着不動，只是冷然地說飯後跑步不衛生，會肚子痛甚至盲腸炎的，我不願意使用我們的權利去做無益有害的傻事。張某年少氣盛，認為我不中抬舉，紅漲着臉大聲叫喊說我不服命令。我說我耳朵不好，聲音太響就聽不

進，不知道他說甚麼。這樣一來，他更氣的直跳，慣了手勢似的把腰間的左輪手鎗摸了又摸。我輕聲說：

「那不是孩子們鬧着玩的頑意，千萬別掏出來。」

他拿我沒法，就說要報告典獄長。這時候許多難友都返回室內，一面為了自己，一面也對我表示支持。過了一會，張某帶來兩名獄警，送我去見典獄長。他大約有五十上下的年紀，問我為何不服命令，又說我是知識份子，應該做別人的榜樣……我順着他的語氣說我的知識水準不高，但也知道運動要選擇適當的時間。既然為我們着想，就應該顧慮及此。我不參加跑步只能說我放棄權利，不能說我抗命，因為這根本就不應出諸命令的。我還加上一句說，如果不是一出口便是咆哮，雙方思想還有可以溝通的機會，不一定會發生衝突的。典獄長沒有再說下去，事情就不了了之。憑良心說，監獄裏的一批人，還不算蠻不講理，比較起

老虎橋監獄瞭望樓

當時法庭上的人心裏也好過多了。結果，強制跑步改為自由活動，此後也不曾再發生事端。幾個廣東同鄉（其中自然少不了四邑人士[41]）在放風的時間組織起排球賽，玩起來居然似模似樣，吸引到整個院子裏的人，包括看守員在內，都看到入神，此是後話。

獄中除開放風之外，木門是經常關閉的。早上有服役的難友送來盥洗用水，稍後便是倒馬桶，由同室諸人輪流提到門外，外面自有人料理，清潔後送回門口。後來說是因為節省人力，減免早上送盥洗水，索性讓我們自己排隊出院子洗臉，等於增加多一次放風。雖然如此，閉關面壁的時間仍多，要排遣此中歲月，最有效的莫如讀書。於是整座老虎橋監獄的氣氛變得仿如黌宮，到處都是讀書聲。尤其是日落黃昏之時，低聲吟哦，高聲朗誦，內容遍及古今中外，諸子百家，駢散文章，詩詞歌賦，無不包涵。獄中讀書，本屬常見，沒有甚麼特別，可是偌大的一座監牢，一時充滿讀書人士，想來這種情形以前未曾有過，以後怕也未必會再出現罷。

同室的難友，第一批只約略記得他們的姓氏。緊靠我的一位姓伍，廣東人，安徽省警務長官，為人爽直樂觀。他身邊一位姓王，江浙人，曾任外交官員。對着門的一位姓張，似是行伍出身的軍人，是五個人當中最年輕的一個，也是唯一沒有讀書習慣的一個。平日閒談過後，我們便各自忙着讀自己喜歡的書，他就只有瞪着眼睛望着屋頂。雖然他很快就出獄，但是實際上他的日子就悠長得多了。他對上的一位好像也姓張，聞說是特務人員。他沉默寡言，對人客氣，對他自己的經歷從來沒有提起，別人也不便多問。伍君喜誦童年時讀過的古文，王君讀法文小說，不明身份的張君最有趣，他每天背誦一節《聖經》。《聖經》的譯文頗為拗口，讀來已經不易，背誦更難。問他是不是教徒，他搖搖頭說，只是以此排遣而已。後來到我們分手的時候，他已把聖經全本背過兩遍了。我還是那一本唐宋名家詞選，也是每天背兩首。那本書一直帶在身邊，後來在香港讓四近

樓[42]借去，才自己另購一冊的。讀詞自遣之外，也想到語言工具的重要，自覺在學校裏讀的英文實在不管用，趁這時候自己好補習一下。於是讓家裏送來一些英文小說，記得那時讀過的有 Brontë 姊妹的作品，我喜歡 Emily 的 *Wuthering Heights* 多過 Charlotte 的 *Jean Eyre*，前者曾誦讀全書三遍，到現在已經忘記得乾乾淨淨了。[43]著名的 *Lost Horizon* 作者 James Hilton 另一作品 *Random Harvest* 我也很喜歡，並且曾把全書翻譯過來。[44]那時的譯文不成器皿。但對自己來說，每一個字都弄個清楚，對閱讀方面是有點幫助的。當時我特意使用毛筆草稿，以資練習，恐怕那也是生平使用毛筆較多的時間了。我有一本美國希臘裔作家寫的書，作者姓名和書名都已忘記，同囚徐義宗讀後很喜歡，把它翻譯了。書裏涉及許多希臘神話典故，對這一方面知堂周作人[45]最為專長，他那時候也住在老虎橋。徐義宗去向他請教，知堂老人還特地為他寫了幾十頁的註釋。前輩治學之嚴謹和扶掖後進的熱忱，真正令人敬佩。

提起知堂老人，我早就讀過他的文章，卻一直未有機會見面。有一次放風，別人指點着說北京的周作人也住進來了。我隨着方向望過去，見到他個子不高，戴眼鏡，光着頭，上唇蓄了一撮小鬍子，有幾分像廣東朋友李尚銘。一派謙和幽默的樣子，令人想見他的文章風格。他被押解南京時，口占一首舊體詩早已為人傳誦：

> 但憑一葦橫江至，風雨如磐路轉賒。是處山中逢老虎，不堪伊索話僵蛇。
>
> 左廡立語緣非偶，東郭生還願已奢。我欲新編游俠傳，文人今日有朱家。

首句用達摩一葦渡江[46]的典故之外，聞說同時也寫實情，原來他被押過江，曾被草索綑綁雙手。他之所以被捕，是由於他平時曾經提拔過的學生告發，而後來義務出庭為他辯護的端木愷[47]也是他的學生。端木愷原任行政院參事官，辭職改任律師，在夫子廟偶然遇見已經身為階下囚的老師，談了不多幾句便挺身為他辯護。除了苦茶庵之外，端木律師還幫助了許多人。因此知堂的詩裏面把

周作人手書《老虎橋襍詩》，收錄於
《獅口虎橋獄中手稿》

《伊索寓言》裏凍僵了的蛇，《中山狼傳》的東郭先生和老犲的故事都用上了。又以《游俠傳》[48]的朱家來譬喻端木的俠義，這都是十分貼切的。

知堂老人在幽禁中有《老虎橋雜詩》一卷，友人藏有知堂親自楷錄原稿，我曾借歸攝影一本[49]。近聞長沙有《知堂雜詩抄》出版，老虎橋襍詩上述《老虎橋雜詩》亦收編在內，已託人搜購，書到之日，與手錄影本比照同讀，一定是很有意思的。這一卷詩雖然在老虎橋，卻純然是歷史風土人情的紀述，於此可以窺見他廣闊的胸襟和獨特的性格。至於幽囚羈旅的情懷，發洩到詩歌方面的，在老虎橋中自然有很多。可惜自己對詩歌未曾用過功[50]，一向交遊不廣，因此所知有限。印象較深的有翠微韋乃綸甦齋，獄中有「拘幽集」[51]，每邀前輩嘉許。篋中藏有幾頁抄本，是當日老虎橋頭共數晨夕的紀念。在香港的時候，還見甦齋幾次，後來聽到他因為兄長的邀約，還居滬上，就再沒有消息了。他的〈有友行哭石泉兄[52]〉最能道出當時情狀，特為抄錄如下：

有友有友去十日，我淚我淚尚汨汨。十日相去無幾時，一代英豪為異物。
牆外槍聲牆內驚，人間恩怨不分明。軍令昔聞寬將帥，愛書今見到書生。
書生報國非容易，地獄投身餓虎飼。當年虜騎陷京師，殺伐聲哀動天地。
黯黯旌旗日月昏，百里千里大軍退。大軍退後豈無人，百姓流離天所棄。
翻思軍退有時回，忍辱偷生旦夕事。況有田園與廬墓，那得輕拋與恝置。
卻無驢馬與舟車，欲往桃源安可致。大軍百萬一時還，凱歌齊唱好河山。
痛定於今復思痛，回首已是八年間。八年歲月去飄忽，八年水火深且熱。

民命倒懸何能久，東山賴有斯人出。我友林公起相從，救饑拯溺勇更忠。
如椽巨筆驚風雨，懸河雄辯逞詞鋒。共怪本初弦上疾，不思黃祖腹中同。
燕王欲市駿骨貴，伯樂既過馬羣空。志士平生重肝膽，豈懼刀刃交撐胸。
求仁得仁亦無憾，含笑赴義何從容。吁嗟吁嗟公往矣，思公思公悲復涕。
嶺南革命多健兒，我本與公同桑梓讀書康樂更同時廣州河南有康樂村嶺南大學在焉，
公工文章與數理。前路分馳十載春，海上相逢共驚喜。輿論宣揚復鼓吹，
患難因緣從此始。公之擁戴在汪公，我亦從公報知己。自從河內掀新潮，
潮頭噴湧雪花飄。石頭城下潮聲咽，人去城空更寂寥。東去波濤方滾滾，
西來車馬又蕭蕭。鄭虔有罪貶台戶，摩詰無心事偽朝。南樓多少南冠客，
檻車載我金陵陌。老虎橋中日月長，與公正是對門宅。患難交情久更深，
談笑有時終日夕。喜公知命故不憂，羨公窮道卜龜策。公言國運有轉機，
公信朝士不竭澤。公之故人海上來，為公呼號乞大力。傳來消息使人歡，
小園慰語相盤桓。豈知吏役傳公去，從此不復歸寢門。我淚既乾我腹痛，
檢點遺物心辛酸。我欲問天天不語，鳴呼天道安足論。

　　甦齋前此有〈懷雙照樓主人〉詩，將來如果撿到，當再補錄。同一時期因
於蘇州獅子口監獄的詞人龍沐勛榆生，是朱彊邨[53]的弟子，吟詠之餘，有《倚聲
學》二冊，又選宋詞為《天風》、《明月》諸集[54]，媽媽在蘇州特地請同囚難友
細心抄錄，到現在還珍重收藏着。

　　入獄以來，我可說是衣食所需從未匱乏，樣樣都由家人按時送達。有時
吃到平日愛吃的東西，不覺欣然而喜。可是細心一想，又不禁戚然而憂。想到家
人對我這樣殷勤供奉，他們的日子又怎麼支撐下去呢？詢問的結果，妻子總是一
臉笑容，叫我不用擔心。我知道外面一定為我節衣縮食，這是不問而知的。我也
屢屢表示在裏面既沒事做，也沒受苦，不須加意供養。但這話又怎能說服家裏的
人呢？

高陽臺

何文傑

梧葉敲窗驚吟在砌夜涼漸覺秋清霜月飛來淒然
風露泠泠孤光乍洗輕塵淨艷蒼前三兩疏星更盃
盃銀漢迢迢碧落空明　堪驚聚散真如夢但淒涼
顧影淒眼松淫千里神遊故人此際心情增高都隔
笙歌調忽飄來短笛哀聲漫追尋縹渺虛無依約潤
靈

何孟恆被關在老虎橋監獄時亦有詩詞創作，陳璧君與龍榆生於1946年中秋更作詞和應之，詳細可參閱本系列《獅口虎橋獄中手稿》之《雙照樓長短句》

一般來説，我們在獄中都似乎能夠保持心境寧靜，過着平淡的歲月。可是不時也會激起澎湃的波瀾，一位又一位和運人士的死訊傳達到來，誰也壓抑不住心頭的悲痛。印象深刻的有蘇州方面的陳公博和褚民誼，南京方面有梅思平、林柏生……監獄雖然和外界隔絕，但這樣的消息，一到放風時間即便傳遍。陳氏臨命前還要替朋友寫完一副對聯，然後向同囚各人一一道別。褚氏要把一套太極拳招式教完才跟刑警走。林氏遺書兒子，勉以科學救國。他們都是態度從容，精神凜烈，令人蕭然起敬。在讀書的時候，早已聽過殷汝耕[55]的名字，一直對他都沒有好感，及至獄中見到，原來是一位忠厚長者，再聽到他在臨刑前坐下來，回頭對刑警説：「待我口稱佛號時，你就動手罷。」

那種悠閒的神態，溫和的語氣，令人不由得不對他改觀。不用説，眾人的背後都定有一股凜然正氣在支撐着，至少這種態度不是有虧於心的人所能有的。這個念頭，死生之間，原只相差一髮，人們對於死生大事也不由得你不視為等閒。自古以來，都説「慷慨輕生易，從容就義難」，在這一場浩劫之中，我着實見到難能的一面。

上面提過老虎橋的同室難友，其實來來往往的還有好幾位，一直不曾移動過的就只有我一個。最後同居一室的有孟晉大兄、陳二叔（名字已忘記，是孟晉的同事）、陳博士允文[56]等幾位。陳博士日常的玩意是操練賭纜。據說此纜練成，澳門街自當衣食供應不輟。後來在香港曾與博士相遇，看情形大概賭纜仍未練成。

1946年4月22日褚民誼在蘇州江蘇省高等法院審訊

單只老虎橋已有千數百人同遭此厄，所以住在裏面可說是頗不寂寞。平日更有書可讀，說句風涼話，就是「無絲竹之亂耳，無案牘之勞形」。可是，就算不是前述的波濤澎湃，每當夢回人靜，明月半牆；或者白雲在天，翹首遐想，總不免有思親

殷汝耕被押往刑場執行死刑前攝

懷故之感。好在我判期說長不長，二年半終於計日而盡。於是提早一個星期就把即時用不到的書籍衣物，交由家人在接見時先行帶返，然後日出日落地等候出獄那一天的來臨。這樣一來，反倒覺得這一個星期過的是最長的日子。同舍諸友聽得我歸期已近，都紛紛遺贈，以為紀念。韋乃綸、高齊賢和好幾位都以詩詞相送[57]。高齊賢自廣州至南京都和我同在一處，他的詩跋寫上共同經歷的日子，對我這不寫日記的人有很大的幫助。汪時璟[58]給我寫的一頁小楷，愈寫愈細，愈細愈精，十分可愛。而最足珍貴的還是知堂老人由甦齋轉致的兩首詩：

偶從亂世遂生還，多少辛酸兩載間。喜得嬌兒不離膝，好將啼笑破愁顏。

狂瀾獨挽古來難，故里歸來好閉關。不逐嫄公入山去，且容養氣十年閒。

　　第一首道及冰兒稚齡罹禁，寫得既含蓄，又幽默。第二首勸誡我們回家之後不必深山學劍，要好好的閉關養氣。我和苦茶庵只是心儀，未及親自聆教，我十分感謝他這一份心意。轉眼又過了許多年，知堂老人早歸道山，我亦皤然一叟，這兩首詩仍然高懸齋壁，其餘各人的題贈，至今還合什珍藏，不時展讀，不知當時同舍還有幾人在世，又有幾人記得起我呢？

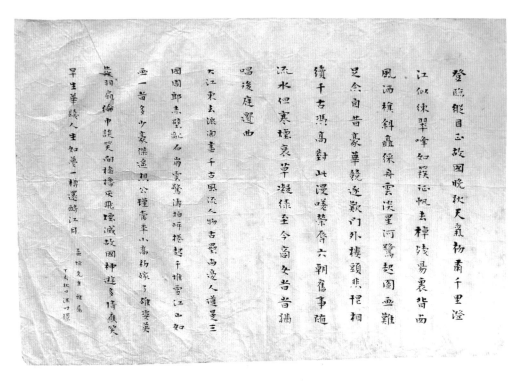

汪時璟手書王安石〈桂枝香·登臨送目〉，蘇軾〈念奴嬌·赤壁懷古〉

婚林德才

敬蓮東莞游氏女醫齡即備於岳家太夫人陳氏喜其慧黠
每令隨行左右太夫人以國事被囚羈於蘇州獅子口敬蓮賃居
吳門隨侍獄中早出善歸從不稍懈忍寒居士贈詩四
首以紀其事云
敬蓮生小出農家幾向修門閱歲華能與阿婆同惠
難亭亭偏愛映朝霞往事傷心太極操敬逐隊
約征袍從鏤骨飛昇後為之排憂敢告勞色笑有
永好女兒背人慟泣慈人思敬蓮一片丹心在慣把婚痴慰
大慈事主同心信誓取聚轉因災難婦哀緣隨郎戀玉相
牽繫誰得多情似敬蓮
一九八六春春孟恆補誌

游敬蓮及其夫婿林德才婚照，相後有何孟恆補誌

　　出獄的一天，好友任孟雄來接，先去理髮然後回家。那時我們暫住赤壁路四號，離開初時住過的寧海路看守所不遠。赤壁路四號原來是曹宗蔭曹公的住家，那時他已返廣州。我們為了節省，就和文素大嫂及她的兩個女兒重秀、重輪住在一起。四妹文怕和六弟文悌許多時間都來往京滬兩地。因為媽媽在蘇州獅子口，所以又在附近租了一個地方，由敬蓮和一位專辦伙食的在那裏照料，家人不時前往探視。這是我出來之後對家中情況的一個概念。

　　多時隔別，一旦和家人相見，自是一番欣慰。我心裏想着在南歸省視雙親之前，先到蘇州探望老人家。略一摒擋，我們夫婦二人立刻啟程。自寧海路看守所一別，瞬息又是兩年，老人家鬢邊多添了白髮，而神氣不減當年，好像遇事更為沉着，對人加倍體貼，事實上體質就大不如前了。同因諸人對她十分敬重。平日總是讀書寫字，見面時送我一冊手抄的雙照樓詩詞。她說：「這裏有敬蓮照料，不必掛念。快些回到南方，盡一點人子之責罷。」

自此之後，我們就再沒有見面了。

自魚渦頭開始，老人家就一直由敬蓮照顧，到了蘇州獅子口，也是敬蓮挑起這個擔子。直至和林德才結了婚，敬蓮方才離開，老人家也遷到上海提籃橋。在香港的時候曾和敬蓮見過面，後來不知怎的又失去了聯絡。我敬佩她對老人家的忠耿，轉錄忍寒居士龍榆生贈她的四首詩，作為對她的紀念：

敬蓮生小出農家，幾向修門閱歲華。能與阿婆同患難，亭亭偏愛映朝霞。

往事傷心太極操，敬蓮逐隊約征袍。一從鏌骨飛昇後，為主排憂敢告勞。

色笑看承好女兒，背人啜泣惹人思。敬蓮一片丹心在，慣把嬌癡慰大慈。

事主同心信誓堅，轉因災難締良緣。隨郎戀主相牽繫，誰得多情似敬蓮。

1　即國民政府軍事委員會調查統計局，中華民國國民政府的情報機關之一，成立於1938年。

2　即M1911手鎗，由美國人約翰·勃朗寧設計，1911年開始生產，為美軍的制式手鎗，直到1985年。美國援華飛虎隊員將這種鎗械帶入中國。

3　鄭鶴影，上海大學畢業，乃國防部第二廳廳長鄭介民的侄子，參加軍統後在澳門當軍統行動組組長，後期調任軍統廣東站站長，中日戰爭結束後，他率領軍統行動隊首先進入廣州，負責接收陳璧君家的財物。

4　即蔣介石。

5　即褚民誼（1884–1946），字重行，浙江人。同盟會會員，早年曾與李石曾、吳稚暉等無政府主義者接近，並從事教育工作，其妻陳舜貞為陳璧君之妹。1932年汪精衛任行政院長期間出任行政院秘書長，1940年在汪政府任行政院副院長兼外交部長。戰後被處決。

6　陳璧君侍女。

7　高齊賢，字見思，於汪精衛南京國民政府內任外交部簡任中文秘書，1945年與褚民誼、陳璧君等人一同被捕入獄，1948年獲批假釋。高齊賢擅長音律，不但為蘇東坡〈水調歌頭〉譯譜，更與褚民誼共同出版〈崑曲集淨〉。

8　徐義宗，曾任汪精衛南京國民政府外交部簡任秘書、亞洲司司長，著有出版圖書《日本的土地改革》和《日本侵華秘史》。

9　位於廣州市越秀區法政路三十號。

10 位於廣州市越秀區沿江中路及北京路交界，建於雍正年間，在清代時是專為迎送官員而設，是目前廣州使用歷史最久的碼頭，俗稱「廣州第一碼頭」。

11 李輔群（1911–1959），原名潤烺，俗名朗雞，廣東番禺人。1938年冬，國民黨軍隊從禺南一帶撤出，市橋成立自衛辦事處。李擔任市橋自衛大隊長。「大天二」意為賊頭、惡霸，「朗雞」是地方口音，音似廣東話的「兩雞」。「兩雞」來源於廣東話中的「兩蚊雞」或「兩雞屎」，是廣東話中「兩元」的粗俗說法。因李輔群嗜賭，每次賭牌輸淨，都問人借兩元落注，故被稱為「朗雞」。

12 筆者所指的香港足球員為郭英祺，二十世紀四、五十年代活躍於香港體壇，曾效力星島、傑志等體育會，擔任中場、前鋒，並曾入選中華民國隊國足名單，代表參加1948年第十四屆倫敦奧運會。

13 原著為日本學者里見常次郎，汪精衛在日本時開始翻譯此書，直到1938年完成，1942年於南京由中日文化協會出版社出版。

14 柳公權（778–865），字誠懸，唐朝京兆華原（今陝西耀縣）人。大書法家。是顏真卿的後繼者，後世以「顏柳」並稱。

15 高齊賢書法作品收錄於汪精衛紀念託管會編《獅口虎橋獄中手稿》冊四（台北：華漢出版，2024年）中，讀者可參看此書欣賞其書法。

16 東京帝國大學，為1886年日本政府頒佈《帝國大學令》後，將當時的東京大學為基礎改稱的東京帝國大學。1962年廢止舊制，現為東京大學。

17 龍榆生（1902–1966），名沐勛，字榆生，是中國二十世紀詞學名家，其作品可見於《獅口虎橋獄中手稿》冊一、冊二。

18 詞學大師龍榆生知悉何孟恆夫婦對詞學有所興趣，特意在獄中輯錄宋代詞選《天風集》、歷代詞賦《明月集》及其續篇贈予二人，詞冊全文見《獅口虎橋獄中手稿》冊二。

19 周應湘，順德人，於汪精衛南京國民政府時期歷任中央黨部秘書、文書處長、廣東省政府秘書長、政務廳長、民政廳長等，1945年因漢奸罪名被判有期徒刑十年。

20 汪宗準，汪兆鏞之子，字君直，汪精衛姪兒。娶朱執信之妹朱會只為妻，在汪精衛南京政府擔任廣東省財政廳長。1945年在廣州與民政廳長周應湘、教育廳長陳良烈、和建設廳長李蔭南一同被拘禁，後來與何孟恆在南京虎橋監獄同囚。何孟恆釋放時，汪宗準贈別詩句以「人心陷溺，世亂靡己」囑之，詳細可參閱《獅口虎橋獄中手稿》一書。

21 陳良烈，曾任教育廳督學，於汪精衛南京國民政府時期，代理廣東省教育廳長、廣東大學校長。

22 李蔭南，於汪精衛南京國民政府時期任廣東省銀行行長、廣東省建設廳長，1945年戰後因漢奸罪名被判有期徒刑十二年。

23 汪澄輝，汪精衛姪孫，國學學者，與兄翔輝一起替汪精衛擔任抄寫及雜務工作。

24 汪德靖，汪宗準之子，汪精衛姪孫，為陳璧君處理財務。

25 明故宮機場，位於南京，建成於1927年，為中國首座軍用機場，1956年廢棄。

26 一間港資的英式百貨公司，以售賣高級歐洲時裝精品著稱。創建於1850年。

---

27 徐文祺，北平清華大學畢業，後被派往外事警官班受訓，為軍統局地下工作人員，曾於汪精衛南京政府擔任行政院庶務科長，抗戰勝利後任國民政府南京寧海路要犯看守所所長。他後來撰寫了〈陳璧君及汪偽要犯被囚記〉一文，見《傳記文學》第43卷第5期。

28 指1940年汪精衛在南京重組的國民政府，與在重慶以蔣介石為首的國民政府對峙。汪精衛在《南京政府政綱》中指出成立政府的目的為「本善鄰友好之方針，以和平外交求中國主權行政之獨立完整，以分擔東亞永久和平及新秩序建設之責任」。

29 李邕（674–746），字太和，曾任北海太守，故人稱李北海，行書碑法大家，書法風格奇偉倜儻。

30 顏真卿（709–785），字清臣，唐朝政治家、書法家。其楷書與歐陽詢、柳公權、趙孟頫並稱「楷書四大家」。

31 董其昌（1555–1636），字玄宰，號思白、思翁，明朝政治人物，工書畫。

32 張志和（730–810），字子同，唐代著名道士、詞人和詩人。

33 位於今蘇州市倉街十號，因倉街南口東段地名「獅子口」，故俗稱「獅子口監獄」，與南京「老虎橋」監獄、上海「提籃橋」監獄並稱民國三大監獄。

34 王觀（1032–1083），字通叟，北宋進士，代表作〈卜算子〉。

35 譚文素，汪文嬰妻子。

36 何炳賢（1901–1999），廣東番禺人。經濟學碩士，是中國第一位受命為全國對外貿易作戰系統化研究的學者，在汪精衛擔任國民政府行政院長時，主管經濟貿易。

37 胡均鶴（1907–1993），江蘇吳縣人。1925年加入中國共產黨，1939年擔任汪精衛政府下南京區副區長兼情報科科長。1945年被國民黨關進南京「老虎橋」監獄，1949年初釋放。

38 端木愷（1903–1987），先後自上海復旦大學政治系獲文學士，東吳大學法科獲法學士。後留美，獲法學博士。曾擔任國民政府行政院政務處參事，國家總動員會議副秘書長、代理秘書長等。據1947年陳璧君手抄《雙照樓詩詞藁》中龍榆生識語：「丁亥夏大熱，冰如夫人以國事繫吳門獄中，終日據小几鈔書自遣，汗涔涔浹背。既為端木律師手寫《雙照樓詩詞藁》竟，復語余曰：『自前歲吾家遭難，老身而外，逮吾兒女，若堉，若在襁褓中之外孫，皆牽連入獄。乃端木先生挺身為吾兩子及堉任辯護，不特不受費，而往來京滬吳間行旅所資，亦由自出，有心哉若人也！老身無以為報，惟竭其血汗之所注，勉寫汪先生此集，以表感激之微誠而已。』余惟汪先生憂國之情與四十餘年所從事，實歷吾中華亙古未有之變局，其難言之痛，自可於諸篇什紓外得之，而夫人之所以手寫此本以貽端木先生者，其微旨當為端木先生所默喻。伸公道而重人權，明是非而雪冤抑，此固法律家之神聖責任，而為舉國人士所共欽挹者也。於是乎書。」

39 即南京「老虎橋」監獄，今位於江蘇省南京市雨花台區鐵心橋街道寧雙路九號。

40 字面意思為「不算太糟」「無壞事發生，一切正常」，但隱喻為「沒什麼進展，沒什麼好情況」。

41 四邑民系，是廣府民系分支下的一個族群。四邑指新會、開平、恩平、台山。

42 四近樓，即區少幹，見「雲煙雜錄」章節〈四近樓〉。

43 勃朗特（Brontë）三姊妹，乃三位英國著名文學女作家，三人為親姐妹。分別為夏綠蒂·勃朗特（1816–1855），代表作《簡·愛》（Jean Eyre）；愛梅麗·勃朗特（1818–1848），代表作《咆哮山莊》（Wuthering Heights）；安妮·勃朗特（1820–1849），代表作《荒野莊園的房客》（The Tenant of Wildfell Hall）。

44 詹姆斯·希爾頓（1900–1954），英國著名小說家、劇作家，其著作 Lost Horizon 譯名為《消失的地平線》；Random Harvest 譯名為《鴛夢重溫》，兩書分別於1933年及1941年出版。

45 周作人（1885–1967），浙江紹興人。筆名遐壽、仲密、豈明，號知堂、藥堂等。魯迅（周樹人）之弟，中國近代著名散文家、文學評論家等。歷任國立北京大學教授、東方文學系主任，燕京大學新文學系主任、客座教授。新文化運動中是《新青年》的重要同人作者，並曾任「新潮社」主任編輯。1940年出任汪精衛政權下華北政務委員會委員，1945年被逮捕，關押於南京老虎橋監獄。

46 一葦渡江，是與南北朝高僧菩提達摩有關的佛教傳說。菩提達摩在南朝劉宋年間，乘商船到達廣州。及後達摩聞說梁武帝信奉佛法，於是至金陵與其談法。雙方終因會晤不契，不歡而散。傳說達摩在繼續上北方傳揚佛法時途經長江，他腳踩一根蘆葦渡過長江，成為了成語的典故。

47 陳璧君曾贈端木愷《雙照樓詩詞稿》，此抄本存於東吳大學圖書館。

48 〈游俠列傳〉為西漢史學家司馬遷創作的一篇文言文，記敘了漢代著名俠士朱家、劇孟和郭解的史實，收錄於《史記》。

49 周作人詩詞手稿印本收錄於《獅口虎橋獄中手稿》冊四。

50 何孟恆被關在老虎橋監獄時亦有詩詞創作，陳璧君與龍榆生於1946年中秋更作詞和應之，詳細可參閱《獅口虎橋獄中手稿》冊三。

51 韋乃綸詩詞手稿印本收錄於《獅口虎橋獄中手稿》冊四。

52 指林柏生。

53 朱彊邨（1857–1931），一名孝臧，字藿生，一字古微，號漚尹，又號彊村，與況周頤、王鵬運、鄭文焯合稱為「清末四大家」。

54 詞論與詩詞選集收錄於《獅口虎橋獄中手稿》冊一及冊二。

55 殷汝耕（1883–1947），字亦農，浙江溫州平陽人。同盟會成員，曾追隨黃興參加辛亥革命，後來於日本扶植的冀東防共自治政府出任要職，抗戰結束後，由國民政府逮捕，1947年被處決。

56 陳允文，廣東番禺人，德國柏林大學文學士、法律系政治經濟學博士、德國警官高等學校畢業，曾任行政院參議秘書、科長、外交部簡派條約委員、汪精衛南京國民政府時期，任行政院法制局局長兼中央政治委員會法制專門委員會副主任、外交部常務次長及中央警官學校校長。

57 作品收錄於《獅口虎橋獄中手稿》冊四。

58 汪時璟（1887–1952），字翊唐，安徽省寧國府旌德縣人，中華民國政治家。汪精衛南京國民政府時期任高級財政官員。1945年被國民政府在北平以漢奸罪逮捕，收監於南京。

第十九章：三妹病逝

經過幾小時的飛行，從下面雲層的罅隙已經漸漸窺見青山綠水的海岸，看來目的地香港就快要到達了。興奮的心情，立時驅走了朦朧的睡意，女兒冰冰更加樂不可支。從我們口中，她早就知道這一處不曾到過的地方是多麼新鮮有趣，這裏有爺爺嫲嫲的疼惜，還有叔叔姑姑，許多人都肯陪她玩耍。過去一段的生活，也實在太過冷冷清清了。

飛機着陸，我們抱着女兒，挾着老人家寫給我們的卷軸[1]，攜着簡單的行李，步出機場，就見到弟妹們來接機。冰兒對二叔[2]還有點記得，因為兩週歲時，二叔還抱着她拍過照片。這孩子很懂事，她很會接受人家歡迎的盛意。接着渡海回家，驅車直上半山地區。堅道從前原是富貴人家的住處，不過現在已開始落後了。還是一樣狹窄的馬路，路旁仍舊是幾十年前的舊屋。衛城里是斜靠着太平山的北面一條朝南走的橫巷，我們住的是巷尾最高處的第一間。因為父母親來得早，當時香港居民住屋遠不如今日擠逼，所以只要自己找人修葺一番，付出低廉的租金便可入住到相當寬闊的樓房。等到一九四八年我們回來的時候，要找到這樣的地方就不容易了。

筆者三妹何文健

我們在衛城里口下車，一步一步向上爬。抬頭望見我家住的十二號高踞在巷的另一端。許久沒有上過斜坡，到此不覺微微地喘氣。聽見我們來到，父母親從三樓走下來相迎。三年不見，老人家身體情形還算不差，只是三妹文健跟在後面，站在半樓梯上，看來就很蒼白。她一向身體瘦弱，父親才給她取一個「健」字，希望她能夠慢慢強健起來的。

　　入門之後第一樣觸目的就是鐵閘鎖鏈上面掛着許多鎖，一把扣着一把，數起來竟有八九把之多。後來才知道三層樓裏面每一個經常出入的住客都各有一把，不必勞煩別人就可以自己開關，鎖壞了或者鑰匙丟掉，自己負責掉換，不必央及別人借匙複配，另換一把新鎖和配鑰匙的費用也差不了許多，卻更加自由，更加獨立，這就是鎖串形成的原因。

　　踏上三樓樓梯，走幾步便是一扇朝外開的木門，左轉再上便是一道頗為寬闊的走廊，走廊的北端盡頭，截開臨街騎樓的一角作為廁浴之用。和香港其他許多地方一樣，騎樓封起來，加裝門窗，便是一間很好的臥室。爸媽本來住這騎樓房，這時讓了給我們三個，他們自己退居前房。父親用屏風把房間隔開，除開兩老之外，更容納了三妹文健和四妹文慈，剩下來還有小小的地方，就算是客廳和飯廳。後房和前房一般大小，還多了一角狹窄的小間，這裏由二弟文彥、六妹文敏、七弟文儁和表弟梁子勤共用，女傭阿群就睡走廊上的鐵牀。屈指一算，一層樓已住上十二人。幸而堅道一帶的老屋，樓底既高，面積又大，所以十二人還未算是它的最大的容量，有一段時期十八人也都擠了進去，此是後話。

　　對着三樓樓梯，木門前面下去兩級便是通往廚房的吊橋，人多的時候，這裏便是表弟和七弟站着讀書的地方。廚房之西，開着一道小門外出天台，除了陰雨之外，那裏經常晾滿了一家人的衣服。估計全層面積總有千多尺，但也全靠父親的巧思，才容納得下這許多人。

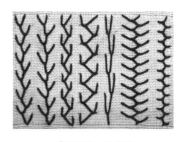

「雞腳趾」的織法

　　經過了幾年的亂離，大家能夠重復相聚，自有說不盡的許多喜悅。冰兒是多年來家中第一個新一代的孩子，更成為家人寵愛的中心。爺爺親為剪裁衣服，嫲嫲添上「雞腳趾」[3]花邊，然後讓她穿上新衣，隨在背後拜訪親友，到處都邀得許

多讚美。叔叔姑姑們暇時帶她逛「兵頭花園」[4]食雪條（冰棒），七叔老遠從九龍為她搬回特別定製的矮桌子。閒時還纏着二叔要他扮演公園中見到的猩猩。

「二叔，扮馬騮啦！」

想來到現在二叔也一定不會忘記這一聲呼喚的。

可是，歡欣的背後卻漸漸出現了陰影，三妹文健近來身體情況更不如前了。這時候家中已難得聽到她喜愛的《夏天最後的玫瑰》[5]，她的繡花針也許久沒有拈起過。兩老為此十分擔心。有一次她覺得呼吸不適，醫生檢查出來是肺部長了一個瘤，須要動一次重大的手術。一家人都為三妹文健的病況擔憂，同時立刻想到醫藥費將會是一筆沉重的開支。

當時我們初到香港沒有幾個月，家裏只有二弟一人，初入巧華洋行[6]當一個小職員。四妹剛從聖士提反女校[7]畢業，開始找尋工作。五弟文競在廣州念大學，六妹就讀庇理羅士女校[8]，七弟和表弟同在聖約瑟書院[9]。除開我們每月交付微小的數目，表弟有他的叔父負擔生活費用之外，家中開支幾乎全部靠父母親掏出他們年來微薄的積蓄來維持。遇上這樣重大的事情，大家不禁徬徨無據。那時候我一位向來營商的朋友劉包恩，知道我回到香港，也知道我們的經濟情形，便送了五百元應急。一方面我們也向醫院的社會福利人員申請，得到多項的豁免，才勉強通過進入瑪麗醫院[10]接受治療的難關。

經過了手術之後，因為三妹文健體弱，須要輸血。驗得我的血型適合，所以第二天上午我再到醫院輸血。一切經過順利，稍後見到文健精神臉色都有進步。她還像平日一樣的和我們談話，叮囑我們回家，不要讓老人家擔心。哪知當天下午二時，就接到醫院電話說病人情況有了變化。本來不想老人家受到打擊，可是又怎樣瞞得過，勸得住呢？

　　我們匆匆趕到醫院，看見病人呼吸困難，臉色慘白，護士們團團轉，用種種方法來搶救。這時主治醫生還未來到，我們只有盡力勸服兩老，在我妻子陪伴之下在病室外面坐着。弟妹們也一個個陸續到齊，大家相對無言，靜悄悄地退回室外。等到醫生來了，作過檢查之後，也只有抱歉地對家人搖搖頭。

　　也不知道過了多少時候，太陽下了山，周圍漸漸昏暗。這時房間裏只有我和二弟分站病牀的兩旁，分執三妹文健的兩手，靜靜地陪她度過她二十六年最後的時刻[11]。

　　一家人都陷入愁苦之中。好不容易才盼望到膝下團聚的機會，那知還未等得及五弟回家渡假，就缺了一席，這是永遠無法補回的缺失。為此，二弟屢屢屈指計算，怎樣都是六隻指頭。連冰冰，看見壁爐頭上掛起來三姑姊的一張相片，卻總不見她回家，不由得感覺到家裏一定發生了事故，兩眼不時露出惶惑的神色。最難過的還是兩位老人家，女兒養育到這般年紀，忽然逝去，悲痛的心情是沒有辦法安慰的。親友們把他們接到銅鑼灣小住，希望讓他們變換一下環境。可是老人家終究放心不下衛城里這個家，和沈二表嫂張拱璧[12]、曹公曹宗蔭盤桓了幾天，就謝過了幾位老朋友，重回老巢了。

1　陳璧君獄中撰寫之作品，包括詩詞、書信、雙照樓詩詞薈等原圖掃描均收錄在《獅口虎橋獄中手稿》中。

2　指作者之弟何文彥。

3　「雞腳趾」是一種織織技法，因形似雞爪而得名。

4　兵頭花園，即香港動植物公園，位於香港島中環雅賓利道，於1871年建成。因園址在1841年至1842年曾用作總督官邸，而當時總督亦是三軍司令。故此，不少人至今仍稱動植物公園為「兵頭花園」，「兵頭」即港督的俗稱。

5　《夏天最後的玫瑰》（"The Last Rose of Summer"）是一首古老、廣為流傳的愛爾蘭民謠。

6　巧華洋行，成立於1946年，起初以代理各種歐美電器為主，後來重心陸續轉向燈飾，至1960年代，更成為香港燈飾業領行公司。

7　聖士提反女校是由英國海外傳道會於1906年在香港創辦的一所女子學校，原址在中環堅道，1923年遷往西營盤列堤頓道，是香港歷史悠久的傳統名校。

8　庇理羅士女校是一所位於香港港島東區北角的官立女子中學，是由前香港上海匯豐銀行董事、著名的猶太裔慈善家庇理羅士於1890年創立，為香港第一所由英國殖民政府開辦的女子中學。

9　聖約瑟書院是香港現存首間天主教男子學校，創校於1875年，校舍位於中半山堅尼地道七號及堅尼地道，為香港著名學府，「光纖之父」高錕亦是該校校友。

10　香港瑪麗醫院是一所位於香港島南區薄扶林的公立地區綜合醫院，於1937年啟用，是當時香港以至遠東地區規模最大的醫院之一。

11　何文健於1948年3月21日辭世。

12　張拱璧，沈崧（1894–1939）之妻。沈崧乃汪精衛的外甥，畢業於公立法政專門學校，1922年陳炯明叛變，沈崧登上永豐艦向孫中山傳遞汪精衛的電報，其曾在廣州政府擔任廣州警政及東江行政委員等職，1938年底追隨汪精衛投身「和運」。

第二十章：居港的開始

剛正渡過一場浩劫，正待家人團聚，卻又遇到雁行折翼，三妹文健病逝，家裏一片哀傷。我在香港三十多年的生活就是這樣開始的。

情感哀傷是一回事，生活是要繼續的。我驟然間帶着妻女加入到衛城里這一個大家庭，終究不能無所是事。恰好四妹任職的人口登記局需要人手，我很順利的就以大學畢業的資格獲聘為人口登記助理員。但那時候正值中國內地動亂，很多人都躲避到香港來。這一片土地驟然間增加了許多人，當局方面不得不急起應付。人口統計是急不容緩的一步工作，我們一班新手助理就跟隨着幹練的人多學習，進行工作程序。另外承局長的指令，每天每人就要負責簽發一千五百份的身份證。經過一段時間，北來的人潮一度稍緩，登記工作稍稍和緩。政府為了節省開支，我們這一批本來就聲明是臨時性的便遭解僱。

幸而這時候老友劉包恩同居香港，正靜極思動，打算到東南亞的進出口商務方面謀發展。知道我在那裏還有幾個熟人，便邀我同往南洋一行。包恩前些年來頗有積蓄，可以負擔費用，我不必擔心。於是兩人就此起程。包恩雖然在商場上混過，對出入口生意實在毫無認識。而我就更加是初出茅廬，一無所知。包恩只憑幾封介紹信，我只有幾個往日關係還算不淺的親友，就此貿貿然打算踏上商場大道。我們的行程由香港乘機飛往星加坡（那時星馬未曾獨立，尚為英屬）為第一站，然後北上庇能、怡保。這幾處我都有關係比較深的親友，然後再定周遊星馬的計劃。主意既定，我們二人就貿貿然起程。南洋一帶雖然耳熟能詳，卻從未踏足。幸好那裏有我丈人的醫生羅廣霖[1]一家人，由他的指引，我們一點也不感覺到陌生。記得那時住的地方是名叫 Atomic Club，那裏還有一位英國倫敦舞蹈學

院的女士在那裏開班教舞。包恩認為要走入商場，不能不多學些交際本領。跳舞正是其一，就拉我一同加入習舞班。誰知兩人都不是那份材料，參加過不多幾次二人都異徵當然，就一同退學了。

陳國豐（右）、何孟恆（中）、劉包恩
（左）攝於南洋

在星埠略一逗留，探知庇能和怡保幾位親友的消息，就轉機北飛。那時知道我的表親國豐[2]和弟弟國棠[3]在怡保，在南京的時候和國豐是很接近的，國棠也相處過一段時間，於是便打算從他開始接通門路。見過國豐、國棠兄弟互道別後情況，知道原來他們前時曾經相處過的六弟國聯因為參加義勇軍，已經在日軍入侵時犧牲了。國棠靠一點攝影技術，以家中僅餘的一具 Leica 攝影機，和幾個朋友合股，重新支撐起祖傳的照相館，算做還有點工作，國豐就還在尋求出路。恰巧我們來到，就約同一位也是正在找事做的朋友，大家相識。這位記不起姓名的朋友有一部汽車，於是包恩、我、國豐和那一位忘記了姓名的朋友剛好坐滿一車，到處遊走。我們從庇能開始一面探訪朋友。由北而南沿途暢遊，反而訪談生意成為次要的任務了。

　　說實在我們既無確定計劃也沒有確實的目的，一場所謂談生意終於變成輕鬆的旅遊是一點也不足為奇的。由北而南，終於經過馬來的首府吉隆坡而後返回星加坡，得到朋友的招呼沿途還順利，可是卻沒有切實的結果自不消說。在我來還聯絡上一些舊親，最不幸的正是因為金融變動，老友包恩從香港來電得知受到不算少的損失，於是一場南洋商業旅行就此結束。

陳煥鏞

從商既不就手，我轉而想到務農。自己原本學農出身，對此總有點偏好。一個偶然的機會，見舊曾相識的陳煥鏞[4]教授，受到他的鼓勵，便向這一方面積極進行，開始計劃種植花卉。陳煥鏞教授他也贊同我種花的意見，多方鼓勵。於是經過多番的踏勘，終於在新界大埔墟大埔頭村找到一片土地，為我務農的開始。在整個計劃進行中，最大的鼓勵還是來自我的老爸。這時候他已經退休家中，幾乎對農場每事都親力親為。園圃命名「樂耕園」，自稱「樂耕園丁」，刻在印章（二弟文彥為譯作 Lucky Garden），以至開墾園地，挖掘水坑⋯⋯他都親自監工。

何秀峰
「樂耕園丁」印章

至於種植，我們根本認識有限。我雖說是農學生出身，而所知所聞大都來自書本。一到親歷其境，便知道花圃的經營也不是一件輕易事。例如選擇種的什麼花就需要多方考慮了。香港的花農大多數都種劍蘭（Gladiolus），這自然有他們的道理。劍蘭花朵美麗，適合香港的天氣，一年長都可以生長，花種的來源不絕⋯⋯等等。不過我覺得種植的人已經很多，缺乏新鮮感，不會再有多大的發展。也許是遷就個人的愛好罷，我打算以種玫瑰為主。一天逛舊書攤，看到一本美國玫瑰園的目錄，印刷精美，列舉近年育成的佳種，令人目不暇給，也許還就是我對玫瑰發生興趣的起因罷。我覺得一來玫瑰還能夠適應香港的氣候，而玫瑰高貴的品質將可在香港打開市場，各樹一幟，不必與眾人皆種的劍蘭爭長短。同陳煥鏞談起來，他也認可我的意見。於是便直截從美國定購了一批玫瑰，在冬寒的時候海運到港。到達時卻因為港地天氣太暖，一部份的植枝都長出新芽。轉運中雖缺水和陽光，不免有傷元氣，幸而大多數仍然完好，損失不多。還記得當時有 Forty Niner, Peace⋯⋯都是新近得獎的名種，都能夠在季節中開出美麗的花朵。可是玫瑰花開有很大的季節性，很難適應場圃的經常開支。以我們的經濟情形而論，於是不得不把有餘的資金投入劍蘭的種植了。

何秀峰友人篆刻師馮康侯曾替
「樂耕園」題字

劍蘭從種植到收穫通常是三個月就可以割花出貨，寒熱變化對收穫的影響不超過一個月。資金流動比較靈活，對小本的經營比較方便，這是港地花農幾乎全部種劍蘭的原因，我也只有「從眾」了。

講到種花，我雖然說是一個農學生，其實都是紙上談兵。動起手來，真不知從何入手。還好當時請得一員農工阿煊，他卻種過幾年花。一般的工作都會處理，只是未種過玫瑰。幸好陳教授給農工補了幾課，自己再趕忙再讀些書本，才知道一些種植玫瑰的門路。例如玫瑰宜灌水不宜淋灑，免使葉面漬水助長黑葉病的生長。就這一點給農工們解說，也就不易了。至於剪花，修枝，插枝……等等（接駁還未能做到）又是我的一番新學問了。

說到種劍蘭那又是另一套了。從購買花頭（球莖）起到賣花為止，無一不是新鮮的學問。新界的花農早有多年的經驗，隨處都到可以找到經驗充足的顧問。原來花頭是要到那某些出入口商行購買的。先自擬定種植的時期，然後預先定購及時種植。下種時便計算好收穫的時間，天氣不同便直接影響到生長時間的長短，收穫時間的不同，球莖種植的深淺……都大有關係。香港天氣和暖，冬季沒有太過寒冷的問題。倒是夏秋颶風要小心。在這季節裏花頭要種得比較淺，寧願被風連根拔起，還可補救。如果種得深，植株沒有拔起卻折斷了，那末連球莖也報銷了。花農栽植劍蘭從耕耘以至培植大約三個月時間，等到花蕾長成為止此以後就不是花農的工作了。

筆者在大埔農場的家

　　原來賣花另有花販的一行，在從開始經營種植的時候就被納入他們的紀錄了。他們經常會注意到花農的情況，等到花枝長得差不多就會來商談承銷指定一片地的花枝收穫，他們的保證就是眾人知名的擔保。等到花枝含苞待放的時候他們就來負起割花的工作，然後以花朵多少，分成大中小三等記取數目，由花販負責帶走。通常每星期一次在花墟議定公花價，留到下一個星期再割花時然後把花價交付清楚。花價既然公決，花農花販之間從來未聞有所爭議。不過花農偶然會到花墟走走，一來觀察市場狀況，另一方面也可以聯絡感情。我家老爺子也就擔負起這個角色。散墟之後，跟花販王來喝完早茶方才回家。一般對花販的要求當然是準時收割，實價交價了。可是還有一樣仍得小心觀察的就是割花時候是否小心。割劍蘭是有一定方式的，每株定須留下兩片葉待花頭的成長，否則花頭不能長成，受損害甚至萎壞，所以花販割花的操作也是十分重要的。

農場工友

　　花農這一行，年中總有一次特別熱鬧的一天，那就是農曆新年前的花市。
原來習慣每年歲際的時候就有一個特設的花市，由花販出資設辦專門供應歲朝鮮
花。香港花市幾乎就全是劍蘭的市場，其他各種花只是附屬品。我們種玫瑰就得
自謀出路。在大酒店附近我找到兩間花店，主顧多是旅店的客人，要求較高，對

比較高貴少見的玫瑰花感覺興趣。反正我們的供應量也不大，於是玫瑰的銷路打通了。偶然附近見到有什麼比較可取的花草，我還會買下來轉手交給兩間花店，中間也可以從中取得些少額外的利錢哩。

只是有一點，花店的生意也是記賬的一月結數一次。每逢這一天就得耐着性子等候收取，就像待賬濟似的，這印象令人至今不忘。花圍經營開始就覺得收入並不如理想一般的穩定。而自揣手上的一切，幾乎已經支使淨盡花圍的經營，一家的生計當在於此。想到這裏，不禁居安思危。恰好這時人口登記重復招請助理，我又重操舊業。

這一次進入人口登記局我已經不再是新手，辦理人口我被任為領隊，帶領一組人員出去新界。辦登記第一件事就是要求前來的人要守秩序，要排隊。我們想出一個辦法，就是每一個登記小組給予長繩一條，由排首的人手執一端，緊跟着的人也隨後執着繩，一路傳下去。這樣一來可以減少半途侵入的爭執，更得到警察的幫忙秩序維持，自然進行得更順利了。我們每天的工作都超越了預定的人數，還提早完工有時間到附近海灘去游泳，同事之間皆大歡喜。那時候從大陸南來的已經沒有那麼擠擁，工作重點卻轉移到補領遺失身份證的工作上面了。補領是要繳交補領費的，於是人口登記的工作涉及到金錢上面了。例如有些人謀生之道是要經常來往香港和內地的，身份證就必需隨身攜帶，遺失了證件一定要迅速領回。一有拖延便會影響生計了。希望從速辦理，就不免有所請託。即如當時的局長曾在香港仔任職，與一些漁民認識，為了補領證件以便出海就曾經請託局長親自帶領，立時替他們即時補行登記的。其實這不足為奇，在我們工作上不過是略略多做一點罷了。可是竟然做到有人收受金錢給予優先辦理，事情經人告發。經辦安排補領日期的一組人員因此去職，而我因為負責補領登記事宜也因而受累。

1　羅廣霖醫生留學於英國愛丁堡大學，曾任中央醫院院長，後來在星加坡大坡大馬路開設診所。

2　陳國豐，為陳璧君兄長陳繼祖的第四子。

3　陳國棠，為陳璧君兄長陳繼祖的第五子。

4　陳煥鏞（1890–1971），字文農，號韶鍾。中國近代植物分類學的奠基人，祖籍廣東省新會縣潮蓮鄉（今江門市潮蓮鎮），出生於香港，1909年赴美國求學。從1920年起先後在金陵大學、國立東南大學、中山大學及廣西大學任教授。

第二十一章：雨天回憶早晨

春雨連綿，從昨夜起就一直淅淅瀝瀝的下個不停，一早醒來，雨比昨晚更大。不過既為「人之患」，等閒不得暫離職守，時辰一到就要出門上路。我家住香港半山區，學校在大埔[1]，每早七時前就必須出門，然後在校鐘響聲中步入課室。我早上上學，一向步行，非為節省，只因為公共汽車不準時，而且滿座就不停站。再者由半山區經石板街[2]急步直下海傍，比起車行盤旋來往的時間不見得會慢，所以我還是倚靠自己兩條腿步行下達海傍，趕乘七時一刻的渡海小輪，到九龍剛好趕上七時半開出的火車。車行四十分鐘到達大埔墟，還可以在學校對面的咖啡檔以香濃的檀島咖啡[3]送下一個菠蘿包[4]。

且說那天雖然下着雨，在我不過多一柄雨傘的負擔而已。行來不覺石板街的梯級走盡，正想掏出手帕擦一下眼鏡上的雨點，不好，一摸袴袋空空，沒有手帕不打緊，銀包也未帶上，剛才臨出門覺得下

中環砵典乍街，俗稱石板街

雨，捨不得那條剛剛穿上的新袴子，換過一條舊的，沒有把手帕和銀包掏過來了。我是多年購買長期火車票的熟客，從未有人向我查過票，只是天星碼頭渡輪[5]三等收費一角是無可通融的，這該怎樣辦？跑回家取銀包就絕不可能及時回校上這一個上午的課了。近來教育當局嚴查教師缺課，學校依情上報，結果就可大可小。慚愧得很，一家人賴以糊口的飯碗說不定就出問題。心中一急，腳底滑了一下，連忙抬頭定一定神，原來已經來到《新生晚報》[6]樓下。在任教師之前我在這裏擔任過翻譯員的，這一來得救了。我三兩個箭步便衝上二樓的工作室。一看舊同事都還未上班，好在聽差老張認得我，見我來得突然，只得叫一聲「早——晨」瞪大眼睛，不知所措。我當時更不打話，直截的說，「借我一塊錢，下午還你。」

他聽了自然大感意外，但終於從口袋裏摸出唯一的一張鈔票，卻是五元的。我急忙接過，一邊說「五元也好，謝謝！」轉身便走。

灣仔檀島咖啡餅店菠蘿包至今仍夙負盛名

　　這一上落又花了差不多三分鐘。此後除開以五元鈔票購買一角渡海小輪船費，讓售票員白了一眼之外再無驚險。放學時不忘再向同事借五元還聽差老張。

　　這一次的經驗給我留下深刻的記憶。

1　大埔是香港十八區的其中一區，位於新界東部，作者曾執教於大埔公立學校，位於大埔墟北盛街，今改稱為大埔浸信會公立學校，並遷入大埔廣福邨。

2　石板街，即砵典乍街，位於香港島中環，街道連接山上的荷李活道及山下的干諾道中，其中皇后大道中至荷李活道一段由於頗為陡直，故用石塊舖蓋路面，因此人們習慣稱之為石板街。

3　檀島咖啡，源於1940年創立的檀島冰室，是香港第一代茶餐廳，其咖啡首創以撞茶工法來泡製，令咖啡變得細滑，是香港地道特色的飲品。

4　菠蘿包，是一種源於香港的甜味麵包，利用砂糖、雞蛋、麵粉、豬油等製成餡料放到包頂上，因為經烘焙過後表面金黃色、凹凸的脆皮狀似菠蘿，因而得名。

5　天星小輪是香港歷史悠久及著名的渡海小輪公司，1898年5月1日起在維多利亞港兩岸提供服務，載客來往香港島及九龍。

6　1945年《新生晚報》於香港創刊，報社位於中環利源東街14–15號，其以「無黨無派的立場，報道大家所欲知事，申述大家所欲吐之言」為辦報宗旨，至1976年停刊。

第二十二章：尼泊爾

筆者與尼泊爾魚尾峰（Machapuchare）

尼泊爾這個名字我只是上地理課時讀過，它和西藏鄰接，位於「世界屋脊」的南麓。在香港不時遇到的喀部隊[1]，他們的老家就在尼泊爾。我對它的認識就此而已。後來偶然看到一些有關的書籍，才知道這個國家已有悠久的歷史，乾隆時還和中國打過交道。那裏山川秀麗，氣候宜人，民風淳樸，一向與外間隔閡，直至一九五一年才漸漸開放。在亞洲來說，這還是一個最少受到現代化影響的地方。年來局處海隅，終日碌碌，眼前的生活過得有點膩了，不知不覺對這地方產生了憧憬。等到一旦擺脫了羈身的職務，便把夢想變為事實。

此行取道曼谷，從那裏再飛行三小時，便可抵達尼泊爾的首都加德滿都（Kathmandu）。飛機將近目的地，已是大約下午七時。在暮色蒼茫中隱約見到一列白皚皚的雪山在我們的右方出現，看來好像是懸空鈎掛着似的，山峰上下都是空濛一片，有點空中樓閣，超越真實的感覺。大家頓時興奮起來，喜馬拉雅山替我們洗滌了旅途的困頓。飛機着陸之後，覺得當地的氣溫和香港差不多，那時我們急欲多看雪山一眼，可是已經煙靄四合，不辨所在了。

我們在加德滿都只是暫宿一宵，第二天一早就繼續飛往博克拉（Pokhara），那是首都西北二百公里，人口二萬多的另一個山谷地區。飛航時間

不過三十五分鐘，正在環顧左右，找尋雪山倩影之間，飛機已降落到一條粗具規模的飛行跑道上面。我們預訂的旅店離開機場步行不到十分鐘，就在西面一處高地之上。建築物的主體是兩層的紅磚洋房，中間建有高達四層的瞭望臺，自然是專為觀看山景的了。我們住在樓下，房間也相當寬敞整潔，設備齊全。我們打聽過觀看雪山的時間最好是晨早五點多鐘開始，觀賞地點果然不假外求，於是就利用當天的時間先行隨處瀏覽。

　　離開旅店之後，沿路向北前行，第一個給我好印象的就是路上遇見的人都和藹可親。我們雖然不懂尼泊爾語文，但他們年輕的一輩大都會說多少英語的。街上隨時都有人樂意做你的攝影模特兒，即使不願上鏡，也只是微笑掉頭，絕不會惡聲相向。道旁房屋都是一色的泥磚砌成；較矮的多用茅草蓋頂，有些高至四五層的，屋頂便用瓦覆蓋，一般材料總以泥磚木材為主。窗戶每多飾有顏色黝暗的木雕，這是本地的特色。北行不遠就接上一條東西走的大道，這是連接博克拉和加德滿都的公路 Prithvi Raj Marg，全長一百五十八公里，是得到中國大陸的財經和技術援助而建成的。從那裏放眼四望，除開北面群山屏障之外，博克

何孟恆在圖中標出了山峰及其高度，以及圖中旅店名稱

拉看來是一片平原，其實它是海拔三千多尺的山谷地。這裏氣候溫和，夏季不超過華氏七十八度，冬季也在六十度以上，而且有山有湖，實在不愧「旅客天堂」的稱號。

博克拉有名的月光湖（Phewa Tal）在飛機場西北一點六公里，湖水清冽，源出安納普納（Annapurna）[2]山脈的冰川。湖畔有小島，島上一座 Barahi Bhagwati 廟[3]，門窗都飾有精巧的木雕。在綠蔭蔥蓉之間眺望湖景，西北方平遠的地方令我想起南京的玄武湖[4]。南岸是陡斜的山坡，長滿了綠鬱鬱的林木，如果不計較面積大小，那末香港的城門水塘[5]也差可比擬。聞說魚尾峰（Machhapuchchhre）[6]的倒影映入湖中，是著名的美景。可惜時間不湊巧，冰峯隱身在薄霧裏，終以未及一見為憾。湖上可以泛舟（一些相當原始的獨木舟，尼泊爾語稱為 dongas），可以釣魚，也可以游泳，難怪月光湖對遊客有那麼大的吸引力。東面有一座三層高的別墅，是尼泊爾王的冬季行宮，這時候天氣和香港初夏沒有分別，回到旅館就想把冷氣機開了，可惜此間電力不足，只夠供應燈光，冷氣機只好閒着。不過日影漸斜，在旅店草地樹蔭之下坐一會，也還清涼舒適，能夠遠離塵囂，暫時忘卻一切，已經不容易了。

因為惦記着第二天一早就要起來看雪山，當晚過了半夜就屢次醒過來頻頻的看時間。等到手錶指正五點就翻身起牀。推窗外望，只見西方的天空掛着微缺的月亮，北方仍是灰黑的一片。挨到五點半就趕快把遊伴喚醒，一同登上旅店的望臺。在微涼的晨風中準備好一切攝影裝置。我們朝着北方凝視，天色漸漸由灰暗轉為深藍，金字塔形的魚尾峰已在眼前隱隱出現。魚尾峯有尼泊爾的瑪達洪峯（Matterhorn，瑞士名山）[7]之稱。巍然獨立，山容秀偉，雖然高度二萬二千九百四十五尺，是附近群峯之中較低的一座，但它最接近博克拉，從峯頂至此不過距離四十公里，實在是博克拉觀山的最佳目標。它從來未為人類征服過[8]，因此也最

具吸引力。以頂有兩峯，像魚尾般岔開而得名。這時東方剛露曙光，峯頭讓初陽給勾勒出一道金線，位於西南的幾個山峰也一一呈現。

一時間大家凝神注視，屏息噤聲，恐怕塵俗的聲息會把群山驚走似的。那種莊嚴肅穆的境界，就像一個人在廟裏參神的感受。博克拉北望幾座山峰都以安納普納為名，這是一位女神，專司糧食五穀。左面第一座是安納普納南峰，高二萬三千六百八十三尺，看來相當險峻。接連着是安納普納主峰，二萬六千五百四十五尺，是人類最早征服的八千公尺以上的山峯，因為位置稍稍退居在北，看起來反覺較低。一九七八年美國一隊婦女攀山隊也曾攀登成功，下山時卻遇到雪崩，損失了兩位隊員。《地理雜誌》上一篇動人的文章令我對這座高峯留着更深刻的印象。東面是魚尾峯，再往東面是一座巨型岩石，這是安納普納第三峰，二萬四千七百八十七尺，石壁峻峭有如刀削，初陽照耀下顯得特別雄偉。再過來就是安納普納第四峯，二萬四千八百八十八尺。遠處看來似乎山的東面有一條很大的冰川。再過來就是安納普納第二峯，二萬六千零四十一尺，因為山勢陡削，石壁光滑，冰雪無法留住，形成群山之中唯一未見白頭的一座。離開安納普納，獨立在最右方是林容希瑪峯（Lamjung Himal），二萬二千九百一十八尺，更遠的地方還有其他山峯，不過已經看來模糊不清了。

觀看雪山原是我們此行最大目的。我們無論任何方面都沒有登山的條件，所以根本沒有這種打算。一旦能夠與名山相對，已是大喜過望了。我們一向坐井觀天，幾曾見過這等氣派？這時只覺胸懷澄澈，不禁曼聲吟誦「我見青山……」。稼軒一名句[9]，真不可及，假如更換一個字：「青山」換作「冰山」，就更切合我的一頭白髮和當前的景色了。這時陽光開始猛烈，雪山更加耀眼，而山腳下面已漸漸升起一層薄霧，替群峯披上輕紗，山容已經不復清晰。連續兩個多鐘頭注目觀看也令到我們感覺疲憊，旅伴提議返回房間去補償早起的損失，我們才依依不捨地從望臺下來。

　　兩小時之後我們再抖擻精神在博克拉的市街蹓躂。那裏的道路也還寬闊，卻不十分平直，似乎還比不上我們許多新界[10]的鄉鎮。店鋪也很簡陋，行人路上不少擺賣攤檔，當中許多橡膠拖鞋和塑膠手鐲，我懷疑定有不少的香港製品。路旁來了一個人，衣飾跟常人一樣，從懷裏掏出一本小冊子來誦讀，聽來有點梵唄的聲調，漸漸有些過路的也聚攏來，大家齊聲合誦。像這樣子隨緣聚集，誦讀經文，也是我初次的見識。這時候馬路傳來一陣有規律的鈴聲，一隊馱着一袋袋米麥的騾馬在路上走過，牠們就是這樣慢慢地跨過一萬六千多尺的山坳進入西藏，然後換上鹽和犛牛毛等商品回來尼泊爾的。

　　市街附近有一道長不及三十尺的橋，橫跨一二百尺深的峽谷，下面就是飄忽無定的白河（Seti River），河水含有大量礦物質，時時沖激起白色的泡沫，這是得名的來由。有些地方很闊，有時卻變得又窄又深，甚至隱沒在地底，經過一段距離再度流出地面，這是白河的特色。

　　在博克拉城市中心一座小山上面有一間塔形的廟宇，名 Bindu Basani Bhagwati，據說所供的神像是從前西藏人搬過來的。我們憑高眺遠之餘，發覺地上有點點的血跡。好奇心驅使我跟蹤到一座神龕的前面，見到躺着兩隻砍了頭的鴿子。原來那是祭神的犧牲品，鴿血塗在神像上頭，也點在祭神者的眉心。想到有些鴿子口銜嘉禾，被人尊為和平使者，另外一些卻被砍去頭顱，作為犧牲，真可算是有幸有不幸了。

　　第二天我們便要返回加德滿都，希望更上一層山，到額菲爾士峰（珠穆朗瑪）[11]山麓的斯恩博哲（Syangboche）。那裏有一所日本人開設的「額菲爾士峰景」旅店，從一萬三千尺的地方親近一下二萬九千零二十八尺的世界第一高峰。從那裏眺望，東部喜馬拉雅山脈和世界屋脊也可以窺見一斑了。返回加德滿都的飛機原定上午十時起飛，我們自然不會放過晨早再看一次雪山的機會。群山似乎也體諒我們的心意，山容顯現得特別清晰，上一天認為拍攝未足的景色都補拍

巴克塔普爾的孩子們（何孟恆攝）

了。早餐過後便去機場，候機室外，猶屢屢回望。魚尾峰分外多情，多看一眼就好像更移近一步似的，忍不住又快門頻按。直至過了預定飛行時刻，才知道要到下午四時才有飛機。一拖就六七小時本來是令人相當懊悔的事，不過那時心境寧靜，連年輕的遊伴也毫無怨言。其實目的地既然是香格里拉（在加德滿都預定的旅店正是這個名字），時間又算得甚麼一回事呢？抵達加德滿都時，傳來一個消息，倒是真的令人懊喪，原來因為山上連天風雪，斯恩博哲無法成行了。

　　從這時候開始，我們就把目標轉移到當地文物。加德滿都谷地是尼泊爾歷史文化的中心，巴丹（Patan）就是首都附近三個古代名城之一（巴丹、巴克塔普爾Bhaktapur，和加德滿都），人口大約十五萬，百分之八十是內瓦爾族（Newar，為本地最古老的居民，有接近蒙古人的特性，語言屬藏緬語系），位於首都東南約五公里，是尼泊爾藝術家和工匠的老家，又名拉的佩（Lalitpur，意

即美麗之都），建於公元二八八年。城裏許多佛教和印度教的廟宇，至今仍有三分之二的居民信奉佛教，到處都裝飾着雕刻和神像。皇室接見廣場是巴丹城的中心，馬拉（Malla）王朝[12]的宮室也在這地方。經過幾個世紀的建設，不同形式和大小的廟宇宮室混雜在一起，仍然顯得這樣協調，真是難得。

　　廟宇佔居廣場西首，從南至北第一座是八角形的，供奉着後期印度教神祇基士拿（Krishna）的廟宇，一七二三年尤伽瑪蒂公主（Yogamati）建造來紀念父王死後以身相殉的八位王妃。這座廟屬於印度教形式，與尼泊爾傳統的塔形建築截然不同。同類型的還有祠奉維殊奴（Vishnu）[13]四代轉世的拿拉星哈廟（Narasingha）[14]和基士拿拉達廟（Krishna-Radha）[15]。後者在三層開敞的莫臥兒印度式（Moughal India）建築物[16]之上再加上一個結實的、印度昔喀拉式（Shikhara）的塔，是很適當的糅合，據說這是模仿印度瑪搭拉（Mathara）[17]的基士拿廟興建的。另外一種建築風格就是塔形的尼泊爾式，首先見到的是哈里桑卡寺廟（Hari Shankar）建於十八世紀，廟高三層，門楣裝飾最為特出，這廟宇地點適中，所以十分矚目。查拿拉恩廟（Char Narain）是標準的塔式建築，廟高兩層，底層三面開門，門窗雕刻精緻，屋頂支柱飾有各種性行為的雕刻（這在尼泊爾是被視為神聖的），是最古老的廟宇之一。威斯雲納廟（Kashi Vishvanath）是一座大型的印度教廟，高二層，門前兩隻石刻巨象，上面有人乘坐，對面是一個略低於路面的浴池。相傳從前一位國王逝世時，兩隻石象曾走過對面浴池去喝水。廣場西首最後一座是著名的邊臣廟（Bhimsen），建築年代不明，曾毀於火，一六八二年重建，其後又毀於地震，在一九六七年後屢加修築，漸復原狀。廟高三層，一條帶形的金屬旗幟從尖頂下垂，直達底層的露臺。這種帶幟在別的廟宇也曾經見過。

　　現在要轉過來談談廣場的東面了。和上述廟宇相對的都是舊日的王宮。自從十四世紀開始興建，持續到十七世紀方才完成。一七六八年巴丹王宮[18]被廓爾喀

（Gorkha）[19]軍隊入佔，蒙受了重大的損失。不過光是劫餘遺留下來的已經足夠顯示過往的光榮了。巴丹王宮比加德滿都或者巴克塔普爾都更古老，內有宮廷、殿堂、會議室、客堂、睡房、廚房、浴室等，一應俱全，此外還有幾處廟宇。建築家承認這是計劃得很周詳的宮室，而最獨特的還是裝飾精緻的露臺。宮中的廟宇如大小泰麗珠廟（Taleju）[20]。除特定的節日外，平時是不開放的。王宮的一部份闢為博物館，建築形式有點像我國北方的「四合院」[21]。當中是院子，四圍是三層的木樓房，外牆用紅磚砌建。裏面陳列着的多是宗教有關的石刻、銅像、木雕等。神像頗有熟稔的感覺，可以說是和我以前見過的至少是同出一源。甚至這裏的歡喜佛[22]，和北京喇嘛廟的也差不多。令我最感興趣的還是精雕的木窗櫺和棟柱，大多是顏色黝黑，不加髹漆，而不見朽腐，想是天氣極度乾燥的原因罷。樓底下一處走廊排列着許多拆下來的樓頂支柱，都是些神像的雕刻，造型和木色都

巴克塔普爾的陶瓷廣場（何孟恆攝）

尼泊爾的木雕（何孟恆攝）

十分古樸可愛，令人不忍遽捨。近處另一座庭院，當中建有一個圓形的石池，那是巴丹王的浴池，名為Sandori Chawk。池的四周有精美的石刻印度教和佛教的神像，外面環繞着兩條大蛇，這是稱為納班（Nag Bandh）的驅魔神。正對着走下浴池石階的是一位猴神（Hanuman）23，坐在羅傘底下，態度畢恭畢敬，使我不敢相信他就是我們那跳踉不羈，一個跟斗遠達十萬八千里的齊天大聖的本家！

另外一處值得提及的就是名為金廟（Kwa Bahal）24的一座佛教寺院。距離廣場不到五分鐘就來到一道黑色大門，門前一堆髹了色的獅子。由此內進，通過內門然後到達庭院。院子裏首先看見一座單層的金色神龕，四角各有一隻張牙舞爪的獅子，尖頂上有四條蜿蜒生動的金蛇，四面各掛一條金屬的帶幟。這一座精巧的小神龕背向正門，面對着金廟的主體，因為地形關係，令人不容易窺見金廟的全貌。我欠身仰面，拍攝了門楣上的一些金佛像，別的只好割愛了。回頭出門才發覺院內還有石象、法輪、金楣飾等，都屬精品，怪不得尼泊爾人對這廟宇如此推崇。可惜我們這次旅遊行程匆促，只能作十分表面的觀賞而已。

一件十分值得慶幸的事，就是我們竟然在巴丹獲睹一年一度的西藏跳神（Lakhey）25節。廣場的一角聚了許多人，大家都在靜默等待，雖然烈日當空，

可是人群一點也不在意。我們遠道而來觀光，自然更珍惜這探奇的機會。這時人叢讓出一條路來，一個個身材高大，全副披掛的大漢戴着各種不同的面具，讓人家攙扶着來到圈子當中。跟着輕輕奏起一陣詭秘的絲竹聲，七八個舞蹈者就像喝醉了酒似的移動着蹣跚步伐。人們的眼光緊盯着舞蹈者的每一個動作。一時之間，神秘的、嚴肅的氣氛頓時籠罩了整個場合，消失了人群麕集的熱鬧。我不知道它的宗教或者文化的意義，我只記下自己的感覺。我也不知道那天是否他們的節日，只記得是一九八〇年四月五日星期六。

　　巴丹的廟宇和宮室真可稱得上「五步一樓，十步一閣」，置身其中，令人目不暇給，裝飾方面重雕刻不重色彩，特別顯得古拙可愛。建築多屬塔式，是尼泊爾始創的一種形式。他們自古以來就愛好藝術，元世祖忽必烈[26]也曾邀請過一

西藏跳神舞節（何孟恆攝）

位尼泊爾建築師作顧問到北京，當時的大都，幫助修建中國最大的一座喇嘛塔，那就是現在的北京白塔寺[27]。從一般社會生活水平來估量，他們歷代在藝術上的比重是那麼的突出，另一方面也可見宗教力量的鉅大。我們限於時間，在巴丹經行的地方還不及五分之一，餘下來小半天又要去探訪另一個古代名城了。

　　巴克塔普爾意即信徒之城，或稱伯嘉昂（Bhadgaon），在首都之東十五公里，人口大約十一萬，大部份是佛教徒，印度教也有很大的影響力。一位西方旅行家曾經說過：「即使所有的紀念物品受到摧殘，只要巴克塔普爾的廣場仍然存在，那麼，站在建築和藝術的觀點上，奔波半個地球的路途來參觀一下也是值得的。」

拜喇凡納廟（何孟恆攝）

　　進入廣場之後，首先吸引我的就是一座女神烏格拉珍蒂（Ugra Chandi）降魔的石刻。祂長有十八隻手臂，一手抓着牛頭魔鬼的尾巴，另外一些手臂握着各種兵器，正在執行消滅邪魔的任務。女神神情十分安詳，究竟是妖魔邪惡，死不足惜呢？還是神靈修養有素，面對凶亡依然心旌不動呢？

　　離此不遠有一道金門，門頂有女神嘉利（Kali）[28]跨乘長了翅膀的加路達（Garuda）[29]，旁有仙女奉侍，神像雕刻精美，有很高的藝術評價。由此通往十五世紀薩馬拉王所建的「五十五窗戶之宮」[30]。宮室磚建，共有五十五扇窗戶，是一項木雕的藝術品。對面是布帕丁特拉瑪拉王（Bhupatindra Malla）銅像。國王合掌盤膝，坐在一根石柱頂，神情肅穆，是尼泊爾雕刻傑作之一。再過就是德嘉（Durga）[31]廟，為印度式建築，廟基五層，分由五對不同的石像守護。從最低層數起是：牽着狗的人、馬、犀牛、猿人和駱駝。兩隻跳躍的獅子分站塔的兩旁。因為時間關係，所有廟內一切都不及參觀了。同類型建築的印度教式廟宇還有斯華廟（Shiva Mandir）[32]和華沙刺廟（Vatsala）[33]，後者規模較大，在國王銅像後面，建於十八世紀，大致和巴丹的基士拿廟相似。有大小銅鐘各一，據說小銅鐘敲響的時候，附近的狗就會跟着嗷叫，位於東南的一座古老的帕素派丁納廟（Pashupatinath）[34]為尼泊爾塔式建築，形狀比例都和伯瑪地（Bagmati）[35]河畔的一座相似。木刻裝飾和描繪性事的支柱最受人注意，是廣場中最大的廟宇。東行下了斜坡，進入另一廣場，就見到一座樓高五層的尼亞塔波拉廟（Nyatapola）矗立在五層的臺基之上，每一層都有一對守護神，下面是兩位力士的石像，據說力能以一敵十，高達二點四公尺。順次數上去是巨象、獅子、鷹首獅身的怪獸和最上面的母虎及母獅形的半神，每高一層的守護神力大十倍，可以想見最高層守護神的力量是如何的驚人了。這座建築物比例勻稱，設計精良，在強烈地震中也只是略受損毀而已。左手方一間座東向西的拜喇凡納廟（Bhairavnath）是長方形廟宇的典型。十七世紀初建時只有一層，後改三層，一九三四年毀於地震，其後再重

建。下面兩層樓頂蓋瓦，最上層銅頂鍍金。支柱上有時掛上牛頭和吹了氣的牛腸，是祭神儀式的一部份。所供奉的神祇專門撲殺魔鬼，同受印度教和佛教徒的信奉。到此天色將晚，餘下來的地方不及細看，便匆匆返回旅店了。

　　次日已是逗留加德滿都的最後一日，我們打算把附近幾處必看的地方來一個巡禮。第一處就是離開首都中心往西六點五公里的斯華音布納（Swayambhunath）36。這是建於二千年前的佛教寺院。塔高十五公尺，建立在九十公尺的小山之上，離開很遠就可以望到。門楣上四面各繪有一對大眼睛，表示佛祖無邊的洞察力。這樣的一對眼睛在尼泊爾其他地方都時常可以遇見。塔基圓形，有九個神龕，分祠東南西北中諸神和祂們的配偶，司掌中部的神和配偶共佔東方之神右手方的一個神龕，其餘各佔一神龕。西北方有一座

巴丹的小孩　（何孟恆攝）

兩層塔式金頂小廟建築得十分精緻，獲知是供奉專司麻痘和皮膚病女神哈列蒂（Hariti）37的廟宇，心裏總是發毛，攝影後便匆匆離開。除了廟宇之外，這裏還以猴群著名，外國學者選中了這地方作為研究中心之一。小山下面不遠還有博物館，如果時間許多，這裏是值得多停留的。

　　第二個目標就是地奧巴丹（Deopatan）的帕素派丁納廟，位於首都西北大約八公里，是尼泊爾最著名最神聖的廟宇。可惜非印度教人士不得進入，我們只能憑高望遠，攝影留念而已。廟臨伯瑪地河，為印度教聖河之一。河畔有火葬

場，磚砌着幾個爐灶，上罩逢蓋，其中一個火光熊熊，有人的遺體正在焚化，卻未見有舉行甚麼儀式。

下一處要看的地方就是菩丹納佛塔（Boudhanath Stupa），在首都東北八公里，供奉着智慧之神。形式和斯華音布納一般也是四對大眼睛。圓形的結構象徵宇宙，方形的塔腳代表「土」，圓墩代表「水」，當中的塔代表「火」，塔頂的月牙形代表「光」，頂上的火焰代表「太空」。塔基十三級代表菩提（Bodhi，意即悟道）的十三個階段。參觀至此，預定停留下來的時間已經所餘有限了。

其實加德滿都古城裏應看可看的地方很多，我們安排的時間太少。曾經略加注目的只是耶嘉納廟（Jagannath）[38]，通往故宮的金門，維沙露帕廟（Vishwarupa）[39]和泰麗珠廟而已。我真懊悔當初預計行程時為甚麼不多安排幾日。原知短促的旅行沒有可能會看到心滿意足，但身入寶藏，只得個走馬看花，加以額菲爾士峰緣慳一面，佛祖出生地藍毗尼（Lumbini，博克拉西南百公里）[40]未及一遊，到現在還是耿耿於心！

在博克拉的時候，參觀過一所西藏僑民的手工藝中心。地點就在通往首都的公路附近。一進去就見到房子前面空地上矗立着一面綠色的大纛，足有二三十尺高，這是西藏宗教的表徵。一座三面合抱的平房，當中的廣場晾曬着染料顏色的織造原料——牦牛毛。一位溫文有禮的地毯織造教師K.D.君為我們詳細解說。這一所手工藝中心以地毯織造為主，居住在裏面的為數三百人。他們從輸入原料以至發售成品都在這裏進行，全不假手他人。該中心月產地毯約三百平方公尺，每平方公尺價值九百五十羅比[41]。他們自食其力，生活也相當安定。K.D.一面解說一面禁不住回憶當年橫越喜馬拉雅山，來到此地居留的情形，他還清楚地記得那日一九五九年三月十日。尼泊爾政府十分友善，當即撥地安置，像這一所同樣的地方，單是博克拉一地就有四處。另外一些西藏人自行經營旅館和攀山導遊等生意，人數總計約有二千，佔當地人口十分之一。K.D.在當地受教育後再到印度留

筆者在西藏僑民的手工藝中心與僑民合影

學，回來後一直在這裏當教師。看他的年紀，估計逃亡的時候還很幼少，印象就那麼深刻了。他很技巧地問及我的信仰。我説我的思想和大部份的中國人一樣，受到一點儒家的影響。不過那應該説是哲學思想多於宗教信仰罷。老實説我自己也沒有很清楚的認識，只知盡自己的良知去分辨是非，擇善而從，如此而已。K.D.不懂漢文，我不通藏語，我們只能借助英語來溝通。我告訴他我來自香港，但香港還不是我原來的家鄉。我們臨別互祝早日重回老家。一時之間感覺到多幾分親切，同時也勾起了一絲的惆悵。

參考

Rieffel, Robert, *Nepal, Namaste*. Kathmandu : Sahayogi Pakashan, 1975.

1　喱喀（Gurkha）是尼泊爾的一個重要部族，僱傭兵於十九世紀初受聘於東印度公司，被英國徵召加入駐印、緬甸英軍，並逐漸演變為英軍的一支常規部隊。後跟隨英軍駐守香港時，香港人稱之為「喱喀兵」。

2　安納普那峰位於喜馬拉雅山脈、尼泊爾中北部境內，是世界第十高峰。

3　Brahi Bhagwati廟為一座著名的二層式印度教寺廟，供奉掌管愛情與婚姻的Brahi女神，月光湖相傳就是由該女神所創造。

4　玄武湖位於江蘇南京，曾是中國最大的皇家園林湖泊，當代僅存的江南皇家園林。

5　城門水塘是香港新界西南部的一個水塘，位於荃灣區城門谷一帶，為醉酒灣防線的一部份，是香港保衛戰的遺跡之一。

6　魚尾峰，位於尼泊爾中北部甘達基專區，屬於喜馬拉雅山脈的一部份。魚尾峰的名字也正是它山形的反映，峰頂形狀有如魚尾得名，被尼泊爾人視為全喜馬拉雅山脈中最神聖的聖山。

7　瑪達洪峯是阿爾卑斯山脈中最著名的山峰，位於瑞士、意大利邊境。

8　直至目前為止，魚尾峰都未被人登頂。第一個離峰頂最近的人為英國團隊 Jimmy Roberts 以及 A. D. M. Cox，在山頂前的一百五十米，因尊敬當地尼泊爾人的信仰而未登頂。

9　出自辛棄疾（1140–1207）〈賀新郎〉，原句為「我見青山多嫵媚，料青山見我應如是。」辛棄疾號稼軒居士，是南宋豪放派詞人，人稱詞中之龍。

10　新界為香港三大區域之一，並可分為兩大部份，分別是與九龍半島相連的新界內陸，以及以大嶼山為主的二百三十三個島嶼所組成的離島。

11 1858年，為紀念負責測量喜馬拉雅山脈的印度測量局前局長喬治·額菲爾士（George Everest），故稱為額菲爾士峰，1865年英國皇家地理學會正式以此命名。

12 馬拉王朝（十二至十八世紀）是尼泊爾馬拉人在尼泊爾西部的甘達基河建立的王朝，是尼泊爾藝術、文化發展的鼎盛時期，被稱為是尼泊爾古典文化的「文藝復興」。

13 維殊奴，也被翻譯為毗濕奴（梵文：विष्णु），佛教稱為那羅延天或遍入天，印度教三相神之一，梵天主管「創造」、濕婆主掌「毀滅」，而毗濕奴即是「維護」之神，印度教中被視為眾生的保護之神。

14 拿拉星哈，也被翻譯為那羅希摩（梵文：नरसिंह），意為「人獅」，印度教所崇拜的大神毗濕奴十種化身中的第四種，即半人半獅。

15 基士拿拉達（梵文：राधा कृष्णा），為印度神祇奎師那與伴侶拉達的結合，亦是性力的其中一個象徵。

16 莫臥兒帝國、又稱為莫臥兒王朝、蒙兀兒王朝（1526–1858），是成吉思汗和帖木兒的後裔——巴卑爾，自阿富汗南下入侵印度建立的帝國。莫臥兒王朝時期的建築形式主要包括城堡、宮殿、清真寺、陵墓等，一般以尖拱門、尖塔、大圓頂穹窿、小圓頂涼亭等建築構件的組合為特徵。建築材料主要採用印度特產的紅砂石和白色大理石。

17 昔喀拉，梵文中意為「山峰」。是指北印度的印度教寺廟中央神的神殿上塔的造型。

18 巴丹王宮為馬拉王朝的王宮。位於古都巴丹，距今已有一千六百多年的歷史，是尼泊爾最古老的王宮。

19 廓爾喀是尼泊爾的一個重要部族，十七世紀中葉廓爾喀人興起，在西部甘達基河沿岸建立了一個小王國（廓爾喀王國的前身），1768年，普利特維·納拉揚·沙阿統一了尼泊爾地區，建立廓爾喀王國，後又稱尼泊爾王國，直到2008年尼泊爾廢除王室成立共和制。

20 泰麗珠是馬拉王朝最受尊崇的女神，被視為馬拉王朝的保護神。神廟建於1564年，是一座三層屋頂、十二層基座的典型尼泊爾塔廟式紅磚建築。作為尼泊爾皇室的御用寺廟，平時不對外開放。

21 四合院，是一種合院式中國傳統建築，其格局為一個院子四面建有房屋，通常由正房、東西廂房和倒座房組成，從四面將庭院合圍在中間，故名四合院。

22 歡喜佛，又稱雙身佛，是男女面對面歡喜的佛像。歡喜佛唯有藏傳佛教（喇嘛教）寺廟中才有供奉，一尊雙體，面對面抱在一起合二為一，即明王和明妃。

23 此猴神通常被譯為哈奴曼（हनुमत्；Hanuman），或哈努曼，印度史詩《羅摩衍那》的神猴，擁有四張臉和八隻手。胡適、陳寅恪、季羨林等國學大師皆認為孫悟空形象曾受哈魯曼影響。

24 金廟（Kwa Bahal），位於杜巴廣場北面，是一座金頂的塔式廟宇，據說初建於十二世紀，但關於其存在的最早記錄只能追溯到1409年。

25 Lakhey是尼泊爾民間傳說中的惡魔，主要特徵為紅臉、突出的獠牙。Lakhey舞是尼泊爾最受歡迎的舞蹈之一，在節日時，表演者通常身穿Lakhe道具服裝、戴面具進行表演。

26 元世祖忽必烈（1215–1294），大蒙古國皇帝，1217年改國號為「大元」，建立元朝，成為元朝首任皇帝。

27 白塔寺，也稱妙應寺，中國北京市西城區阜成門內大街，始建於元朝，是一座藏傳佛教格魯派寺院。

28 嘉利，也稱時母，為印度教的一個重要女神。傳統上她被認為是濕婆之妻雪山神女的化身之一，為威力強大的降魔相。在後期的信仰體系中，時母被認為與時間和變化有關，象徵着強大和新生。

29 加路達，也被譯作迦樓羅，漢譯大鵬金翅鳥或金翅鳥，印度神話中的一種巨鳥，是主神毗濕奴的坐騎。

30「五十五窗戶之宮」位於巴德崗杜巴廣場北面，建於1427年。主體宮殿是一座四層磚木結構建築，牆為暗紅色，因其上開有五十五扇黑漆檀香木雕花木窗而得名。

31 德嘉，也稱難近母（梵文：दुर्गा），印度教女神，性力派的重要崇拜對象。傳統上被認為是濕婆之妻雪山神女的兩個兇相化身之一（另一個是時母）。

32 斯華，也稱濕婆（梵文：शिव），印度教三大主神之一，與梵天、毗濕奴並稱三主神。濕婆是毀滅之神，印度哲學中「毀滅」有「再生」的含義。

33 華沙刺廟（Vatsala）供奉着華沙刺女神，廟外懸掛着高達一米的銅鐘，名「犬吠鐘」。

34 帕素派丁納廟（Pashupatinath Mandir），位於尼泊爾加德滿都東部巴格馬蒂河畔，是一座印度教寺廟，也是印度次大陸四大供奉濕婆的寺廟之一，創建時間可追溯至公元四百年。

35 伯瑪地（Bagmati）是尼泊爾加德滿都谷地的河流，流經尼泊爾境內及印度比哈爾邦的。

36 斯華音布納，位於尼泊爾加德滿都以西的加德滿都谷地，是一座佛教寺廟，也是尼泊爾國家象徵。

37 哈列蒂（Hariti），又稱鬼子母神，為佛經中的人物。原先她只是一個神通很大的夜叉或鬼道神靈，後來成為重要的佛教護法神，是二十四天之一。

38 耶嘉納（Jagannath），字面意思為宇宙之主，是在印度教和佛教中被崇拜的神，被認為是毗濕奴的一種形式。

39 維沙露帕（Vishwarupa），字面意思為宇宙全知，即全能全知者，毗濕奴至高的化身。

40 藍毗尼（梵文：लुम्बिनी，Lumbini，意為「可愛的」），佛教聖地，位於尼泊爾境內德賴平原魯潘德希縣村落附近，根據佛教傳統，藍毗尼是公元前563年王后摩耶夫人生下佛陀喬達摩·悉達多的地方。

41 尼泊爾盧比，是尼泊爾的貨幣單位。

何孟恆手繪的植物畫

雲煙雜錄

這幾篇零散回憶，例如童年放紙鷂及後來學藝術的回憶，多為生活中拾光碎影，乃作者隨筆寫就，甚或乎是未完成的篇章，原來沒有收入「雲煙散憶」，經編者收集後，整理成「雲煙雜錄」。

鮮蠔

我大約十三歲。

那一年的冬季，母親從香港到廣州帶回許多我最愛吃的鮮蠔。一隻隻又肥又白，真是給它逗得饞涎欲滴。我不知從什麼地方看到外國人有拿它來生吃的，就不加思索地揀了兩隻最肥美的，用水沖洗一過便放進嘴裏。果然又甘又嫩，美味無窮。事後只覺得有點不好意思，大伙兒未曾嚐新我卻先到口了。當時完全沒有想到衛生問題，以為用日常食用的珠江河水一沖，便是乾淨。誰知過了幾天便忽然體溫升高，生起病來。起先總以為是食滯冷着，街口藥材店抓幾味消滯散熱的藥材，服個三兩劑就好了。誰知拖了幾天都未見好轉，然後改看西醫打針服藥也不見效，大家才慌了手腳，於是經人介紹一位著名的中醫。王省三醫館坐落河北，那時我已經病得行動不便，又怕吹風，所以要坐轎子。並且，專包一隻艇載着轎子過海（位在廣州的人把往來珠江南北便叫做過海）才能夠去到。我還記得這一位中醫是個小老頭兒，看來卻精神奕奕，把過脈之後，就用藥方。也不說什麼，服了幾劑之後，依然未能退熱。一天早上醒來，竟然覺得舌尖反捲，強開口只是荷荷連聲，説不成話。這一來更把家人急壞了，母親兩眼滿含着淚光，低聲説：「即使撿回性命，變成了啞巴怎辦？」父親無言坐在書桌前面，翻看一張一張的藥方，不時也偷偷的用手背擦眼角。我話雖説不出，心頭倒是明白的。自己想想實在心有不甘，難道這就永遠不再會説話了嗎？甚至這一生就完結了嗎？煩躁已極的時候，兩手搔自己胸口，亂抓破損了的地方，至今還隱約可以認出疤痕的影跡。

　　只有祖母一個最鎮定最安詳，她一點沒有改變向來的笑容。至少在我眼前，她是往常一樣的充滿着信心。這時我已改由一位名叫黃焯南[1]的中醫處方，後來聽説他用上了羚羊犀角的重劑，説這是大熱症，非得使用極寒涼的藥劑不可，他用藥之重是別人所不敢為的。他又説西醫稱為腸熱症，是應該禁食固體，在一段時期之內，只能飲用流質。因為我久病不癒，有一位醫生能夠道出病理，家裏的人就無不依從了。這時候祖母完全負起照料病人的責任，我所有起居、盥洗、飲食、服藥，沒

黃焯南

有一樣不經她親手調理。煎好了一碗藥，等到恰好的溫熱，便像連催帶哄的讓我喝下去。她一面雙眼注視，一面嘟起嘴唇，就像她自己也在喝下去一樣。臨末還連聲説道：「還有這麼一點點就完了……完了。」夜裏照例説故事直至我入睡。那時因為整天臥牀，所以晚上反而不能一覺睡到天亮，大約總是過了午夜，就醒過來，賣餛飩的竹柝聲剛從街上傳來，祖母也正煮好一隻挺嫩的水波蛋給我做宵夜（能吃水波蛋，該是渡過一段相當長的時期了）。有一樣更加難為了她老人家，就是病中患着嚴重的便秘，每隔幾天就得來一次清腸，卻又不能起牀，若果不是祖母的辛勞，這一難關我真不知如何渡過。終於在喑啞了十八天之後，我的病竟然有了轉機。

　　那時家裏除了親人之外，還住着一位朋友，他叫汪樹慶[2]，原是十舅父[3]讀香港皇仁中學時的一位老同學。家在香港，因為在廣州做事，所以也在外婆家寄住。他雖然比我大，卻也和我頗談得來。我病了他每天上班前都來看我，總是要我叫他早晨，測試一下我説話的能力可否恢復過來，我都盡力作一番徒然的掙扎。那一天竟然含糊地叫出：「慶哥哥早……」還是他第一個發現我恢復説話能力的，於是全家大小都來到牀前，逐個個人都要我一一呼喚。這一來練習的機會既多，復原的機會也就快了。我脱離病困，父母親放下心頭重壓，自然洗盡臉上

的愁容，而我的祖母她老人家由始至終都是那一副安詳的微笑，實在她這一份安詳的微笑才真的是渡過困厄的最大動力。

1　黃焯南（1868–1941），名鼎勳，新會縣紫泥鄉人，畢業於廣東醫學求益社，早年於廣州東橫街慶雲庵杏林堂設醫寓，後來於廣州主辦華南國醫學院。擅治溫熱病，尤其擅用石膏，常以大劑起急重危局，享譽一時。

2　作者註：汪樹慶後來遊宦北京，竟以小病致死，英年早逝，十分可惜。嗣後他的兄弟樹棠、樹華尚有交往，後來大家就各散東西，才漸漸失去聯絡。

3　即李浩駒。

紙鷂

　　每逢天朗氣清的日子，到了日影西斜的時候，就會抬起頭來，向天空張望，這時耳邊仿佛還聽到輕微的獵獵風聲，心弦立刻起了共鳴的跳動。在我童年好一段時間當中，紙鷂的聲影的確曾經牢牢地盤據過我的心坎。除了陰雨之外，傍晚時份，我總不願離門，挨到晚飯，一放下飯碗便三步兩跳的提着紙鷂上「曬棚」去了。百忙中順手抓了一小撮飯顆，這是少不得的。

　　我們廣東（廣州）人以前慣常是吃兩頓飯：早飯大約時間在上午十時半，晚飯在下午五時半。因此「晚」飯後，正是太陽初斂炎威的時候。我們稱為「曬棚」的，就是現在的天台。天台只適合平頂的屋子，而那時候的屋頂仍然大多數都是金字形的，在尖頂之上或者斜面加建支架然後平鋪木板，作為曬晾衣服之用。我覺得稱它為「曬棚」或者「天棚」比較更為適切。

　　紙鷂（或紙鳶），是廣東的名稱。除開嶺南各地，許多人對「紙鷂」這個名稱都會感到陌生，但當你描述它的性能和形狀，人家一定會說：「那就是我們的風箏！」不錯，紙鷂和風箏的確是同類型的玩意，不過我還是寧願使用局限於一隅的紙鷂，而不取廣為人知的風箏。紙鷂和風箏的名稱並存，而我們住在嶺南的孩子所欣賞的是「鷂」。它乘風飛動天際，

筆者摘抄宋人周密《武林舊事》中對紙鳶的提及

279

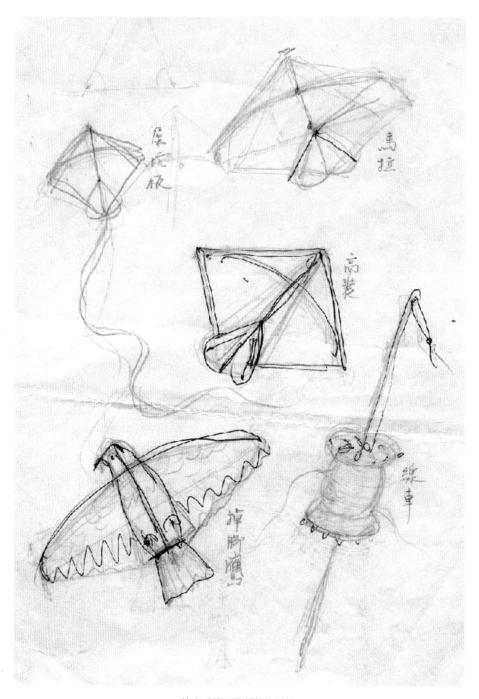

筆者手繪不同種類的紙鷂

而且縱橫捭闔，高下翻騰，輕靈迅捷，遠較當時的風箏，穩定地披露着五彩繽紛的外形，更要進步得多。而且駕御得法，還可以利用天空作爲戰場，互爭雄長。根據明代陳沂[1]《詢蒭錄》記載：「風箏，即紙鳶，又名風鳶。初，五代漢李鄴於宮中作紙鳶，引線乘風為戲。後於鳶首，以竹為笛，使風入作聲如箏，俗名呼風箏。」故而，原來風箏之稱應該更改了。

至於構造方面，因爲紙鷂只重飛翔，不作音響，所以如上所述，已不再有音弦的裝置，比較起來簡單得多。過盡了五月裏的梅雨，南國已吹起初夏的和風，這是放紙鷂的好天氣，這也是「風箏」和紙鷂另一種不同之意。風箏的品類繁多，任憑製作者意之所至，便是一種新花樣。紙鷂卻有一定的格式。一種身形略扁，橫背略長，兩翼微厚的稱爲「馬拉鷂」，是否源出馬來（粵語讀為馬拉）就不得而知了。因爲兩翼較寬，最受風力，放起線來速度較高，動作靈活，戰鬥力強，較難駕御。爲了這個緣故，近來放「馬拉」的人不多。另一種稱為「高裝」，鷂身高寬約略相等，橫骨只作弓形而不彎，性能也趕得上「馬拉」，但力道終不及「馬拉」的強勁，但駕御起來也容易，所以玩的人最多。我個人則偏愛馬拉。馬拉的製作也較講究，當時最著名的有高□□和□製品，凡事玩紙鷂的無人不知。

另外一種背著很不雅馴的名稱「屎坑板」。這種紙鷂很明顯地是人家看不起的東西，只是孩子或者初入門的新手為了技術上沒有把握，才玩的。其實大致上它和「高裝」沒有多大分別，只是形狀較小，製作粗劣。只是在竹骨上貼上紙，四圍並沒有加線和褶邊，尾部也是軟搭搭地沒有尾骨，所以價錢也只有「馬拉」或者「高裝」的三分之一。小孩子放「屎坑板」的時候，每每喜歡替它加上一條略長尾巴，有時是顏色紙聯接成的長條，有時是一根線繫上一截一截的紙結。紙鷂升上天空，尾巴掛在下面飄呀飄，倒很有趣。尾巴令到紙鷂更加穩定，較易控制，但活動能力因之大減，加上力道軟弱，遇到敵人來襲，就只有任由宰

割的份兒了。除此之外，廣東也有放「麻鷹」的。鷹有「掉腳鷹」和「歪嘴鷹」兩種。那是北方風箏的遺風，只要外形，不講究動作，所以製造比較精細和複雜，體形較大較重，連到玩的時間也不同一般的紙鷂，一定要秋風起，然後才把它乘載得起，玩的人更少了。

　　紙鷂本身之外，還要注意所用的線。因爲廣東玩紙鷂的時間在夏季，那時候風力較爲緩和，所用的線就要牢固，也要輕細。因爲廣東紙鷂互相鬥爭的武器就是線。兩鷂相轉，能夠以自己的線割斷別人的線，就取得勝利。於是線上就要設法敷上玻璃粉，以加強它的切割力，這樣的線就稱爲玻璃線。玻璃線的製法也頗講究，線上的玻璃粉有割切的作用，但又不能太粗糙。如果不能讓對方的線迅速滑過，就很容易被對方割斷的。用雞蛋白、黏附劑和玻璃粉調成麵粉似的一團，墊著一塊布，捏在手裏，線在玻璃粉團當中拖過，到達相當的長度，待和著玻璃粉的蛋白乾燥，然後繞在線車上，玻璃線即便製成。

1　陳沂（1473–1532），明朝正德進士，曾選翰林院庶吉士，其著作《詢芻錄》疏證里巷相傳的訛謬，及通俗俚語之出處。

藝術的邊緣

自小就喜歡握起一支筆去塗西抹東，這是一般小孩子必然有過的愛好，我也沒有例外。大概玩弄紙筆，一下子，就可以使到孩子們安靜下來，暫停吵鬧，這是個輕而易舉的方法。我的母親最會使用這一着，至如究竟孩子對紙筆的興趣程度維持到多少時間的安定，那就人各不同。在我來說，維持紙筆的印象好像並不特別深刻。只記得幼時看過父親的一套《吳友如畫寶》[1]，以接近傳統的筆墨介紹當時的珍聞異事，對我相當的吸引。另一冊《廣告大全》，以接近漫畫的作風

《吳友如畫寶》內《舉舍利會》一圖

投於商品廣告，主旨特別是提倡國貨。《堵塞漏卮》這一冊是我所知道的港粵間的出版廣告畫作品，大都出自鼎萍的手筆。這位黃先生後來竟然成為我的第一位圖畫老師，這是十多年後的事了。

　　大約十一二歲的時侯，我從破舊的箱子中翻出一些繪寫炭相2的工具，原來這是父親少時的玩意。從此我獲知怎樣從煤油燈的火燄來取煙煤，剪去中國毛筆的尖來作畫筆等等方法。可是這時侯父親的興趣已經移向油畫，不再在炭相上

何秀峰手繪蝴蝶，其對自然之興趣
陶染筆者

面了。記得當年父親自製油畫用的調色板、顏料箱和畫箱，把油彩、松節水3、調色板等等套裝在一隻箱子裏，便於攜帶，頗為實用的設計。不過父親也不曾好好的把它利用，因為在短時期之內，他的興趣又轉向到國畫一方面去，只是很偶然地傳授了我一點怎樣打方格來描繪。

大概因為那時候廣州市舉辦過一個美術展覽會，父親因工作關係接觸到當時南方的一群畫家。其中最負盛名的嶺南派高劍父、奇峰兄弟和初露頭角的奇峰弟子趙少昂4。傳統派畫家中記得的就有李壽庵5、胡劍庵6寫山水，崔鳴周7山水兼及人物，李野屋8花卉小品，黃鼎萍寫意筆花卉、尤擅貓和猿猴等，另外歐樹融以玩好者的身份寫隔山派的花卉，都是粵中一時之選。父親和這一班人交遊也就開始寫些山水小品，不久也影響到讓我跟從黃鼎萍老師習畫，原來他就是我幼年翻閱過《廣告大全》的主要作者。

　　他有西畫的根柢，改攻國畫，對教學也有多年的經驗。我號稱習畫，事實上只是在十二歲（？）那一年的暑假裏去過幾天。似乎除開我之外，有時還有一二名同學，大家都是初次見面的。第一次，黃老師撿出一張冊頁，上面橫着一角松

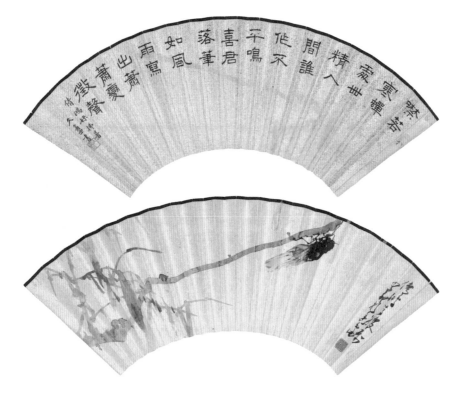

筆者父親何秀峰隸書隸書書法/趙少昂寒蟬

枝，配上靈芝一朵。他教我們如何選紙、構圖、用筆、着墨、布色……所以這才開始知道藤黃、花青、朱標和赭石。老師循循善誘，在短短的時間之內盡量讓我們得到繪畫的興趣和常識，還告訴我們西方透視學的概念。不過暑假的時間究竟不長，而且每週只受業一兩次。假期一過，繪畫這一門功課也就無影無蹤的消逝了。當時的學校毫不重視美術教育，課程表上面雖然也有美術這一課，不過總是為了缺少教師開不了班。美術的時間，不是讓別的重要科目借用就是空着讓學生們自己溫習，所以記憶中自己始終不曾在美術班中動過筆。課程表中聊備一格的還是初中的階段，一上高級中學許多科目都待趕教，更看不見美術這個字眼了。

十一姑方君璧

陳樹人

三數年的光陰很快的過去，我已經在南京市進了大學。有一次，大約是一九三六、三七年罷，在南京中山陵園新村，畫家十一姑方君璧捧着一朵半開的紅蓮花，看得入神。在欣賞讚嘆之餘，不禁展紙調色，立刻就要用紙筆來挽留那花朵的嬌媚。那時仲蘊也正在學畫，跟從嶺南派畫家陳樹人[9]習花卉。於是加入為花寫照。一時之間，我繪畫的舊夢好像喚醒過來，也不自量力的起而參加。可是雖然得心卻並不應手，我的手眼完全不聽使喚。心中越是着意，愈加捉摸不到花的神態，誠然世間斷不會有一曝十寒而獲得成就的。

我的幼年時代對繪畫方面實在乏善足陳。可是另一攝影方面，我卻發生了濃厚的興趣。關於攝影這玩意，早在十多年前就和我沾上了關係。海外預備學校後期，小吳先生已經對同學們灌輸了攝影的初步知識。不少位同學已能自己拍攝，自己沖洗。我年紀小了一點，夠不上擁有照相機。一方面艷羨學長們的成績，心目中卻也喜歡用眼睛來觀測。從課室望向外面法國公園附近很多樹木，葉落後的枝幹映着斜霞，構成一幅動人的晚景。添上落地窗的格子再來一個人物的側影，我認為可以拍得一幅很好的作品。我計劃手頭的零錢還買得起一卷120膠片，然後央及同學借一個當時流行的6×9中型相機一用。依照上述的腹稿，大概不致有什麼技術困難，自問還可以克服，一卷膠片能拍八張，足夠可以達到目的了。不過不知怎的這張作品始終停留在虛構的階段，我始終不曾拍攝過類似的一張相片，可是攝影也從此在我腦海裏種下了深根。

攝影這一門不論把它當做藝術看待也好，當做玩意也好，踏進二十世紀中葉，在中國也非凡的興盛起來。父親是興趣多方的人，雖然他起步比我遲，不過他卻很快就購買到一部相機。週末假期有空就和母親帶着我們到外面遊玩拍照，一試身手。其實他心裏何嘗不是有一半為的是我呢？第一部能讓我使用的相機是

德國「居士」（Goerz）廠出品（那時似乎德國機之外，就是新聞記者用的單鏡反光機和美國的「柯達」，沒有太多的選擇）。6×9 Goerz 中型單張膠片盒 Compur 快門二分一至二百五十分之一秒鏡頭，最大光圈是 f：6.8（f：4.5鏡頭剛剛產製成功，價錢頗貴，只好退而求次）。至於捨捲片機而用膠片盒，還是先前受到小吳先生的影響。

自此之後就一直沒有捨棄過攝影，從開始時專為家人留影之外，不免有時也拍些自己覺得有趣的東西。拍攝美麗可愛的花朵給我奠下了後來植物攝影[10]的基礎。落日晚霞的吸引也教我嘗試了畫意的獵取。可是這一切一切我總是淺嘗輒止。一直到了南京進入大學，同學間開始接觸到一些攝影愛好者，崔鼎是其中一位從新喚起我的興趣。而家人當中也掀起了攝影的熱潮。大家結集了一個取名「棣苑」的攝影社[11]。我得到愛護我的人們的贈予，陸續擁有 Exakta 127[12]和35mm型當時在著名的「萊加」機之外的一種德國名廠單鏡反光機，例如「愛攝他」。後來改用康泰時（Contax）[13]初期製成的自動對光機，然後轉向Leica II型[14]。經過一段時期的沉寂，那時我的經濟情況和少年時比較是大不如前了，我已背起了家庭的負擔。看見當時香港勃興的攝影作品，心中無限的欣羨，卻仍然得要經過幾番籌措，最後得到長者的贈予才湊起來再買一架「愛攝他」，重續多年來的舊關係。

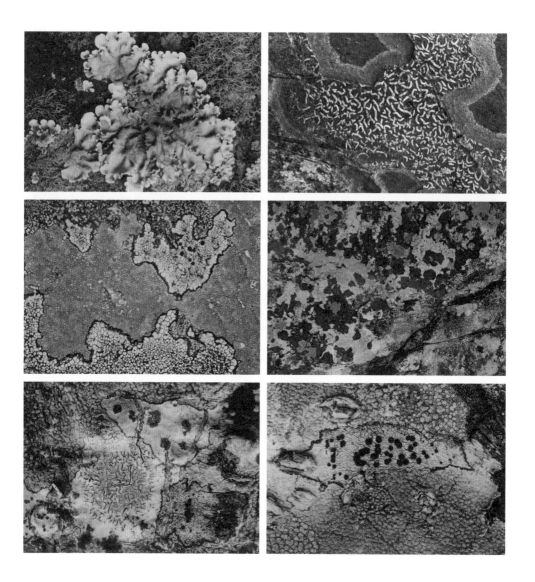

下面七頁展示的是何孟恆繪製的作品 ：

頁292是何孟恆第一張植物水彩，頁294左側兩張花卉圖，為何孟恆獻給妻子汪文惺的畫作。
頁297左下圖為筆者繪製的葛量洪茶，是香港瀕危植物，1955年首次發現於香港大帽山，以當
時港督葛量洪的名字命名。後人笑稱筆者每年於開花時節便登上大帽山「朝聖」，並繪製了這

株十分珍貴的葛量洪茶花。

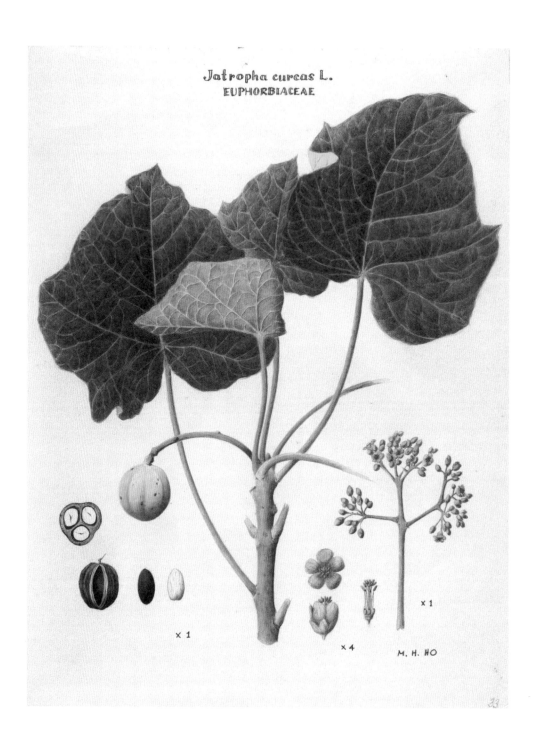

Jatropha curcas L.
EUPHORBIACEAE

× 1

× 1

× 4

M. H. HO

1 吳友如，江蘇元和（今吳縣）人，久居上海。名嘉猷，字友如。室名飛影閣。幼年貧困，性喜繪畫，勤奮自學，私淑錢杜、改琦、任熊諸人，畫藝大進。人物、仕女、山水、鳥蟲，靡不精能。光緒十年（1884）應聘主繪《點石齋畫報》，所繪風俗時事人物畫風行一時。後又自創《飛影閣畫報》，內容多為時事新聞插圖及市民社會生活，對清廷腐敗及洋人侵略亦有揭露。吳友如逝於光緒十九年（1893）。宣統間，上海璧園以鉅資自吳友如哲嗣處購得粉本一千二百幅，編成《吳友如畫寶》傳世。

2 炭相，又叫炭相畫，是中國近代的一種畫，由西方的素描演變而來。炭相會用炭粉做顏料，多數是畫寫實人像，效果類似黑白相般真實，所以就叫「炭相」。

3 松節水為一種化學品，主要成份為萜烯，多數由松樹樹脂提煉。可以用來稀釋油漆。

4 趙少昂（1905–1998），本名垣，字叔儀。廣東番禺人。趙氏是中國著名畫家，與黎雄才、關山月、楊善深並稱為第二代嶺南畫派四大名家。趙氏師承嶺南畫派大師高奇峰。亦受嶺南名家高劍父感染，擅長繪畫花鳥蟲魚、人物走獸、山水風景，尤以花鳥畫揚名國際。

5 李壽庵（1896–1974），號琴客，番禺人。精鑒別書畫。工書法、篆刻，擅畫山水、人物、花鳥，小品仿南田老人及新羅山人，大幅作品則兼八大山人及石濤意趣。晚年在香港設蒲社，以教畫為生。著有《翰雲樓畫談》、《竹窗隨筆》、《書畫索》等。

6 胡劍庵（1891–1961），名江培，號石隱居士。廣東鶴山人，工書擅畫。與時賢結書畫社於廣州河南。

7 崔鳴周，名芹，字詠秋，別署鶴山山樵。廣東鶴山人，擅畫人物，書亦秀逸有士氣。

8 李野屋（1899–1938），號塵、野仙、荒山，廣州河南人。幼年家貧輟學，其父少譜與畫家陳樹人有交往，野屋遂常蒙樹人指點，且因天資聰穎，繪畫技術很快提高。李野屋擅長花卉草蟲。

9 陳樹人（1884–1948），原名哲，後改名韶，字樹人，號葭外漁子、二山山樵、得安老人，中國廣東省番禺縣明經鄉（今番禺區歸入廣州市）人，是中國近代知名政治家、畫家。少從嶺南畫家居廉學畫。曾經兩度赴日本留學，為同盟會會員，也是辛亥革命元老，曾任國民黨黨務部長和廣東省政府民政廳長。作畫擅長山水、花卉，尤工木棉花。其繪畫融匯中西畫法而別具明潔雅逸，為嶺南畫派創始人之一，與高劍父、高奇峰並稱「二高一陳」、又稱「嶺南三傑」。著有詩集《寒綠吟草》、《戰塵集》等。

10 作者曾以攝影方式，全面紀錄香港植物。2011年，作者捐獻了超過三千張的植物攝影照片給香港植物標本室。

11 何孟恆及其家人的攝影作品，可參見《中華日報》，1935年第3卷第10期。

12 Exakta（愛攝他），德國相機公司。

13 康泰時、或譯作康泰克斯（Contax）原為德國蔡司公司（德文為Zeiss Ikon，蔡司·依康）於1932年生產旁軸相機（Range Finder）所使用的品牌，頭一個字母大寫，其餘小寫。二戰後，隨着德國的分裂，蔡司公司也一分為二。

14 徠卡（Leica）相機最初問世於1925年，是德國著名的相機品牌，曾最先製作35mm 相機。其公司名稱由 Leitz 和 camera 的前音節組成。

紅豆

讀貴報日前刊載張先生有關譯詩的困難[1]，當中對於「紅豆」的討論，願再提出，請就教於對這問題有興趣的朋友。

紅豆在中國文學作品中時，用作相思——男女以至親朋之間互相思念的象徵，究竟紅豆是什麼東西？辭海裏面說相思樹即紅豆。文選吳都賦「相思之樹」註稱「相思，大樹也，材理堅，邪斫之則成文，可作器。其實如珊瑚，歷年不變，東冶有之。」按即紅豆，亦名相思子，詳相思條。

相思子（*Abrus precatorius*），一名紅豆，豆科草本而木質，具蔓性，葉為羽狀複葉，小葉橢圓形，全邊，花小蝶形花冠，白色或紅色總狀花序，果實為莢果，種子大如豌豆，色鮮紅有黑色之斑點，供裝飾之用及藥用。演繁露云唐世鏤骨為竅，朱墨雜塗，數以為采。亦有出意為巧者，取相思子納置竅中，使其色明顯而易見。故溫飛卿豔詞曰「玲瓏骰子安紅豆，入骨相思知不知？」相思即紅豆也。又搜神記宋康王舍人韓憑娶妻何氏美，康王奪之。憑自殺，妻投台而死。里人埋之，冢相望也。宿昔有大梓木，生於二冢之端，有鴛鴦各一，恆棲樹上，交頸悲鳴，音聲感人。宋人哀之，號其木曰相思樹。

從上面的抄錄看來，晉代文章便已提及相思之樹，而且註稱相思大樹也，顯然與蔓性相思子不同，這又怎樣解釋？相思樹又是什麼東西呢？

許多年以前，在一間著名的骨董店裏參觀，遇兩顆據說是曾經大內裏玩賞過的相思子。主人還說這也就是「紅豆生南國」的紅豆。圓圓的兩顆豆子比豌豆

略大而稍扁，顏色深紅，盛在一隻細緻的建窯碟子上面，的確十分可愛。且不管它是否進入過大內，最低限度也是經過一攝人認可，這是可以相信的。

當時並未細加考究，直至後來位近南國，時與草木為伍，在偶然觸發之下才發生興趣。按豆科植物中蝶形花亞科有紅豆一屬，另含羞草亞科中的海紅豆，都是生長在南國的喬木，並有紅色的種子。本人曾經採集，並加觀察。這裏選擇幾種和前人對紅豆或相思子的抽述接近的加以最簡單的介紹：

一、軟莢紅豆　別名紅豆樹，相思子，相思木，*Ormosia semicastrata Hance*
（*O. cathayensis L.*）
喬木，高達十二米；種子一顆，鮮紅色，扁圓形，長寬各約九毫米。

二、凹葉紅豆　*Ormosia emarginata* （Hook. & Arn.） Benth. *Layia emarginata*
（Hook. & Arn.）
小喬木，高約五米；種子一顆至三顆，深藏莢果。果瓣的橫隔膜內，紅色，扁平，圓形或橢圓形，長七至十毫米，寬七毫米。

三、海紅豆　別名紅豆，孔雀豆，相思樹，相思格。*Adenanthera pavonina Linn.*
落葉喬木，高五至十米；種子鮮紅色，有光澤，甚美麗，不作裝飾品。南州記稱：海紅豆出南海人家園圃中，紅豆形扁圓，色殷紅，可鑲嵌首飾。

四、相思子　別名相思豆，紅豆。*Abrus precatorius L.*性狀簡述見前。

此外海南島還有幾種紅豆屬的喬木，未及親見。以上各種均經採集及攝影，留存種子已將近十年，顏色依然不變，的確可堪賞玩。但究竟是那一種呢？

我個人的意見認為上述木本的幾種紅豆種子，色澤，大小，形狀都大同小異；不若藤本的相思子鮮紅而有黑臍斑之截然不同。依演繁露及溫詞指出可以鑲骰子的應該是純紅色豆子。如果紅色而帶有黑斑，豈不是太過雜亂了嗎？所以我主張前三種紅豆屬的種子可能性較大。至於確實是那一種的問題，我以為前人着眼於種子的色澤，大小和形狀，至於同屬喬木的其他性狀，他們並未注意到。所以紅豆大概是一種或幾種紅豆屬喬木的種子。

假如有興趣又有機會的話，台灣和香港都還可以見到上千年以前老祖宗們欣賞過的，這麼有詩意的玩藝。

1　本文為筆者致函某報章，分享其有關紅豆之心得。

水晶膠手工藝

八九十年代，香港興起以水晶膠倒模創作的手工藝，它是由環氧樹脂、混入固化劑、催化劑等稀釋而成，無色、無味，一般人會以倒模的方法，將各種東西內藏其中，凝固後表面晶瑩剔透，可長久保存，故頗受人們喜愛。

筆者何孟恆早於這股潮流興起以前，已把採集到的各種紅豆種子，以水晶膠倒模製作成飾物，送贈給女兒及諸位親友，數十年過去，水晶膠表面隨時日氧化，泛起淡黃，惟收藏其中的紅豆，其色澤依然殷紅如昨，可堪賞玩，恰如筆者雲煙般之記憶，也隨文字寄託下來，長久流傳。

淡紫色的杜鵑

Rhododendron farrerae Tate，華麗杜鵑，又名丁香杜鵑。粵人稱為石梅，落葉叢生灌木，高一至二米，枝條長成後無毛。卵狀葉[1]近革質，通常三片集生枝頂，長二點五至三厘米，寬一點三至二厘米。頂端鈍尖，基部圓，上面無毛，背面網脈明顯，葉柄長二至三毫米，有密柔毛。頂生花序[2]具花一至二朵，先葉開放。花梗[3]長六毫米，長不超過芽鱗[4]。花萼[5]小，分裂有柔毛。花冠[6]輻射，狀漏斗形，有短而狹的花冠筒和開展的波浪邊緣裂片。淡丁香紫色，頂上裂片具紫紅色斑點，雄蕊[7]八至十枚，短於花冠。子房[8]具紅棕色密柔毛，花柱[9]瘦，無毛。蒴果[10]矩圓，狀卵形，長一至二厘米實毛。

　　這種淡紫色的杜鵑，早在我十三歲的時候就留下了深刻的印象。直到三十年後，在接近農曆新年期間裏，我在大嶼山[11]當「猢猻王」[12]，走過大澳一家藥材店時，我的眼睛忽被一片的淡紫所吸引，正對着前門的桌上就插着一大叢這多年相識的杜鵑花，重複喚醒我對這花的回憶。

1　卵狀葉，葉形似卵，葉端為小圓，葉基呈大圓；葉身最寬處在葉身中央以下，且向葉端漸尖細。

2　花序是花梗上的一群、或一叢花，依固定的方式排列，是植物的固定特徵之一。頂生花序是在分枝系統的頂上。

3　花梗是連接花與花序主莖之間的短柄。一個花梗上可具有多朵花。

4　芽鱗是指葉特化或退化成鱗片狀。鱗片有三種類型：革質鱗葉，通常覆於芽的外側；肉質鱗葉，和膜質鱗葉。

5　花萼是一朵花中所有萼片的總稱，位於花的最外層，一般是綠色，樣子類似小葉，但也有少數花的花萼樣子類似花瓣，有顏色。花萼在花還是芽時包圍着花，有保護作用。

6　花冠是一朵花中所有花瓣的總稱，位於花萼的內側。

7　雄蕊是被子植物花的雄性生殖器，為雄花器的一部份，作用是產生花粉。

8　子房是被子植物生長種子的器官，位置不定，依和雌蕊的相對位置可分為上位花、下位花或是周位花。

9　花柱是花中雌蕊的一部分，連接柱頭與子房。花柱通常為管狀，並可為空心或實心。

10　蒴果是一種由合生心皮的複雌蕊發育而成的果實，子房一室或多室，每室含種子多數。

11　大嶼山，位於香港西南面，為香港最大島嶼。

12　舊稱鄉塾教師或小學校教師。學童頑皮如猢猻，因喻其師為「猢猻王」。

「雙照樓」主人花甲之慶

　　一九四三（民國三十二）年歲次癸未五月，正值「雙照樓」主人[1]花甲之慶，親朋友好內外等人原先準備為他慶祝一番，卻讓他老人家知道立刻加以制止，認為國家多難，生民塗炭，那裏還能夠有此心情，於是到了生日當天，仍舊只是像平日一樣，一家人靜悄悄的渡過。親友們原先打算稍有餽贈以博歡笑的，到此都一切打住。只有一位朋友特地親自來到南京，帶同他本人和弟子們特地手繪的六幅小屏風，倒是盛情難卻，只好收下了。這一位朋友就是當代的著名書畫家吳湖帆[2]（名倩，別署梅影書屋，工詩詞書畫，富收藏）。他和雙照樓是從詩詞論交的，樓主還有〈金縷曲〉一首，起句「綠遍池塘草」（習用梅影書屋詩句）[3]。

　　記得這幾幅畫當中，一幅命題「有華燈礙月，飛蓋妨花。」（少游[4]〈望海潮〉），一幅題「強載酒，細尋前跡。市橋遠，柳下人家，猶自相識。」（周美成[5]〈應天長〉），兩幅俱是吳湖帆自己寫的。此外，一幅寫的是麻姑獻酒，一般的題材，而麻姑儀態萬千，神情絕倫，卻是湖帆弟子吳道鄰的精心之作。看見的人都讚不絕口，其時主人長女仲蘊尤深信不疑，時小恙在滬，就閒來無事與婿同拜道鄰門下，固而並得快覩梅影書屋藏畫。張瑞圖[6]、吳小仙[7]諸作均獲欣賞。留滬期間，仲蘊習繪得十一面觀音像、一幀獻與祖母衛太夫人[8]供奉。婿文傑摹臨張瑞圖〈九歌圖〉並求屈沛霖師補書屈原〈九歌〉，裝釘成冊，戰亂中已不復存在，而篋中仍然携有道鄰師繪贈觀音像條幅及洛神扇面完整無損，來美後歸之女重嘉收藏。

1　即汪精衛，曾著《雙照樓詩詞藁》。「雙照」二字出自唐詩人杜甫寄給妻子的詩〈月夜〉。

2　吳湖帆（1894–1968），名倩，本名萬，號倩庵、東莊，別署丑翼燕。齋名「梅影書屋」。中國現代繪畫大師，書畫鑒定家。

3　全詩見《汪精衛詩詞彙編》上冊頁130，手稿見下冊頁291–292。

4　少游，即北宋詞人秦觀（1049–1100），字少游、太虛，號淮海居士。

5　周美成，即北宋詞人周邦彥（1057–1121），字美成，號清真居士。

6　張瑞圖（1570–1641），字長公，一字果亭，號二水、芥子居士、平等居士、果亭山人等。明朝政治人物，善畫山水，尤工書，以「金剛杵」筆法著稱於世。

7　吳小仙，即吳偉（1459–1508），字次翁，又字士英、魯夫、號小仙。擅山水畫。

8　衛月朗（1869–1945），亦稱「五姑」，生於廣東番禺瀝滘鄉。十五歲應聘隻身過南洋與未謀面的陳耕全成親。衛氏生三男一女，汪精衛妻陳璧君為四女。衛月朗不但沒有反對她加入同盟會，更陪同陳璧君一同前往星加坡謁見孫中山，母女二人更一同成為同盟會會員。

四近樓

數年以來，認識到可以談得來的朋友不多，四近樓[1]是最令我懷念的一位。我和他的相識十分偶然。我工餘的時候，每每翻譯一些英語小說或者小品文章投向當前的文藝雜誌。一面為了自己的興趣，另一方面也希望略作升斗的補給。有一次我翻譯一篇小品，投向時下少有名氣的一本叫《彩虹》的雜誌。投稿就等於投籃，稿件寄出之後就不再在意中。過了幾天之後卻得到編輯先生的來信約見，這倒引起我的好奇，於是決意赴約。地點是一間銀行的閣樓。這時候正是星期六下午，香港馬場開跑，寫字樓靜寂，只亮着一支枱燈。辦公桌前一位五十歲上下的紳士站起來為我讓坐。他身材中等，穿着日常見到的西服。一面遞過來名片，一面微笑着說道：「區區之數，無賒無欠的區。」名片上寫的是區樵少幹。

筆者繪畫並請四近樓題字

我沒有名片，只好報上姓名「『何孟恆』，『江芙』是我的筆名。」從此之後，他一直就以此相稱。他說我的譯文收到，讀來十分稱意。不過前一天已經取錄了另一篇在先，只好割愛，希望我繼續投稿，共同充實雜誌的內容。從這一次簡短的會晤開始，我們便結上這一份忘年的友誼（他

比起我來，至少年長三十歲）。每星期六下午，區家總有一個小小的聚會。主人之外還有他的兒子區晴[2]，經常為《彩虹》雜誌插畫，香港報章作漫畫，還有雜誌撰稿人一粟許立青等。也認識了六嬸（區老行六，我們稱他六叔）和他們的女兒小慧和小善[3]。其間還邀請過他們到大埔蝸居小聚，並留宿一夜。到現在還留存着那時候的照片。六叔當時用的筆名叫「梅娜」。除了雜誌之外，他還在《星島晚報》[4]有專欄談論《紅樓夢》，偶然也寫幾篇政論發表些小的見解。我喜歡看毛姆[5]的故事，他正和我有同好。我讀到合意的外文故事，就喜歡把它翻譯過來，六叔經過審閱後便予登載。

四近樓遺著《紅樓夢談屑》

1　四近樓，即區少幹（1903–1982），名權，四近樓主，廣東南海人。善詩能文，少年負笈上海，從胡適遊，得新文學風氣之先，鑽研《紅樓夢》發表文章十餘萬言，出版界譽為紅學專家。曾在香港創辦《彩虹雜誌》。著有《四近樓詩》、《紅樓夢談屑》等。《紅樓夢談屑》於1988年由合眾出版社出版，約一百九十頁。據作者回憶，區少幹於香港學術界或商界都甚有名氣。

2　區晴，筆名丁岡，後成為知名插畫家，二戰爆發後，區晴加入香港《星島日報》工作，負責繪畫版頭和版樣美術。2014年病逝於加拿大。

3　小善後嫁與作者之弟何文彥。

4　《星島日報》是由華僑富商胡文虎於1938年在香港創辦的中文報章。

5　威廉·薩默塞特·毛姆（William Somerset Maugham）（1874–1965），英國現代小說家，劇作家。毛姆於1897年以自己的經驗創作了第一部長篇小說《蘭貝斯的麗莎》。《人性的枷鎖》是毛姆的代表作，帶有自傳色彩。何孟恆以「江芙」之筆名在《彩虹》雜誌翻譯毛姆等著作，《文學世界》編輯稱其翻譯：「譯者為保持現代英國的語文之美，力求忠實流暢，沒有艱澀難讀的弊病。」

附錄

附錄一：問答

對於嚴謹的學者與作家，何孟恆從不吝嗇將個人經驗與所知分享給他們，他曾與研究汪氏的學者書信往來，在二〇〇二年，又接受吳章銓、禤福煇、夏沛然的採訪，並曾留下諸多個人筆記。惟他認為自身無足輕重，故一直堅持不公開己見，直至二〇一二年，才由後人說服，醒悟自己是歷史行動者之一。因此，我們現將他留存下來的文獻加以整理，並以「問答」的形式展示，以供讀者參考閱讀他的看法。

附錄二：張靜星著《陳璧君傳記》讀後記

何孟恆從著作、報導看到舛錯及曲解，便以見證者身份，逐一糾正，還原真相，他對張靜星《從革命女志士到頭號女漢奸──陳璧君傳記》的回應就是一例。

附錄三：《建樹》

何孟恆於回憶錄上並未自述其各方面之成就，編者於此整理補充，使讀者能更完整、立體認識何氏的故事。

附錄一：問答

作為至親，您對汪精衛的看法是否能夠客觀？

　　我在有識以來，即追隨汪精衛左右，深知他老人家平素風範為人。汪氏獻身國事，盡心盡力，簡直到了忘我的地步，若不是親身接觸過，不會相信會有這樣的一位人物。自然，我並沒有把他當做聖人來看待，因為我根本不知道聖人是怎樣的人，對汪精衛，我甚至沒有把他作為怎樣的「一種人」來看待，我只是把我自己對他的感覺說出來。對自己是為此感覺，對外人也是一樣的解釋。我絕對承認缺點人人有，不過我對汪精衛的感覺只是心中景仰，不會處處記起他的缺點，因為我夠不上去批評他的成敗，或者去判斷他的正誤。如果有人提出合理的批評，我也斷不至於強為回護。

汪精衛私下的性格是怎樣的？

　　汪氏的性格在某些方面與陳璧君非常相似。他在各個方面都很聰明，但在學習外語方面顯然比不上陳璧君。他大部份時間都是相當公正和堅定的，只是有時候他會過份寬容。他既尊重人，亦有禮貌，但對於他認為不好的事物，則態度鮮明。有時候他也會很急躁。他幾乎總是克制自己，並且保持着和藹可親的態度。他同時亦很坦蕩。他認為別人的快樂是他自己的快樂，而別人的悲傷亦是他的悲傷。他過着非常規律和平凡的生活。他十分善良，並且非常無私，人們很難對他的要求說「不」。他有時候有點天真，因此人們會更清楚意識到他內心的純潔。

汪精衛的政治思想是從何發展而成？

　　汪氏早歲參加革命為孫中山的追隨者，其言論多為孫氏主張的詮釋，深信孫氏之主義貫徹，則建國可期。汪氏本人固未嘗有成為具有創見的政治家之想。至於思想意識之形成，受黨內普遍關係及追隨者的影響，則已非罕見。如能擇善而從，實為民主政治家應有之態度。至謂派系政治策略的考慮，我意以為先有政治思想，然後因不同之思想而形成不同之派系，然後再有策略的訂定。從民國十九年（一九三〇）八月出版《汪精衛先生最近言論集》自序可探知一二：

　　「我的主張始終是跟着總理孫先生三民主義走去，沒有變過……對於共產黨對於蔣介石，我曾經改變態度。這是因為對於人之態度是要以主義為衡尺的，合於主義，我便引以為友，反於主義，我便引以為敵。不但我對人如此，我希望人之對我亦如此。我如有違反主義的時候，我唯一要求便是同志將我打倒。」[1]

年輕時的汪精衛是那樣一個激進的革命份子，為什麼晚年會成為擁護和平厭惡鬥爭的人？

　　汪氏本質上實是一個慷慨悲歌的鬥士，在滿清統治的環境下，自然走上了為國犧牲的道路，他詩集中的〈被逮口占〉[2]、〈見人析車輪為薪為作此歌〉[3]及〈述懷〉[4]等都可以尋繹到他的心跡。革命黨人覺得要救中國，第一步只有以暴力來推翻滿清，在〈革命之趨勢〉[5]裏汪氏也說，中國需要的是革命，而不是立憲。然而滿清被推翻之後，自己未曾束身作炬，那就沒有「引刀成一快」那麼簡單了。如何去完成革命的目的？如何建立起一個國家？種種前人留給後死者的責任都落到自己身上，起先一心致力黨務和教育，決意不參預政治的初心，後來也不得不放棄，從此一生就與政治再也分不開。

　　據我所知，汪氏生平所為皆源於「不忍人之心」，因此投身革命、因此而放棄了不參預政治、甚至放棄了他的「山林想」，永遠是「忘我」和「為人」。他的革命思想起源孟子的惻隱之心。為了拯救他人生命，他會毫不猶豫地把自己扔進井裏。參見他關於革命的論文〈革命之決心〉[6]。他對名利漠不關心。他甚至組織「進德會」，並提倡「六不主義」，即不做官、不做議員、不嫖、不賭、不納妾、不吸鴉片。他參預政治卻不把持軍隊、不爭掌財政，遇上對立的力量只能靠一張嘴、一支筆。被人排擠只好退避，但國家一遇困厄，又不顧一切擔起責任。多年來以處處忍讓的方式，共赴國難。

　　「九一八」與「一二八事變」發生，當日本以強大的國力入侵中國時，中國一切剛入軌道，仍在爭取時間，希望多一分準備，增一分國力，是以當時的政策是「和平未到根本絕望時期，決不放棄和平；犧牲未到最後關頭，決不輕言犧牲。」[7]最後終於被迫起而抗戰了，仍希望「一面抵抗，一面交涉」[8]。在既定政策下，當時身為行政首長的汪氏，一直在負起責任，說老實話而已，並非因其年紀大了，便趨向協和，厭惡戰爭。相反的，一九三二年他曾因張學良放棄職守不戰而退，汪氏憤而辭職，同時也迫張學良辭職以向國人謝罪。

　　此後幾經困難，肩負艱鉅，屢次進退，「七七事變」後國家更處於生死存亡關頭。當時日本有一部份人在戰事中重複提出和平的建議，國事日益嚴重之下，一心謀國的人當然會抓住每一個可能利於國家的機會，更何況早在孫中山建國之初，即有大亞洲主義和中日兩國為友不為敵的想法，汪氏於一九三八年離渝、發表〈艷電〉[9]、以至另組南京政府，都是這樣形成的。他在〈舉一個例〉中説：「我這篇文字發表之後，説不定在什麼時候，我會繼曾仲鳴先生而死，我所盼望的，我死之後，國人能留心看看我這篇文字，明瞭我的主張。」[10]因此汪氏早年和晚年不論所作為何，都堅

持自年少時參加革命便有的「不畏死，不憚煩」[11]之決心，隨時秉着一顆不忍人之心，隨時忘了自己，一切都在謀國。

您認為汪精衛的外在行為與其內心世界有否衝突？

「內心的世界」如果存在的話，一定就是不同於此人的外在生活，而存在「內心」，不易為人所知的，然後才會要去發掘、去探討。汪精衛自從投身革命，就只知為國為民，一心一意，到了忘我的境界。他的革命之決心，純然不忍國家民族的痛苦，所以捨棄一切，全力以赴，這是何等的真純，何等的堅決？他一生遵循的方針，早在〈革命之決心〉一文道去，更無保留，希望讀他文章的人要了解。汪精衛革命之決心就是源於孟子的「不忍人之心」，無所隱藏，所以我們不能說是探尋他內心的世界。換句話說，就是他沒有「內幕新聞」。他又在〈自述〉裏說過：「我覺得拿生平的演講和論說當做自傳是最真實的……我的革命決心固然始終沒有改變，而我對人對事的態度，卻不免時有改變，但所以改變的理由，我無不講出來，至於理由對不對，則我願意接受現在和後人的評論。」[12]所以用演講和論說來表達他的生平，作為他的自傳，就是要把他一生行事向世人盡量宣示，不做保留。怎樣還會有隱藏在內心的另一個世界呢？

霍華德・布曼（Howard L. Boorman）的文章〈汪精衛：中國的浪漫激進者〉中曾提出，汪精衛具有多重性格，他既是一個英俊年輕、深諳中國古典精髓的浪漫主義詩人，同時也是一個具有個人特色的現實主義政治家。[13]王克文教授也曾指出汪精衛身上體現出了「浪漫激進」與「現實妥協」的雙重性格。請問您是如何看待學者對汪精衛雙重性格的評斷？

王克文教授在評蔡德金《汪精衛評傳》時，曾言：「其實此一時期（一九〇五－一二）長達七年，在汪氏的政治性格的形成過程中，極關緊要。如一九一〇年汪氏因謀刺攝政王不成而被捕入獄，一九一一年出獄後又在同盟會及袁世凱

之間調停奔走，便是他「浪漫衝動」和「現實妥協」兩種極端性格的交互表現，值得作進一步探究。」[14]

由此可見，對汪氏「浪漫衝動、激進」或「現實妥協」這兩種「極端性格」的印象，不外乎來源於其詩文及參與過的幾件具有影響力的大事。汪精衛在清朝末年曾參與刺殺攝政王的行動，並留下了「引刀成一快，不負少年頭」之豪言壯志之語，此為其「浪漫衝動」的性格體現，而後汪精衛所從事的調停工作又佐證了其「現實妥協」的一面。

然而，假如以「浪漫激進」（改用「激進」避免「一時衝動」的聯想）為汪氏性格的代表，則其早歲參加革命，謀刺攝政王；民國成立之後，不為官吏，出國求學，每遇領袖召喚，立即返國效命；及孫中山逝世之後，繼為領袖，經一九二六年三月二十之變，為免黨爭，遽爾退走；乃至日後離渝出走，究屬「浪漫激進」抑或「現實妥協」？

再者，汪氏獻身革命、犯險行刺為「浪漫激進」，自無異議，但調停袁氏實係代表同盟會的意見，以為汪氏性格之「現實妥協」則殊不合理。調停袁氏屬於因應事勢之措施，與性格無關。當時，孫中山與同盟會謀國諸人委以汪精衛調停之責，自是用其所長。彼此相處多年，相知必深，未悉於選派調人之時，亦曾考慮其「一時衝動」、「意氣用事」之性格。

就此點問題，在我與王教授的往來書信中也曾提及。他曾云：

「浪漫衝動」更適合稱之為「浪漫激進」。「衝動」為 impulsive，近乎俗云所謂「意氣用事」；「激進」則為 radical，可能為經過冷靜考慮後所採取之立場。就汪氏一生中若干重大決定觀察，似乎不乏出於「一時衝動」者，至於「現實妥協」，則非貶語。民主政治最重「妥協」（美國歷史上有所謂Great Compromise），勝於拼至你死我活。汪氏在民國人物中，特擅調停（此所以出任

辛亥前後之對袁工作），但其行事又不時流露「衝動」傾向，所以稱為「雙重性格」。

而我認為，雖然王教授澄清「現實妥協」並非貶低之語，但以行事措施作為性格加以論斷，卻難免有失。「現實妥協」應屬於處事之手腕或方法，如果為性格如此，則遇事必因循退縮，無以堅持立場，則亦定非調停代表人選，亦不符王教授「特長於調停」之譽。以常理論之，果從處事方法即可確定其性格，則當其處理性質不同之事件，使用不同之方法或手腕，則可謂為具有不同之性格，以此推論，則誰非雙重性格，乃至三重、多重者，比比皆是。更何勞特為指出？蓋準此則多重性格不足為奇，而單純性格方令人駭怪也。故爾，王教授所指出汪精衛的「雙重性格」，即「浪漫激進」與「現實妥協」，似乎還有更多商討及推敲的餘地。

汪精衛曾數度在政壇失意時去國，這是一種逃避的做法嗎？

汪精衛常去外國，尤其是法國。因為他對民主思想的嚮往，一旦離開政壇就想到多接近民主思想的發源地。另一方面，離開政壇也不能不為自身的安全謀保障，像他這樣，沒有自己的地盤，在國內隨時都會受到攻擊，可以容身的地方不多。外國雖然遙遠，但有時比起國內，交通來往反覺方便。民國時期因失意而選擇暫時去國的政客並不只有汪精衛一人，胡漢民也曾經赴歐。不過縱使人在國外，汪精衛還是心繫祖國。每當國家對他有需要，他總是不顧一切的返回，重擔重任，所以不能說他去國就是逃避責任。

您對汪氏主張「和平運動」是如何理解的？

彼時，日本最大的假想敵為蘇聯，希望中國能共同抗蘇，為達此目的，一部份人甚至不惜強加武力，使中國屈服就範，並乘機獲取利益。然而一部份人亦

確認對中國開戰，對日本不利，在紛爭矛盾之中，竟發動「七七事變」，可謂陰差陽錯，並非過甚其辭。而日本方面主張和平的人士亦並非盡屬打着和平旗號的侵華份子，誠如先生說，中國在戰爭中既然絕對不可能持續下去，無論如何只有一試和平途徑以救危亡，此為和平政府成立之主因。

　　汪氏認為根據「近衛三原則」和孫先生的「大亞洲主義」，就可以跟日本談，讓他們知道和平對日本也好：和平兩國都好，打起來兩敗俱傷。日本有識之士也這樣說，所以汪先生覺得可以跟日本談，因為「近衛三原則」已經有這樣的想法，加上大亞洲主義，中日和平能夠成功。汪氏認為他的和平主張是救國的主張，他非做不可。人如果死了，這個主張就沒有人去做了，那麼中國沒有救了。在河內、香港，都很容易被打死。在什麼地方組織政府都可以。河內法國人不准他活動，香港各方特工很多，不容易聯絡人組織起來，同時沈崧也已經被殺。到什麼地方去？只有去上海。才能實行救國的主張。我想，汪先生認為中國當時絕對不能打。再打下去，日本會把中國滅亡。

　　汪氏認為和平是唯一救國的途徑，不能放棄。他說過很多次，要是我們自己能夠站起來，我們能有自己的條件，已經訂過的條件還可以修改。要是站不起來，只能聽別人的條件。唯有盡量爭取比較好的條件。汪政權受到日本多方制肘為無可否認之事實，但汪政權隨時隨地不斷向日本爭取主權。其實汪氏認為戰爭將陷國家於危亡，與此相較，則日本條件可以談判。而蔣則盼望世界局勢轉變於危亡之前來臨，中國從而得救。唯此而已。

　　汪氏謀求救國之道，始於危難之中提倡和平，並企圖以孫先生大亞洲主義喚起中日只應為友不應為敵的醒覺，可惜汪氏初心不為國人諒解，甚且被歪曲污衊。日本方面亦未放棄霸權，於是汪氏之努力終未能成功，而蒙受污名。假使無日本之入侵，中國不至於瀕於危亡，人民不至於連困苦。汪氏自不必與日本周

旋、組府南京，之後更不至於遭人詬罵。是以汪氏受謗源於日本入侵，關鍵殊不為日本之勝敗也。日人當年曾與汪氏折衝周旋，深知汪氏之愛中國，不安於其受誣，固原道義上應有之態度。然事實上究竟當年為入侵中國抑係「解放中國」，尤應痛加檢討。然後可與中國為友，然後可談「心之交流」，而汪氏令名乃可不洗而自清。

汪氏主張和平運動是否與其在國民黨內與蔣之不合乃至失勢有關？

汪氏之主和，實覺當時中國力不足以抵抗日本，惟有和平然後可以挽救國家，詳見一九三八年底至一九三九年汪氏所發表之重要文章。主張和平，其艱苦犧牲較當年革命為尤甚，就本身而言，革命事敗則以身殉，而主張和平，不為人諒，則危及生命之外，並墮敗名聲。與革命犧牲流芳百世相去為幾何！汪氏殊非昏瞶，一切早在意中。

為人需有人權，為政需有政權，更何況作為政治領導，如無權力，則何以推行政治主張？問題在為公為私之不同而已。汪氏和平之想，曾向蔣氏提商，離渝之後，亦一再表示：主張如獲接納，個人願以在野之身，從旁幫助（並見〈舉一個例〉及〈覆華僑某君書〉），何得指為權勢之爭？

據一般理解，如果「個人」與「公眾」相違背，即是具有私心，有私心，則不利於公眾，應予批判。假如與「公眾」無悖，則個人實為「公眾」的一份子，自無突出「個人」之必要。其次，當時假如國民黨已入正軌，一切得由民主方法解決，則派系不同，亦可和平調協，然則動亂之由究在黨內不合理的措施，亟須改革，抑源於派系之分歧，自可辨明。如此看來，汪之和運主張和其在黨內與蔣不合毫無關聯，更不是用來做權勢之爭的武器。

河內暗殺事件對汪精衛選擇另組政府的影響？

世人以為汪精衛因極為親近的曾仲鳴在河內遇刺，一時激怒之下乃決定成立新政府，這個看法是不對的。個人情感與國之大計豈可混為一談？對曾仲鳴之死，汪氏之傷心憤怒自不待言，惟「與日本談和」與另組政府並非因曾之死所作的衝動決定。汪氏深認和平係救亡圖存之唯一途徑，而為救國，亦早將談和可能招致的危險及個人生死置於度外。然而和談之途不被國民黨採納，而且身在外國，只係提議，即已不容於蔣方，而因此遭到兇殺。對汪氏而言，雖死不足惜，但身死則救國之主張無法實現。曾仲鳴死後，汪氏在傷心但不沮喪的情況下，積極領悟到唯有組織政府，才有自衛的力量來實踐其主張。此在汪先生慰問方君璧的書信中，提到「救國步驟必不敢因之而亂」[15]，最足反證「因曾之喪，激怒而組織政府」之説並不確實。汪氏的想法在〈舉一個例〉一文中也有詳盡的描述。

您和妻子汪文惺對於汪精衛成立南京國民政府的看法？

以當時的情勢來看，這似乎是汪精衛救中國的唯一途徑。一九三九年三月在河內，曾仲鳴剛去世，汪精衛先告訴了陳璧君，之後才向家人宣佈他的決定。我們並不覺得意外。雖然這個決定對我們和其他很多人的人生，產生了重大的負面影響，我們仍然覺得是值得的。

您曾經有幾年時間在廣州照顧陳璧君，她是否真如外界所說，是一個傲慢無理、蠻橫霸道、而且喜歡駕馭汪精衛的人？

我是在與汪文惺結婚之後才開始替陳璧君做事的，所以並不清楚她年輕時是怎麼樣的一個人，只能就我的所見所聞來評價。在家庭方面，她是一位嚴格的母親，培養自己的孩子成為正直、努力、堅定而獨立的人。她會毫無畏懼的指出別人的錯誤，有時甚至用責罵的態度。然而她總是會在行事前徵詢我的意見，這表示她很尊重我。她與汪精衛大部份時候都是同志關係。每當汪氏需要作出重要

決定時，陳璧君大多時候都在場。在政治決定方面，她有時會表達自己的意見，但大部份都是支持汪精衛。至於他們的個人事務，陳璧君幾乎一直都是自己做決定。由於她性格堅定倔強，當她認定一件事時，她不會輕易放棄自己的論點。至於她與汪精衛之間的關係，那是他們的私事，這不應該影響我們對陳璧君個人的評價，以及她對國家的貢獻。

汪精衛在南京國民政府期間的日常生活是怎樣的？

大體說來汪精衛是一個只知工作，絕不計較個人衣食住行的人。每日不是開會就是會客，再不然就是演講。一星期六天，除了早上七時散步半小時，午間小睡半小時，和早晚三餐之外，幾無空閒，而在這些零碎的剩餘時間之內，還得處理文件、信札、電訊、演詞和文稿等。平時汪精衛不出去的時候，陳璧君總是和他在一起，她的書房就在汪精衛書房的旁邊，便於照顧他的起居及需要。汪精衛因為太忙，所以教育孩子的工作落在陳璧君身上[16]。由於陳璧君力爭的結果，汪精衛把每日晚飯後的時間留與家人小聚、閒話家常。有時在家看電影，通常是由外甥陳國琦負責操縱放映機。星期日陳璧君盡量不讓他處理公事，喜歡小孩的汪精衛常招來一群親友的孩子（例如曾仲鳴、林柏生、陳昌祖或陳公博的小孩），直到飯後大家才散去。

汪精衛有時說故事，他從《三國演義》、《水滸傳》、《說岳》等等挑選精彩的片段說給孩子聽，他口才非常好，孩子們每每為之動容，說到岳飛的精忠英勇，大家不禁慷慨高呼，及至含冤入獄，連到他自己也忍不住，流起淚來！他說《說岳》寫得並不好，及不上《三國演義》，將來有時間他會另編一本《岳飛傳》，令到這一位忠勇人物的事蹟更加昭彰。有時他也會任由孩子們問東問西，也曾經在世界地圖前為孩子們講和平與世界局勢的問題。

　　汪精衛平日的運動除了每日例行的散步之外，只有在時間允許的情況下會
游泳。戰前的休閒活動是和家人一起到湯山俱樂部泡溫泉、吃麵、下象棋，午睡
之後再乘車回家。秋高氣爽時，也會到棲霞山看紅葉。戰後常去的地方只有住家
對面的比較少人去的古林寺。

　　汪精衛喜歡飲紅酒，或許是旅法期間養成的習慣。但是因為患糖尿
病，醫生囑咐要嚴格控制飲食，所以只能在晚餐時少量飲用。他喜
歡中式料理，但為了方便控制食物攝取量的關係，所以常用西餐。

　　汪精衛在繁忙的作息之間，很能充份利用時間休息。每日午飯之後，
便進臥室休息，闔上眼之後不到一會兒，鼻息略重，便已睡着，準時兩點之前翻
身便起。晚上十一點一到，倒頭便睡，從不輾轉反側，早上六點半必起床。日復
一日，遵守規律的生活。

坊間就汪精衛與方君瑛的謠傳孰真孰假？

　　在日本留學期間，汪精衛與黎仲實、曾醒、方君瑛、陳璧君因志同道合而
結為莫逆之交。方君瑛為人正直熱誠、剛毅沉着，為孫中山、胡漢民和朱執信等
人敬重，陳璧君小方君瑛七歲，更是對她十分崇敬景仰。曾醒、方君瑛兩人把陳
璧君當自己的妹妹一樣照顧。汪精衛雖比方君瑛大一歲，但十分尊敬她，因此以
姊相稱。五人並組成暗殺小組，為出生入死之革命同志。汪氏在一九一〇年刺殺
攝政王之前，曾寫了一封長信給曾醒與方君瑛，向她們陳述自己對陳璧君的感
情，及在赴死之前希望和陳訂婚的決定。[17]革命成功之後，結了婚的汪精衛與陳璧
君和曾醒、方君瑛等人一同赴法求學。為感念與方君瑛之友情，汪陳將其長子取
名為「嬰」，為「瑛」之諧音。當汪氏與陳氏因孫中山之號召暫時回國時，曾方
兩人更負起照顧汪陳幼小兒女之責任。汪方兩家雖無血緣關係，但情誼猶如至
親。方君瑛的妹妹方君璧曾說，汪精衛雖然很風趣，但矜持於舊禮教，對人和藹

可親卻又很拘謹，從來不說一句無禮的話，從來不做越禮的行動。再說汪方等人因革命而結識，其關係實為患難與共，生死相隨之高尚情誼。坊間所傳之汪方陳三角關係，及方君瑛自殺為陳璧君所逼，純屬無稽之談。

為何汪家子女名字後來需加上「文」字？

汪家的六個孩子出生時取的名字皆為單字：嬰、惺、彬、恂、靖、悌。在大兒子汪嬰與譚文素，二女兒汪惺與何文傑結婚後，陳璧君認為兩人名字中皆有「文」字，於是把孩子的名字中間也加了「文」，表示是更為親密的一家人。至於我的名字原為文傑，陳璧君為我改名為孟恆，希望我做事能更有恆心。我很喜歡這個名字，之後便一直自稱孟恆，而鮮少用文傑。

您認為上海市檔案館的《汪精衛日記》是真是假？

對於上海市檔案館聲稱所藏有之《汪精衛日記》，其真實性尚待查證。據我所知，汪氏似無寫日記的習慣，不會一向不寫，卻突然出現這一本「日記」。如果真有寫日記的話，他一定會慎重其事，好好保存交託。上海檔案館宣稱日記曾為曾仲鳴遺孀方君璧所持，後託方家親友捐贈。曾仲鳴早於一九三九年逝世，為何汪精衛於一九四〇至一九四四年所寫之日記，會交由曾仲鳴或其妻保管？由媒體上所刊登的「日記」片斷看來，這一本冊子很可能只是案頭紀事之類，記載何時見何人、商談何事、開會日期、或到何處演講等等，類似現在秘書代為記錄的日程表。至於是否果真出於汪精衛手筆，上海檔案館至今不讓我們檢視原稿，所以無法判斷其真偽。

您對當世學界的汪精衛研究有何看法？

我同意中國學者似乎覺得汪政權是一頁蓋棺論定的醜史，以致解釋上的彈性極小。學者研究每欲觀察入微，然而有時則不免失於誅求，而流於推論。有所主張，則疑為巧詞令飾，提出異議，則指係自立派系，應付事實變遷，則斷為思想矛盾，更處處指為純為個人打算，持此心態而做剖析，恐難求公允也。

總之，蒙曉以史家研究之態度，敬謹領命，鄙人同意人皆有血肉，求賢於血肉之軀，固屬難能，究不能以為人海之中盡屬不肖，義之所在，遂以頸血濺之，辛亥革命甚至天安門亦大有人在也。總之，一語褒貶，治史者絕不宜掉以輕心，尤不可存有成見。

今人論事，每從片面着眼，不求甚解，即妄加斷語，更一唱百和，逐影隨聲，或則標奇立異，捏造故事，或則另有作用，不惜歪曲歷史，不一而足，為死無對證。只要適應時宜，則罵之無往而不利。罵人可以撇清自己，罵人奸偽，顯得自己忠貞，罵人愚昧，可見自己聰明。罵人卑鄙，表示自己高尚……是以這樣的書充斥坊間，少一本不嫌少，多一本不為多，未知出版社想再要一本怎樣的傳記呢？

您認為世人為何如此痛恨汪精衛？

我覺得有一個因素是妒恨。他相貌俊秀，是個天生的演說家；同時，他又學識淵博，筆力鋒健，曾是反清革命組織同盟會會章起草人之一，以卓越的文筆及出色的口才四處宣揚革命，調動民心，在刺殺攝政王載灃事件後，汪精衛被推崇成為民族英雄，而他的名句「引刀成一快，不負少年頭」更是在當時成為家喻戶曉、人們爭相傳頌的名句。民國成立之後，成為孫中山的左右手，政綱及宣言多出自其手。孫中山因肝癌臥床不起時，亦是由汪精衛為他起草遺囑。孫中山於

一九二五年去世後，汪精衛被國民黨內同志賦予深切的期望，被選為國民政府主席。這為他招來不少妒恨的眼光，因此樹敵頗多。

　　一九四〇年，汪精衛在南京重組國民政府並任行政院長兼主席，與重慶以蔣介石為首的國民政府對峙。汪精衛在南京政府政綱中指出，成立南京政府的目的包括「本善鄰友好之方針，以和平外交求中國主權之獨立完整，以分擔東亞永久和平及新秩序建設之責任」，即意為跟當時正侵略中國之日本議和，人們更是抓住了這一把柄，對他大肆抨擊及抹黑。汪精衛自己清楚了解，「戰的時候，和之一字，是一般人所不願意聽的」[18]，亦預料主和會招來的惡意、唾罵甚至自身的危險。有這樣的認知與遭受罵名的心理準備，不能不說是為國獻身，知其不可而為之。當時以蔣介石為首的所謂「正統政權」，更是以此攻擊汪精衛，推其入萬惡深淵。這份攻擊裏，不能說沒有妒恨的成份在。

您希望世人如何看待汪精衛及其政權？

　　我對於政治歷史，實屬孤陋寡聞。但我從少年時開始就有機會時常和汪先生接近。可是生性疏懶，甚少讀書，汪先生的論說文集，我幾乎在七十歲以後才懂得閱讀，所以了解汪先生言行的機會，可說是和一般人沒有什麼分別，只是從親接風範中多一份感受而已。

　　汪精衛是一個真正愛國的人，他的政權是基於救中國人民而成立的，是真正的政府，並非偽政權。最重要的，汪精衛是一個言行合一的人，要了解其人與其政治思想及理念，只要去閱讀他的詩與文章。特別是〈革命之決心〉及〈述懷〉兩篇為探討汪精衛一生為人行事之必讀。讀汪先生〈覆華僑某君書〉則知其個人實無可畏懼的道理，有的只是憂國而已，又〈革命之決心〉論及革命的決心是來自惻隱之心，見到孺子將入於井，則將狂奔盡氣濡手足焦毛髮救之而不辭。

對自己的國家豈有不捨身挽救之理？這種為國家的決心，早在投身革命之初即已建立，他之所以提倡和議即是這種決心的表現。

據所了解，當年汪先生眼見中國力不足以阻抗日本入侵，戰事屢失利，繼續下去，想將陷國家於危亡，為了中國前途，離開重慶，提倡和平。當時旨在向國人提議，而河內行刺案發生，方知隨時可被殺身滅口，身體安危本已置諸度外，其奈救國主張將無法實現，國家終及危難，於是轉趨積極而組織政府。本來有戰爭就有和平，能夠把敵人打走，獲得勝利，上上也；相持不下，終於講和，亦是自然的結果。至於在不利的情況之下談和，實在是不得已的。當時中國的情形屬於最後者，是無可置疑的事實。汪先生衡量過持續戰爭及當前談和的利害，孰輕孰重，然後做此決定。在此情形之下，談判條件必然不利，不過當時日軍長驅侵入，攻城略地，對淪陷區的一切已經予取予攜，不必等待任何簽約，也是事實。所以汪夫人陳璧君才有「……還有什麼國可賣……」[19]的話。汪先生既被認為沒有賣國的能力，可見並無賣國事實的存在。[20]

如果論史只談成果，不問緣由，則成王敗寇，即可判斷一切，何須更有研究與討論？誠然，「太平洋戰爭沒有發生」為一假設，但在當時，「抗戰勝利」何嘗不是一個假設？然則「抗戰萬一終於不勝」的假設殊不為過，為國民者亦深望當局對國家前途作多方之考慮，不能永遠向好處着想也。最後提及民眾的訴求，不覺為之擲筆感嘆，所謂民意，此時此地當屬渺小迷茫，若能合乎當局既定主張，則尚可利用，否則定遭打壓，自古而然，於今未見改善，唯有期將來而已。

世事瞬息萬變，至難逆料，汪先生沒有估計到太平洋戰爭和英美參戰的時日，及至原子彈爆炸，勝利來臨。他的苦心焦慮成為一番沒有結果的努力，不過中國終於掙脫了敵人的踐踏，汪先生一定會含笑於地下的。

1　全文請參閱南華日報編輯部編，《汪精衛先生最近言論集》（香港：南華日報，1930年），汪精衛先生序。

2　全詩請參閱《汪精衛詩詞彙編》上冊頁9，手稿見下冊頁6。

3　全詩請參閱《汪精衛詩詞彙編》上冊頁15，手稿見下冊頁23。

4　全詩請參閱《汪精衛詩詞彙編》上冊頁20，手稿見下冊頁34。

5　全文請參閱《汪精衛政治論述》匯校本上冊頁51–72。

6　全文請參閱《汪精衛政治論述》匯校本上冊頁73–77。

7　出自蔣介石1937年《廬山聲明》，見何應欽，《日軍侵華八年抗戰史》（台北：黎明文化，2012年），頁6–7。

8　汪精衛1932年曾發表演講〈一面抵抗一面交涉〉，全文請參閱《汪精衛政治論述》匯校本中冊，頁314–318。

9　全文請參閱《汪精衛政治論述》匯校本下冊，頁414–416。

10　全文請參閱《汪精衛政治論述》匯校本下冊，頁431–446。

11　出自〈革命之決心〉，全文請參閱《汪精衛政治論述》匯校本上冊頁73–77。

12　全文請參閱《汪精衛生平與理念》，頁518–519。

13　Howard L. Boorman，"Wang Ching-wei: China's Romantic Radical"，Political Science Quarterly，vol.79，no.4（December 1964）.

14　全文請參閱王克文，〈蔡德金著《汪精衛評傳》〉，《近代中國史研究通訊》，第11期，頁270。

15　此函全文請參閱汪精衛紀念託管會編，《汪精衛生平與理念》（台北：時報出版，2019年），頁413。

16　汪精衛於1937至1938年間有親筆批校長女汪文惺日記，以此教育其中文，全書見《我書如我師──汪文惺日記》。

17　1910年2月15日，汪精衛致函給曾醒、方君瑛，告知他與陳璧君相識到定下婚約的經過，全文可見《汪精衛生平與理念》頁355–360。

18　出自〈覆華僑某君書〉，全文請參閱《汪精衛政治論述》匯校本下冊頁447–452。

19　出自陳璧君戰後受審時之發言，見金雄白，《汪政權的開場與收場》第四冊（香港：吳興記書報社，1969年），頁88–93。

20　關於淪陷區真實情形，可參閱見證者的經歷，如李怡《失敗者回憶錄》，或近年之研究，如巫仁恕著《劫後「天堂」：抗戰淪陷後的蘇州城市生活》等。

附錄二：張靜星著《陳璧君傳記》讀後記

⌒

不用說，大陸出書有一定的論調，不過其中亦有不少可供參考的資料，例如獄中所作札記，頗不易得，然而究竟是否完全真實，是否完全衷心，非要深知其人、熟悉她的生平行事是不易斷定的，下面寫的就是個人所知所聞，摘要註述，俾有助於研討。[1]

前言

P.1 去美洲是為籌款建造執信學校（紀念朱執信），這筆款曾挪借作黃埔建軍之用，其後歸還在廣州沙河附近建成執信學校新校舍。

P.2 「政治野心和領袖慾」，野心原為 ambition 的誤解，雄心比較恰當，「野」字有不文明、不馴的意思，使人覺得野心是不該有的。投身政治就必有對政治的興趣，也必有所主張，假如主張得到多人信服就自然走上領袖的位置，而處理政治就必須運用手腕，然後事情才能進行順遂，如果說「玩弄」就帶有欺騙、詐取……等成分，是以不正當的手腕，必須提出證據，方才可以入人以罪，不能隨便說說，予人以中傷。陳氏「高傲」則有之，但絕不以第一夫人自居，喜歡人稱呼「陳委員」過於「汪夫人」可以見之。她「強悍」而非「蠻橫」，謂為鷹犬似的狡黠更無根據。

P.3 胡蘭成不是汪氏的秘書，更非親信，他在香港《南華日報》寫有關和平運動社論，曾經得到陳氏的稱許，南京政府成立，胡不甘居於當時負責宣傳的林柏生之下，頻向日本人投靠，從此疏離。

第一節

P.1-9 五大罪狀，陳氏答辯等情，記敍詳盡，應仔細閱讀，至於辯論結束，法院內人眾何以驚呼，秩序何以為前所未有之混亂，讀者自可想像得之。

第二節

P.10 陳父名為耕全，「耕基」誤。母衛月朗，十五歲獨自往南洋和耕全 成親，未聽過在南洋刺繡養蠶（南洋究有蠶桑否？）關於陳的出生，參閱〈我的母親〉及陳昌祖回憶錄。

P.11 陳時常參與策劃，但從不為汪氏代筆，汪從來親自動筆，向不屬人代稿。

P.12-13 不錯

P.14 可參閱汪的〈自述〉，陳加入同盟會，只告知母親，見T.C.回憶錄。

第三節

P.17 晚晴園請束存有影本[3]

第四節

P.20 當時的暗殺計劃，大陸稱為「小資產階級主張」，莫名所以。

P.21 最後一行「南洋公學，兩人同行」未知他們的姓名。

第五節

參閱〈自述〉、張江裁作[4]，注2《微尚老人自訂年譜》作者是汪氏同父異母長兄汪兆鏞[5]。

第六節 - 第七節

參閱張江裁作

P.39 畫家潘達微收殮七十二烈士遺骸,潘後居香港。

P.42 謂汪氏曾送款與前曾訂婚之女士,實在厚誣雙方人格,絕對不確。

第八節

參閱陳昌祖回憶錄

汪子女初時均取單名,後來此加「文」字,見梁芝汪精衛其人其事。

第九節

大部正確可信,惟P.57「自恃與孫中山的密切關係,而孤傲自大」事無確證,盡屬誣衊。

第十節

筆者描繪燈筒

P.58 事實為汪一票選 胡,即使是白癡亦不會自投一票選自己,絕對不確。

P.63 第五軍軍長李福 林,出身綠林,少年時以墨塗黑玻璃燈筒假充手鎗行劫,人傳為笑柄,叫他做「李燈筒」,發迹後,索性以登同為號,取「同登壽域」之意。

P.65 蔣[8]前來報告,汪無扣留他之意,未聞有沈雁冰[9]來看望之事,其他大致不悞。

第十一節

P.67 「欲擒故縱」一語無稽，從未聽過吹噓斯大林請吃飯。

P.68 大陸言論第三段汪的主張正確，所謂<u>借此</u>與蔣對抗純屬揣測。[10]

P.69 汪夫婦是否由宋子文[11]送走待考。

P.70-71 共黨言論，其餘大致不悞。

第十二節

P.72 共黨眼中的汪

P.73 末段事實係汪經上海回廣州聯絡張發奎，並得李濟琛的服從，但唐生智[13]則終於失敗，以後幾年間國民黨內部的分合，以至一九三二年一月二十八松滬戰爭經過，應多事參考。《苦笑錄》外，其他資料甚多。《反蔣運動史》及王禹廷在《傳記文學》連載的有關中原大戰諸作，均可參閱。

P.81 蔣派宋子文送汪兩百萬元，陳說如果他不接受我可以接受等語，無稽。

P.82 與「蔣秘密談判」，故意詆毀。

第十三節

因為負責軍事的蔣介石認為雖經近年的進步，國力仍感不足，必須拖延時日，努力求進步，才可以一戰。其時汪主政治，負起一切折衝的責任。日本也知中國拖延的意思，故而步步進迫，不待中國有生息的機會，國人多不明白，共黨更乘機煽動。

P.84 末段「……居大自尊，驕橫跋扈，主內涉外，遇事把持」，將人貶至無一是處，卻又毫無證據，簡直含血噴人。

P.85 入醫院療養，赴青島將息既屬病假，而責以悠閑自在，經黨政雙方 慰留，力疾回任，又謂辭職非出真心，實無公允之可言。

P.86 遇刺受傷經過可參閱金雄白作及《苦笑錄》。註 引-10《西安事變前後汪精衛與陳璧君來往電函》原本未見，未知其可信程度若何？

P.91 行政院長兼外交部長職務係因傷出國就醫而辭去，並非被免職。

第十四節

西安事變蔣本身受到迫脅，就承認了共黨的合法存在，放棄了拖延戰爭的政策，假如國共真能像兩個政黨般衷誠合作，則國力確能增加。可惜兩黨都企圖傾覆對方，不能通力對外，結果抗戰結束，內戰又起，共黨席捲大陸，國民黨逃亡台灣，這才是真正的西安事變的結果，而一九四五年的勝利，仍舊是靠外力的「勝利」而已。

P.95 註3所引述，不知根據為何，假如真從民族自決出發，那麼東北和外蒙、西藏問題，正是一般無異，所不同的就是滿州當時由日本製造而已。

P.96 引陳曙風作未見。註7、8沒有錯。

第十五節

P.101「八月一日乘飛機到宜昌」不確。事實是一直由漢口乘「永綏艦」西行的。十月十一日剛發表談話（見《申報》一九三八年十月十三日載海通社十二日電），內容係國府原定政策。關於高宗武與日方交涉情形，引陶希聖所述，陶初

期確為核心人物之一，其後與高宗武叛離。陳春圃為陳璧君遠房侄子，早期關係不深，中日事變中曾與汪陳十分接近，曾隨陳赴昆明，戰事結束後入獄，在共黨威脅下，為了求生，撰寫文章盡力醜化和運同人及事蹟。羅君強[14]為周佛海追隨者之一，為人詳見金雄白作，與汪氏並非親近，戰後入獄，情形與陳春圃同。

P.105 如果行動詭秘，會用刻有「雙照樓」三字的箱子嗎？此時汪氏只有衛士而沒有衛隊，更沒有侍衛隊長「劉文煥」其人，康澤[15]亦未有派給侍衛長，家中侍衛、司機、男女傭工追隨不去，由陸路疏散至昆明集合，後經河內、香港而達南京，並未遣散。[16]

P.106 汪行前無可能先向孔祥熙告辭，然後登上飛機，關於離開重慶情形可參考金雄白作。（向孔告解說，原由誤讀資料至有此事，此意已另文說明當附載於此）[18]

第十六節

P.108 先入住朱培德夫人宅，後遷「三桃」（河內附近避暑地），最後入住高朗街直至離開。

P.109「自古無不亡之國」虧他（吳稚暉）說得出！！

P.112 谷正鼎[19]轉達蔣意，確有其事，但「寫寫文章，發發電報……可先送五十萬元……」缺非此等語氣，又轉述汪的答話，應參閱〈舉一個例〉。

P.117 申報所謂「迎合侵略者之意，挑撥團結，破壞共信互信」實在只是不再隱瞞國人，不得不說實話而已。馮玉祥的話不知所謂，龍雲為脫關係，一意撇清，離開河內的情形可參閱陳昌祖（T.C. Chan）備忘錄。

第十七節

P.121 陳母衛月朗向居澳門，不在香港，亦未聞此時有病，陳氏往來香港九龍均乘汽車，輪渡過海，並未藏身行李箱，胡蘭成見前，所述南京政府成立情形多來自陳春圃、羅君強所寫文章，二人前已述及，多毀詞。

第十八節

政府成立之初人才不足，是以不避親嫌。陳耀祖為陳璧君同父異母弟，行五，美國康奈爾大學畢業前曾任粵漢鐵路總工程師。陳昌祖，同父異母弟，行八，孫中山先生指定留學德國航空工程，戰前已在空軍任職。陳春圃，陳氏遠房侄，汪氏提拔在廣東教育會任事，後留俄，返國任職僑務委員會，中日戰事隨汪左右。褚民誼，陳氏妹夫，同盟會會員，留法醫學博士，戰前曾任國府秘書。陳國琦，陳氏侄，法國農專畢業，專任主理汪氏總務。陳國強，德國航空機械科畢業，任廣東兵工廠長。陳國豐，上海滬江大學生物系畢業，任職外交部。陳常燾，福州人，與陳氏無親戚關係，任秘書。汪屺，法國留學，任秘書。汪宗準（淮字誤），戰前即已任職廣東財政廳，諸人都可說是才堪稱職。

P.134 唐生明是軍人唐生智的弟弟，藉兄長的關係混跡政要之間，是一個酒食徵逐的紈絝子，與特工拉上關係，終於投向共黨，得其蔭蔽，陳恭澍是河內暗殺主持人，唐、陳此等人當時得到日本人的維護，認為可通過他們與重慶接頭。

第十九節

清鄉本為安定民生，防止共黨擾亂，中共加以詆毀，自不待言，所述並非虛構，不過多加醜化而已。

第二十節

陳所持有的指令係以「西南政治指導員」作為中央的代表。

P.150 汽車門並無裝強電流之事。

P.153 汪文惆在廣東大學教育系讀書，與同學辦工讀學校作實習，不受薪酬，此處所述穿鑿附會，全節所述都可說是陳氏的德政，不應受謗。

第二十一節

「盡情搜刮，聚斂錢財」毫無根據，無的放矢！確曾購買木料製造傢具，其中有楠木板，木質優良，原可製為棺木，久藏無人購買，陳氏不避嫌忌，出價購得，用製傢具，並非由省府徵用。周佛海一句笑話便又大作文章！戰亂之後，陳氏曾購舊刻書籍，旁及其他文物以防散失，確有其事。馬老二名武仲[20]，書畫古物收藏兼營業，陳氏曾經由他介紹參觀舊家藏品，宋瓷水底，當時有名，已歸香港某收藏家所有，並無獻給陳氏，馬亦未曾為公館座上客。隆裕太后送汪氏畫，更荒唐無稽，汪氏六十歲僅有吳湖帆及弟子繪贈小屏風一件，吳為汪氏詩友，親自繪製方始接受，其餘各方饋贈皆予璧還。何如以為對書畫文物的愛好為瑕疵，則無可辯議，如當作聚斂，就實在故甚其辭。關於汪先生病作以至逝世等情可參考金雄白作等⋯⋯不贅。

第二十二節

本節所述大都屬實，催發政費、搶救糧食、平抑米價，件件都是為廣東人民求福利，而稱為「維護偽政府和日本侵略者的利益」，公道何在！

第二十三節

日本投降，國軍回粵，謂陳「如喪考妣，十分沮喪」全無其事。林汝珩、汪屺二人當時已辭職居住上海，並無被捕。

在廣州見汪夫人的人自稱名鄭鶴影，軍統局校官，並非鄭介民[21]和翟榮基[22]。 陳、褚被誘捕經過參考金雄白。

P.117 軍統當時負責官員自稱名溫文，未聞有姓徐的。陳氏是無神論者，不會合十祈禱，形容大誤。

P.180 陳、褚二人離開南京赴蘇州並未得到預先告知。

第二十四、五、六節

獄中情況應屬真實，以她的為人，正如她所説有受死的勇氣，無坐牢的耐心，終受此磨折，經過漫長的歲月，仍兀立不屈，實非常人所能做到。

---

1 筆者於閱讀張靜星著作《從革命女志士到頭號女漢奸——陳璧君傳記》（上海：學林出版社，1994）後，撰寫讀後記一篇，評論當中失實內容，鑑於坊間很多有關陳璧君之資料，皆以此書為據，故本書特別附錄此文，以供讀者參考。

2 胡蘭成（1906–1981），原名胡積蕊，字蕊生，浙江省嵊縣人，杭州蕙蘭中學肄業，曾任上海《中華日報》總主筆、香港《南華日報》編輯，1939年任汪政權宣傳部次長、行政院法制局長，1943年與張愛玲相識後結婚。抗戰勝利後經由香港流亡日本。

3 1908年6月17日汪精衛奉孫中山命，致函新加坡華僑領袖林義順（1879–1936），邀請他們夫婦赴晚晴園晚宴，同席有陳璧君等，當時陳氏與汪精衛一起從檳榔嶼到新加坡，介謁孫中山，加入同盟會。此函收錄於《汪精衛生平與理念》頁354。

4 張江裁，字次溪，廣東東莞人，近代著名民俗學家，曾出任汪政權監察院祕書，並著有《汪精衛先生行實錄》、《汪精衛先生庚戌蒙難實錄》等書。

5 汪兆鏞（1861–1939），汪精衛同父異母長兄，字伯序，號憬吾，舉人，為嶺南大儒陳澧的入室弟子，著名學者。辛亥革命後移居澳門，以清朝遺老自居，避不任官。

6 即胡漢民。

7　筆者更多有關李福林的記載，請參看本書第二章〈打石巷〉及該章註11。

8　即蔣介石。

9　沈雁冰（1896—1981），原名沈德鴻，字雁冰，筆名茅盾，浙江桐鄉人，中國現代作家及文學評論家，曾任國民黨中央宣傳部秘書。

10　汪精衛在分共問題上之意見，可參看〈四月七日寄李石曾的一封信〉，全文見《汪精衛政治論述》上冊頁174–178。

11　宋子文（1894–1971），海南文昌人，國民黨外交、財政的核心人物，其姐為宋慶齡，其妹為宋美齡，歷任國民政府財政部長、外交部長、中央銀行總裁、行政院院長、廣東省主席等職，晚年定居美國。

12　張發奎（1896–1980），字向華，廣東人。粵軍將領，北伐時以戰功聞名。1927年後長期支持汪精衛，為汪之國民黨左派的主要武力，但南昌、廣州起義均為其部隊中的共產黨所發動。抗戰期間未隨汪主和。1949年移居香港，參與發起「第三勢力」。

13　唐生智（1889–1970），字孟瀟，湖南人。保定軍校一期，原屬湘系，1926年加入國民革命軍，為第八軍軍長。北伐後數次起兵反蔣，抗戰初期奉命守南京。1948年支持中共，後在中華人民共和國政府任職。

14　羅君強（1902–1970），名光治，別號庸生，湖南婁底西陽鄉白鷺灣人，先後任汪政權邊疆委員會委員長、司法行政部部長、中央稅警總團中將總團長、安徽省省長兼偽蚌埠綏靖公署主任、上海市政府秘書長等職。

15　康澤（1904–1967），字兆民，又名康代賓，四川安岳人。自黃埔軍校第三期畢業後，長期在國民黨內從事特工和青年工作。

16　關於汪精衛1938年離開重慶之詳細經歷，請參看本書第十四章〈去國〉。

17　孔祥熙（1880–1967），字庸之，山西太谷人，曾任國民政府行政院院長、財政部部長，其妻子為宋靄齡，與蔣介石為姻親。

18　此處誤讀源於孔祥熙1938年12月23日致蔣介石電報：「季兄於本星期日早十時，藉赴蓉講演為詞，乘機直飛昆明，轉赴河內。據說係因政見不同，主張反共議和，以去就向兄力爭。想告兄已接報告。此事在此外交好轉時會發生，殊堪疑慮，回憶星日午間兄與弟閒談時，略念弟之憂念，惟尚不知汪於是晨離渝矣。」當中「季兄」所指是汪，「兄」則指蔣，故12月18日，汪氏於十時乘機，當日與孔見面閒談者乃蔣介石。

19　谷正綱（1902–1993），字叔常，貴州人。留學德國及蘇聯，北伐後加入「國民黨改組同志會」反蔣，曾參與北平擴大會議和廣州非常會議，汪、蔣合作後進入南京政府任職，抗戰中未隨汪主和，晚年在台灣專司反共宣傳。

20　馬武仲（1880–1964）原名馬複，字武仲，號鉏經，廣東順德人，著名鑒藏家，在徐固卿、胡漢民主粵政者，曾任秘書，1964年在港病逝。

21　鄭介民（1897–1959）原名鄭庭炳，別號耀全，廣東文昌人，1924年入黃埔軍校，曾任特務處副處長、軍統局主任秘書、軍令部第二廳廳長、軍統局局長等職。

22　翟榮基（1903–1974），別字庸之，廣東東莞人。廣東大學文學部預科肄業，廣州黃埔中國國民黨陸軍軍官學校第二期炮兵科、蘇聯莫斯科中山大學第一期畢業。

附錄三：建樹

何孟恆承襲民國學風，受業於諸多名家下，涉獵甚廣，惟其溫文謙遜之個性，不事張揚，今文特意點出何氏於各個領域的建樹，讓讀者能更完整結識這位自民國走出來的人物。

1959年何孟恆於香港大學植物系擔任實驗室主任，其農業專業得以發揮，埋首研究二十多年，對香港各種植物瞭如指掌。七、八十年代，何氏更與香港市政局合作，翻譯出版多本有關香港生態的著作，如《香港淡水植物》、《香港菌類》、《香港禾草與莎草》、《香港的果實和種子》等，又為了教育大眾避免接觸、誤食有毒植物，1982年著有《香港有毒植物》一書，出版後曾一度斷版，後應讀者需求重印。

何孟恆對植物觀察入微，以科學與藝術結合，使其畫作鉅細無遺，作品曾被數個頂尖藝術畫廊、國際集團、私人收藏，Ursus Books & Prints Ltd 更於1992年及2008年兩度為何氏在紐約舉辦個人畫展，畫廊負責人認為何氏作品可媲美一流的植物圖繪，構圖浪漫、細節豐富，充滿生命力，既是寫實，又超越寫實，讓人感受到大自然的魅力。

在翻譯與研究上，何孟恆的貢獻亦不遑多讓。1954年起，何氏又以「江芙」之筆名在《彩虹》雜誌翻譯毛姆、培根等著作，《文學世界》編輯稱其翻譯：「譯者為保持現代英國的語文之美，力求忠實流暢，沒有艱澀難讀的弊病。」他又翻譯格蘭姆·貝克《穿越中國的長城》有關蘆溝橋事變的最末六章，並以書名《一場戰爭的開始》出版，讓大眾得以隨見證者之目光，走進1937年的北京城中，以一手史料認識歷史。

八十年代以後，何孟恆為了搜集汪精衛史料，曾多次探訪親友，以抄寫，影印及攝影等方法，把汪氏詩稿、書法、文件及其他手跡、檔案保存下來。全賴何氏之工作，方能有《汪精衛與現代中國》系列叢書之出版，使這段歷史不致於無跡可尋。

「香港有毒植物」 市政局再版發售

有助認識趣避有毒植物

不少花卉植物都是有毒的，頗為常見的如型誕花、水仙和夾竹桃等，雖然所含的毒性程度不同，但都屬於有毒的植物。

由市政局出版，香港大學植物學系何孟恆編撰的一本植物專著「香港有毒植物」，中文版已售罄多時，現應讀者需求重印發售。

植物學系教授顧雅綺博士在書中的「前言」說，兒童因服食某些植物而中毒，在香港時有所聞。

不少花卉植物都有毒。根據有毒植物中毒類型，可分類為：（甲）植物含有對腸部起作用的毒質，包括催吐性毒或腐蝕性毒；（乙）植物含有對脊髓起作用的毒質，包括痙攣性毒（丙）植物含有對心臟起作用或減弱性毒；（丁）植物含有刺激及精神刺激性毒及血性的毒質，包括催眠性毒。

書中列出的有毒植物，有些是常見的，例如型誕花，又名一品紅，作期十一月至一月，全株有毒，乳液引致皮膚刺激。曾有一小童食下一片葉致死。

栽植作觀賞用的夾竹桃，若使用桃枝在烈陽下翻發食物，或攪拌湯品，皮膚接觸可引致發炎。家禽家畜均曾因食葉而中毒。

家禽家畜均曾因食葉而中毒。皮膚接觸時亦有高度毒性，葉背時或乾後均的煙亦有高度毒性。

的水仙亦有毒，球莖有毒，葉及花後引致經攣、瞳孔放大及嚴重腹瀉，食的液汁有時會引致皮膚炎。

「香港有毒植物」全港一百二十五頁，論及期花植物四十六科，一百零二種，刊發各有毒植物的彩色插圖一百廿餘幅。每本定價四十元，在大會堂低座及九龍中央圖書館的市政局刊物銷售處及各大書店，均有出售。

作者在「引言」中指出：「有毒植物就是在自然環境之下，含有或產生生理上活躍的或有毒的物質，這些有毒物質的分量，足以產生有害的影響。為了保護我們自己和我們的牲畜，不受這些植物所害，認識和趣避與我們接近的有毒植物是很重要的。

他說，香港的積雖小，但各種類的有毒植物接觸而引起。不過當時未經診斷罷了。

村地區，可能遇有許多腸胃不適、發燒和皮膚痲瘲等病症出現，這些病症會與有毒植物接觸而引起。

所聞。而且可以合理地假設，特別在新界農村地區。

〈香港有毒植物市政局再版發售〉，華僑日報（香港），1988年11月20日，頁20。

337

人物索引

五筆

六筆

七筆

八筆

圖片來源

本書圖片主要為汪精衛紀念託管會收藏，部份圖片來自哥倫比亞大學東亞圖書館藏品集，其餘圖片來源如下：

Wikimedia Commons　11-12，15，19-20，29，52，62，73，83，86，93，101，103，106，136-138，144-146，149，152，159，169-172，193，213，222，233，253-254，286

Historical Photographs of China, University of Bristol　23

Photograph by Warren Swire. John Swire & Sons Ltd and Historical Photographs of China, University of Bristol　45

Library of Congress, Prints & Photographs Division　46

《新興粵曲集》（1940年第3期）　50

《良友畫報》（1934年第85期）　51

Photograph by Dobson, William Hervie, University of Wisconsin–Madison　56

Picturesque China, architecture and landscape　57

Photograph by Denis H. Hazell. Historical Photographs of China，University of Bristol　66，67

《梨影》（1918年第2期）　69

《婦人画報》（1936年第41期）　74

《禮拜六》（1915年第31期）　75

《中國名人錄》（上海密勒氏評論報，1931年）　82，102

曾仲鳴後人收藏　117-119

《知用校報》（1932年第133期）　125

1981年何孟恆攝於黃山

鳴謝

　　這書今天能夠面世，首先要感謝梁基永、潘邦正兩位博士、朱安培和劉名晞。在發表這本書的過程中，我覺得先父多添了朋友，雖然他們不曾謀面。梁博士不但給我無量的支持和鼓勵，更在序文中提供了他對廣東文化的專業見解。潘邦正博士為新修單行本再添的序文中從國際關係、宏觀的勾出本書對歷史研究的貢獻，替家父的「雲煙散憶」肯定了地位。要感謝朱安培特別為新修單行本編寫資訊欄、與劉名晞替我們編撰腳註，更不厭其煩的搜索歷史照片及新增資料，為今日讀者更立體的分享理解先父的世界。這本書的完成，使我不單更加理解先父的一生，亦讓我更加認識自己。

　　先父十三萬六千九百一十五字的回憶錄以二十二章留給了我們外，還一絲不苟地紀錄了多年往來書信、個人資料、多篇筆記和未完成的文章，令我們在本書正文外，以「雜錄」和「附錄」形式分享先父經歷。我感謝朱安培和劉名晞撰寫編輯前言，並把這些稿件審閱和整理，也感謝他們和呂珏細心謄錄；朱安培和郭鶴立校對本書。

何重嘉
汪精衛紀念託管會